Imposibilidad del *beatus ille*

Imposibilidad del *beatus ille*
Representaciones de la crisis ecológica en España y América Latina

Tania Pérez Cano

Consejo Editorial

Luisa Campuzano
Adriana Churampi
Stephanie Decante
Gabriel Giorgi
Gustavo Guerrero
Francisco Morán

Waldo Pérez Cino
Juan Carlos Quintero Herencia
José Ramón Ruisánchez
Julio Ramos
Enrico Mario Santí
Nanne Timmer

© Tania Pérez Cano, 2016
© Almenara, 2016

www.almenarapress.com
info@almenarapress.com

Leiden, The Netherlands

ISBN 978-94-92260-05-5

Imagen de cubierta: © W Pérez Cino

All rights reserved. Without limiting the rights under copyright reserved above, no part of this book may be reproduced, stored in or introduced into a retrieval system, or transmitted, in any form or by any means (electronic, mechanical, photocopying, recording or otherwise) without the written permission of both the copyright owner and the author of the book.

La creatividad ecológica como aventura teórica | Ana Merino 7

    Introducción 11

I. Entre el apocalipsis cristiano y el activismo social:
    dos modelos de ecopoesía 23

II. Econarrativas de lo urbano y lo agrario:
    entre el realismo y la alegoría 73

III. Ecosecuencialidades gráficas de lo urbano
    y lo agrario, entre lo utópico y lo apocalíptico 125

IV. Ecocreatividades comunitarias:
    la reformulación del canon desde lo marginal 199

    Epílogo 237

    Bibliografía 245
    Agradecimientos 261

La creatividad ecológica como aventura teórica

La mirada reflexiva de Tania Pérez Cano construye espacios teóricos donde el medioambiente y la inspiración artística dialogan. Este libro profundiza en las representaciones de la crisis ecológica y sus múltiples formas de expresión creativa en el ámbito luso-hispánico. Es una obra que se articula desde la pulsión abierta de una ecocrítica que combina el sedimento de los estudios culturales transatlánticos con una estimulante diversidad de géneros y percepciones. La naturaleza es la gran protagonista formulada como concepto dentro del imaginario de artistas, poetas, narradores o historietistas. Se trata de un ensayo meticuloso que abre espacios teóricos necesarios, en un ámbito crítico donde la mirada ecológica desde la creatividad comienza a consolidarse.

Tania Pérez Cano propone un corpus de creadores, de intelectuales inspirados que somatizan la naturaleza y a los que la estudiosa disecciona bajo el concepto de «ecopoética». Construye así una vía teórica necesaria donde el medioambiente es el todo de la expresividad artística. En su periplo de análisis va formulando un repertorio de representaciones decisivas para entender la crisis ecológica dentro de sus propios contextos culturales. Partiendo de la formulación general de «ecopoética», ahonda en modelos creativos concretos. Así, la representación ecológica se redefine través de conceptos como el de ecopoesía, econarrativas, ecosecuencialidades gráficas o ecocreatividades comunitarias.

La crisis ecológica dialoga con una genealogía temporal donde la poesía se constituye como primer modelo de análisis. De este modo veremos la construcción del discurso ecopoético desde la voz casi mística de Jaime Quezada, que a su vez se reformula en la aproximación ecosocial de Jorge Riechmann. Las cosmogonías indígenas del imaginario de Quezada persiguen a Dios, mientras que Riechmann, con su pulsión científica, presiente la descomposición del planeta. La crisis de la historia y la humanidad desamparada marcan la poética de ambos autores, que comparten una profunda angustia vital.

El segundo capítulo se construye en torno a la idea de las econarrativas que representan la tensión entre lo urbano y lo agrario. Pérez Cano apuesta por la literatura de tres narradores –Julio Ramón Ribeyro, Rubem Fonseca y José María Merino– cuya obra parte de la realidad para fabricar alegorías sobre la crisis de las sociedades contemporáneas. La genealogía narrativa de este estudio recorre la segunda mitad del siglo xx y el desarrollo quebradizo y tóxico de muchas de las ciudades sometidas a continuas crisis sociales. Lo idílico, el Paraíso soñado, el espacio místico del *beatus ille* se transforma en un espejismo. La imaginación es la única que se detiene a reflexionar sobre una civilización que se olvida del planeta.

Los cómics también construyen sus propios parámetros estéticos de representación de la crisis ecológica. La autora reivindica la importancia de los cómics como espacios de representación gráfica transatlántica. El personaje de Gustavo, creado por Max en 1981, es la primera voz contracultural abiertamente ecologista que cuestiona la política energética en España. El cómic seriado con fuertes influencias del *underground* norteamericano convive con la novela gráfica literaria. Miguelanxo Prado, a su vez, apuesta por el aparente lirismo idílico de lo fantástico para representar la naturaleza aislada como metáfora de la incomunicación humana.

En el caso mexicano, tanto las propuestas de Jis y Trino, con su humor desenfadado, como la de Edgar Clément, con su novela gráfica *Operación Bolívar*, desembocan en un escenario urbano violento y deshumanizado. Las representaciones de ese imaginario urbano, como bien explica Pérez Cano, han desintegrado la noción de la naturaleza como espacio de refugio. Al análisis cuidadoso de lo que significan estas ecosecuencialidades gráficas hay que sumar la ampliación del canon cultural de las viñetas y su proyección teórica. El cómic es ya, de por sí, un espacio de crítica cultural adulto donde las tensiones ecológicas se muestran como temática consolidada.

El libro se cierra con un gesto esperanzado, donde los proyectos ecocomunitarios refuerzan las posibilidades reales de cambio. Tanto las creaciones de Héctor Gallo Portieles como las de Vik Muniz reciclan la materia artística para abrir espacios de diálogo constructivo. La interacción comunitaria se sumerge en los desechos, transformándolos en una nueva poética expresiva.

En esta aventura de representaciones la creatividad ecológica resulta un nuevo canon que, sometido a fragmentaciones apocalípticas, busca interlocutores para establecerse y abrir campos de estudio crítico actuales y necesarios.

Ana Merino

Introducción

Mi primer acercamiento a los estudios ecocríticos ocurrió a través de la poesía de Jorge Riechmann. La fascinación por una poesía que hacía de la claridad su vocación fue el primer paso hacia un intento de comprensión de un poeta que, de manera desprejuiciada, establecía relaciones de dependencia entre la Tierra como un organismo viviente y la espiritualidad humana. La punta del hilo que fue la poesía de Riechmann me llevó al descubrimiento de un *corpus* teórico que se centra en el estudio de «las relaciones entre lo humano y lo no humano a través de la historia cultural de la humanidad» (Garrard 2009: 5). Esta definición establece el vínculo necesario entre las percepciones humanas y el mundo que habitamos, además de destacar el carácter cultural y cambiante de esas percepciones. Sin duda, la diversidad de los modelos creativos que se incluyen en este libro revela la importancia que adquieren perspectivas y cosmovisiones personales en la representación del medioambiente. La noción de *ecopoéticas*[1] sirve al propósito de nombrar esa variedad de propuestas artísticas que tienen como tema la relación entre el ser humano y su entorno.

Me pareció necesario, sin embargo, precisar el concepto de *ecopoética* de manera tal que sirviera como un instrumento de análisis que se adaptase a la diversidad de manifestaciones que la creación artística ofrece en relación con el medioambiente. Me interesa la posibilidad de analizar tales manifestaciones en sus expresiones concretas y en su pluralidad

---

[1] La crítica utiliza el término ecopoética para referirse, de manera general, a un tipo de imaginación artística que tiene como centro la relación humana con el medio, lo que Lawrence Buell llama también «imaginación medioambiental» en su libro del mismo nombre, publicado en 1995.

de soportes y perspectivas. El concepto de *ecopoética*[2] así formulado posibilita analizar desde textos literarios hasta creaciones que incluyen las artes visuales, la pintura, la fotografía, el cómic, el cine, la escultura y la instalación.

Esto permite definir un tipo de sensibilidad que tiene como tema central esa relación con el medioambiente expresada a través de la creación artística. Dentro de las ecopoéticas que estudio están la ecopoesía, la econarrativa, las ecosecuencialidades gráficas y las ecocreatividades comunitarias. Con ello, se hace posible reevaluar la relación de los autores con la tradición cultural occidental y con sus contextos creativos específicos, que incluyen, entre muchos otros elementos, el legado de las culturas indígenas en América Latina y la conflictiva relación entre modernidad, tecnología y progreso que se observa tanto en España como en las naciones latinoamericanas. Además, me interesa analizar cómo las poéticas creativas estudiadas reformulan motivos clásicos –como lo pastoral y el *beatus ille*, lo apocalíptico y lo utópico, lo rural y lo urbano–, y con ello generan discursos artísticos originales que responden a los problemas de nuestro tiempo: la contaminación, la amenaza nuclear, la presencia de los desechos y el caos en las grandes ciudades, las dictaduras, los conflictos políticos, el aislamiento del ser humano en la sociedad contemporánea. Son estos nuevos problemas, estos nuevos motivos, los que revelan la fractura del discurso pastoral y del *beatus ille*, que imaginaba el espacio natural como refugio de los conflictos humanos; la imposibilidad de los autores aquí incluidos de imaginar semejante espacio de conciliación entre el ser humano y su entorno es lo que da título a este libro. Al mismo tiempo, en estas obras se percibe la formulación de nuevos espacios de

---

[2] Desde luego, me baso en el concepto tradicional de *poética*, que designa «la elección hecha por un autor entre todas las posibilidades (en el orden de la temática, de la composición, del estilo, etc) literarias». La definición de *poética* incluye también otras dos acepciones: la primera señala que es «toda teoría interna de la literatura», y la segunda, que se refiere a «los códigos normativos construidos por una escuela literaria, conjunto de reglas prácticas cuyo empleo se hace obligatorio» (Marchese & Forradellas 2000: 324-325). No es mi objetivo presentar un canon de la ecopoética en el sentido de lo que se incluye o excluye en ella; me limito a emplear la primera acepción de *poética*, que permite incluir las diferentes expresiones artísticas en que las ecopoéticas se manifiestan.

utopía que pasan por la acción social y la creación comunitaria, y que excluyen las dicotomías y oposiciones binarias en favor de una mirada más integral y compleja a la relación entre el ser humano y su hábitat.

Creo que es importante señalar que, puesto que mi trabajo se centra en el análisis de poéticas sobre el medioambiente, cada capítulo analiza creaciones que pertenecen a un mismo género. El capítulo I, «Entre el apocalipsis cristiano y el activismo social: dos modelos de ecopoesía», estudia la obra de Jaime Quezada (Chile, 1942) y Jorge Riechmann (Madrid, 1962), a través de sus poemarios *Huerfanías*, de 1985, y *Cuaderno de Berlín*, de 1989, respectivamente. Estos autores comparten la presencia de imágenes características del discurso tóxico, como el hongo atómico, la Tierra como organismo en peligro, la crítica al proyecto del racionalismo utilitario que impulsara la modernidad y el diálogo con una tradición poética común, que va desde los místicos españoles hasta la actualidad. De esta tradición se toman modelos como el Paraíso, lo pastoral, lo angelical y lo edénico para reescribirlos en función de la crítica ecológica. En Quezada, esos motivos se combinan con elementos tomados de las cosmogonías indígenas y con su visión de la naturaleza como forma de comunión con Dios; en Riechmann, el discurso ecopoético se nutre de su perspectiva científica, en la cual no se renuncia a la razón, pero se trata de una razón poética que revela la singularidad de la naturaleza y la necesidad de tomar acciones concretas para salvarla.

Ciertas imágenes poéticas adquieren, sin embargo, significados diferentes en el discurso de cada autor. Es el caso de la figura del ángel, que en Quezada se mantiene más cerca de la iconografía cristiana tradicional y en Riechmann se lleva a una dimensión terrenal y humana, al tiempo que se impregna de la materialidad de la contaminación. También se exploran las relaciones de cada autor con su contexto histórico y literario. Se intenta, de esta manera, indagar en las peculiaridades del discurso ecopoético, teniendo en cuenta cómo este es influido por otros elementos. Por ejemplo, en Quezada es central el discurso oblicuo que se refiere a la dictadura militar chilena, por las relaciones que establece entre la crisis social y la degradación ecológica; en Riechmann, el desastre de Chernóbil y la caída del Muro de Berlín constituyen elementos históricos que se integran al discurso poético.

El análisis de la nostalgia como categoría histórica y cultural que hace Svetlana Boym (1959-2015) en *The Future of Nostalgia* añade una reflexión acerca de la crisis de paradigmas que lleva a ambos autores a elaborar ecopoéticas que, ya desde lo apocalíptico o desde la utopía social, registran la pérdida o la crisis del modelo de civilización con que comenzó el siglo XX: un modelo en el que la ciencia y el progreso se consideraban las fuerzas impulsoras de la sociedad humana. En su lugar, tanto Quezada como Riechmann construyen una poesía angustiada por el destino del planeta, e imaginan un futuro asediado por los riesgos de la contaminación y el desastre nuclear. Por eso el libro *Risk Society*, de Ulrich Beck, resulta de gran interés en esta parte, puesto que esclarece la transición que se produce en el pasado siglo: de la obsesión por la producción de bienes materiales y de consumo a través de tecnologías cada vez más sofisticadas, se transita a la necesidad de controlar esas tecnologías y la distribución de riesgo ecológico que estas generan.

En el capítulo II, «Econarrativas de lo urbano y lo agrario, entre el realismo y la alegoría», se incluyen los relatos del peruano Julio Ramón Ribeyro y del brasileño Rubem Fonseca, de 1955 y 1975 respectivamente, y la novela *El lugar sin culpa* (2007) de José María Merino. Estos son textos que oscilan entre el realismo más crudo y las alegorías sobre la crisis de las sociedades contemporáneas. En el caso de Ribeyro, la transformación del espacio urbano en su país, en los años cincuenta del siglo XX, y de los modos de relación del artista con su medio, se manifiestan en una visión nostálgica de la infancia como edad dorada, en contraste con la realidad degradada de la miseria y los desechos, que sitúa como elementos predominantes en la ciudad. Rubem Fonseca registra las consecuencias adversas de la modernización y la urbanización acelerada de Brasil a través de una crítica a la represión dictatorial y la censura. En esta econarrativa urbana de lo violento, la nostalgia cede paso a una descripción descarnada de la crisis social y medioambiental en el espacio urbano de Río de Janeiro, donde el escritor sitúa el escenario de sus cuentos.

Por su parte, José María Merino construye, igualmente, una visión crítica del estado actual de la civilización humana, desde el espacio aparentemente idílico de la Isla de Cabrera. A través del diálogo con la tradición de lo pastoral y la visión romántica del paisaje, Merino incorpora una reflexión acerca de las dificultades para reconciliar las aspiraciones individuales de su personaje, la doctora Gracia, con un entorno en el que la incomunicación, la soledad y el aislamiento son el resultado del desbalance entre el nivel de desarrollo material y lo espiritual. Situado en un contexto postdictatorial, de apertura y estabilidad social y económica, la econarrativa del autor español no deja de señalar el impacto negativo que la crisis civilizatoria actual tiene sobre los seres humanos y el planeta.

El capítulo III, «Ecosecuencialidades gráficas de lo urbano y lo agrario, entre lo utópico y lo apocalíptico», ofrece una mirada al cómic español y latinoamericano a través de *Gustavo* (1981), de Max (Barcelona, 1956), y *Trazo de tiza* (1993), de Miguelanxo Prado (La Coruña, 1958). De la historieta latinoamericana se incluyen *El Santos* (publicado entre 1989-1999), de los artistas mexicanos Jis y Trino, y *Operación Bolívar* (1995), del también mexicano Edgar Clément (1967). Mientras en *Gustavo* y en *Trazo de tiza* se observa la utilización de los motivos de lo urbano y lo agrario en función de crítica social y del diálogo con una tradición artística centrada en lo utópico insular, en *El Santos* y en *Operación Bolívar* se registra el espacio urbano latinoamericano como el escenario del caos, la violencia y la crisis medioambiental. Si a principios del siglo XX la ciudad en América Latina se percibe como el espacio en disputa entre la utopía del progreso tecnológico y la deshumanización, a finales de ese siglo lo apocalíptico y lo distópico se convierten en las formas predominantes de leer lo urbano.

Finalmente, el capítulo IV aborda los proyectos ecocomunitarios representados por la obra *Garbage Series* de Vik Muniz (São Paulo, Brasil, 1961), recogida en el documental de Lucy Walker *Waste Land* (2010), y *El mundo de Gallo*, la obra de Héctor Gallo Portieles (Cuba, 1924) y su proyecto de arte comunitario con materiales de desecho en una zona periférica de La Habana. Este capítulo, titulado «Ecocreatividades comunitarias: la reformulación del canon desde lo marginal», analiza cómo las poéticas sobre el medioambiente se materializan en actos de creación que se basan en el *performance* y en la materialidad de los desechos, para reformular las nociones de lo artístico y construir espacios de interacción comunitaria.

Lawrence Buell y sus análisis de las imágenes de la naturaleza en la tradición literaria anglosajona constituyen una referencia importante, sobre todo en lo que concierne a la utilización de una metodología para el análisis de obras específicas. En particular, su formulación de cuatro tipologías de «discurso tóxico» como género cultural, que explica en su ya mencionado libro *The Environmental Imagination*. La incorporación del discurso tóxico tanto en la poesía y la narrativa como en el cómic y en el arte performativo de Vik Muniz y Héctor Gallo muestran la reformulación de los desechos, la basura y lo reciclable como metáforas de la creación artística. Por otra parte, dialogar con el trabajo de Buell me hizo pensar en la necesidad de analizar las ecopoéticas de acuerdo con una tipología sustentada en las expresiones artísticas concretas y no en la noción de espacio/lugar como centro de la indagación teórica (que implicaría las oposiciones tradicionales de urbano/agrario, isla/continente, llano/montaña, etcétera).

Las distintas posiciones teóricas de la ecocrítica señalan tanto la diversidad de posturas ante la crisis ecológica como un intento por reevaluar las nociones tradicionales acerca de la relación del ser humano con la naturaleza. Del mismo modo, las poéticas creativas fundan y reconfiguran maneras de entender esa relación humanidad-mundo y responden a dinámicas diversas, como el desarrollo de la tecnología, los conflictos sociales o las cosmovisiones personales de los autores. Por esa razón me interesó establecer un diálogo entre los estudios ecocríticos y la creación artística lusohispana; para ello reviso cuáles son estas tendencias fundamentales de la ecocrítica, generadas sobre todo por las academias norteamericana y europea, e intento establecer un *corpus* de obras creativas en distintos géneros y expresiones artísticas que refleje la variedad de ecopoéticas que existe tanto en España como en América Latina. Esas tendencias fundamentales de la ecocrítica son la ecología profunda, la ecología social, la ecología marxista y el ecofeminismo.

Además del análisis cultural de Buell, me parecen notables los aportes de la ecocrítica social, puesto que incluye en su análisis los espacios urbanos y los modos de relación entre los habitantes de las grandes ciudades con la naturaleza. Me parece una necesaria adecuación de la disciplina a las circunstancias actuales y también una constatación de la interdependencia entre los distintos ecosistemas que habitamos. La importancia de los tropos culturales acerca de lo rural y de lo urbano, que aparecen en este trabajo de manera constante, viene a demostrar hasta qué punto las construcciones culturales sobre el medioambiente están influidas por factores sociales y políticos que es imposible ignorar.

Hasta el momento, los estudios dedicados al área lusohispana privilegian autores particulares o temas y géneros específicos, como es el caso de Niall Binns en *¿Callejón sin salida? La crisis ecológica en la poesía hispanoamericana* (2004) o *Nature, Neo-Colonialism and the Spanish American Regional Writers* (2005), de Jennifer L. French. De más reciente publicación son *Ecological Imaginations In Latin American Fiction* (2011), de Laura Barbas-Rhoden, que se centra en narrativas de ficción, así como *Sangre que se nos va: naturaleza, literatura y protesta social en América Latina*, de Ana María Vara[3] (2013), y la antología de Steven F. White *El consumo de lo que somos. Muestra de la poesía ecológica hispánica contemporánea* (2014). Mi propuesta consiste en utilizar el concepto de ecopoética para incluir la diversidad de la creación en el área y establecer conexiones entre géneros, temas y actitudes vitales que definen y caracterizan las manifestaciones artísticas dentro de la tradición cultural lusohispana. Por tanto, trato de romper con visiones críticas que se reducen a un solo género o autor, para profundizar en las tensiones multigenéricas que se producen en el contexto creativo. Tales tensiones tampoco se reducen a modelos preestablecidos por una u otra ideología, pues se verá que las propuestas de los autores que estudio oscilan entre la comunión con la naturaleza a través de Dios, la posición de activismo social y la crítica marxista.

Me pareció necesario incorporar un análisis de tipo general acerca del cambio que se produce a mediados del siglo XX en la relación entre tecnología y medioambiente y en el impacto del desarrollo tecnológico en la imaginación artística, de ahí que me interesara el concepto de *risk society* planteado por Ulrich Beck en su libro del mismo título, aparecido

---

[3] La autora trata en su estudio el ensayo *Las venas abiertas de América Latina*, de Eduardo Galeano; los artículos periodísticos del escritor español Rafael Barret, y la narrativa en los cuentos de Horacio Quiroga y las novelas *El tungsteno*, de César Vallejo, y *Huasipungo*, de Jorge Icaza Coronel.

en 1986, en el que el autor explica la repercusión global de los potenciales efectos negativos de la modernización en cuanto a riesgos de desastre nuclear y ecológico. Beck se ocupa también de analizar los cambios y la evolución de la percepción humana de estos riesgos. Más importante aún es su propuesta de *modernidad reflexiva* como alternativa teórica al concepto de posmodernidad. Con este concepto, el sociólogo alemán se refiere a un grado desigual de desarrollo de los proyectos de la modernidad que genera desiguales niveles de conciencia crítica y de discursos reflexivos acerca de la historia, la tecnología, el arte, la sociedad y los saberes humanos en general.

Del mismo modo, puesto que forman parte de este tipo de análisis general y varios de los autores que trabajo se refieren a él, incorporo a la discusión el concepto de *sociedad del espectáculo*, de Guy Debord, a fin de indagar cómo los artistas construyen discursos que se oponen a la imagen espectacular del desastre ecológico propagada por los medios masivos. Tales imágenes explotan sobre todo el gusto por los efectos especiales y la goticización de la crisis medioambiental, en tramas narrativas que siguen los mismos patrones de los cómics de superhéroes, como *Superman*. Así, la «salvación del planeta» nuevamente está en manos de un héroe individual, quien se encargará de resolver el problema y asegurará que él y sólo él es capaz de enfrentar la tarea: de nada valen la ciencia, los esfuerzos colectivos o la utilización racional de los recursos naturales.

Me interesó añadir los estudios de Michel Foucault desarrollados en *Vigilar y castigar* (1975) a la modalidad de opresión hegemónica sobre comunidades e individuos que propone Buell. Estos aportes teóricos son particularmente relevantes en el capítulo III, cuando se examina el discurso contracultural del cómix[4] español *Gustavo*, puesto que el personaje protagónico se enfrenta a la construcción de plantas nucleares y al

---

[4] La X del *cómix* se utiliza para distinguirlo de la historieta tradicional. Los autores del *underground* encontraron así un modo de establecer con claridad la existencia del género, que por sus contenidos provocadores, dirigidos a un público adulto, se convirtió en un icono de la contracultura a partir de los años sesenta del siglo xx. En lo adelante utilizaré *cómix* para referirme al *underground* o a la «línea chunga», como se denominó en España. En el capítulo III analizo esta relación entre el *underground* y la «línea chunga» española.

régimen disciplinario impuesto en las fábricas. En su análisis acerca del predominio del discurso tóxico en la creación literaria, el teórico norteamericano se refiere a la contradicción entre los intereses comunitarios y los de las grandes corporaciones y empresas, que incluyen la construcción de plantas nucleares, por ejemplo. La teoría de Foucault acerca de la sociedad de la vigilancia de unas clases sobre otras amplía el alcance del motivo que propone Buell, al reconceptualizarlo como una nueva forma de dominio que ejercen las compañías y empresas sobre las sociedades y los individuos, y que consiste en el control y distribución de factores de riesgo ecológico en ciertas comunidades o zonas. Ejemplo concreto de ello es la ubicación de basureros tóxicos en países del Tercer Mundo. Otro elemento relevante en este sentido es el impacto de las nuevas tecnologías impulsadas por grandes corporaciones, que incrementan los riesgos de accidentes nucleares, aumentan el desempleo y a la vez la vigilancia sobre las esferas pública y privada de las vidas de los trabajadores.

Por otra parte, creo que es imposible ignorar la importancia de algunos acontecimientos históricos en el desarrollo de los discursos críticos sobre ecología, como son los bombardeos atómicos del 6 y 9 de agosto de 1945 sobre Hiroshima y Nagasaki, que inauguraron la era atómica, y la catástrofe de Chernóbil en 1986. Acontecimientos más recientes, como el derrame de petróleo en el Golfo de México (entre el 20 de abril y el 15 de julio de 2010), y el accidente en las plantas de Fukushima, el tercero de la era nuclear, se añaden a la historia de catástrofes ecológicas que han cambiado de manera definitiva la relación de los seres humanos con la tecnología y con su hábitat natural[5].

Para el estudio de las ecocreatividades comunitarias en el capítulo IV fueron fundamentales los estudios sobre *performance* de Diana Taylor, que la autora desarrolla en *The Archive and the Repertoire*, de 2003 y en *Theater of Crisis. Drama and Politics in Latin America*, de 1991. Otros artículos de Taylor, como «Negotiating Performance», de 1993 y «Framing the Revolution: Triana's *La noche de los asesinos* and *Ceremonial de guerra*»,

---

[5] El primer accidente de la era nuclear se produjo en Three Mile Island, en Pennsylvania, Estados Unidos, en 1979; el segundo fue el accidente de Chernóbil en 1986, y el tercero y más reciente el de las plantas nucleares japonesas, provocadas por el sismo y el tsunami que lo siguió, el 11 de marzo de 2011.

de 1990, sirvieron como punto de apoyo para análisis específicos de la dinámica performativa de la Revolución cubana y la inserción del documental de Walker y la obra de Gallo dentro del género. Por otra parte, el trabajo de Silvia Spitta «Revisiting the Sixties and Refusing Trash», de 2009, y su investigación sobre experiencias como el Teatro de la Basura en Honduras y el Bread and Puppet Theater en los Estados Unidos fue central para poder establecer una genealogía de lo performativo y su relación con las poéticas de lo desechable.

El ordenamiento por géneros tiende a ocultar que también he tratado de mantener un orden cronológico y una perspectiva histórica a lo largo del trabajo, tanto en la organización interna de los capítulos como en el análisis más general. Siguiendo un orden cronológico, se analizan ecopoéticas producidas en el área lusohispana a partir de los años cincuenta del siglo XX y hasta los primeros años del presente siglo. En este orden, la primera obra considerada es «Los gallinazos sin plumas», de Julio Ramón Ribeyro, relato publicado en 1955, seguida por «Intestino grosso» de Rubem Fonseca, que aparece en 1975 como parte de su libro *Feliz Ano Novo*.

Es necesario señalar que en este trabajo no se incluyen, desde luego, todas las posibilidades expresivas y combinaciones genéricas que las ecopoéticas generan. Por ejemplo, no incluyo las variantes ecopoéticas que asumen una perspectiva femenina, estrechamente relacionada a veces con la ecología profunda o con ecocríticas sociales en otras. En el primer caso pienso en una obra como *La amortajada* (1938), de María Luisa Bombal, y en el segundo, en *La mujer habitada* (1988) de Gioconda Belli. *Me llamo Rigoberta Menchú* (1993) puede leerse también como un exponente del ecotestimonio. Me he limitado, entonces, al análisis de cuatro modelos que sirven de base a un discurso crítico cuyas posibilidades son tan amplias como la creación artística.

Igualmente, creo que es conveniente apuntar cómo en las obras que estudio confluyen géneros y expresiones artísticas que dialogan entre sí y que dejan el campo abierto al desarrollo del concepto de ecopoética. Si me refiero a econarratividades de carácter realista o alégorico, es porque son las formas concretas que asumen las obras de que me ocupo. Ello no quiere decir que no haya ecopoesía alegórica, futurista o testimonial, o que no existan econarrativas de carácter lírico. De hecho, el género ecodocumental puede asumir diferentes variantes, como el testimonio y el reportaje investigativo, o mezclar estas tendencias.

Todo lo anterior habla de una producción cultural que va desde los discursos tradicionales dentro de géneros establecidos, como la poesía o la narrativa, a la formulación de nuevos paradigmas artísticos en los que se expresa la fragmentación y la crisis de esas visiones tradicionales. La mirada ecocrítica permite establecer relaciones dialógicas entre estos géneros y perspectivas, entre un repertorio de imágenes comunes y respuestas artísticas diversas. Estas oscilan entre el canon y lo experimental, entre lo bucólico y lo desechable como imágenes contradictorias que coexisten en el presente y que revelan, a su vez, la existencia de una imaginación que se vale de diferentes medios para crear mundos posibles, devastados por la radiación o salvados por la solidaridad y la acción colectiva.

Enero de 2016

I.

Entre el apocalipsis cristiano y el activismo social: dos modelos de ecopoesía

Tanto Jaime Quezada (Los Ángeles, Chile, 1942) como Jorge Riechmann (Madrid, 1962) crean un discurso poético centrado en el medioambiente que dialoga con autores, temas y tradiciones autóctonas, para revelar imágenes comunes que van desde el hongo atómico, la extinción de plantas y animales, la comunión con la naturaleza a través de Dios o la articulación de una ética de salvación colectiva mediante la acción social.

En Jaime Quezada la óptica apocalíptica cristiana se combina con la conciliación a través del amor divino, mientras que en Jorge Riechmann la salvación proviene de la solidaridad y la acción social. La formulación de espacios utópicos pasa en Riechmann por la articulación explícita de un discurso poético de activismo social y político, que se conjuga con la perspectiva científica y marxista de sus ensayos. La Utopía en Jaime Quezada sigue el camino de las figuraciones apocalípticas y la búsqueda de una comunión con la naturaleza a través de la contemplación religiosa y la conciencia de un sustrato indígena pleno de sugerencias y de una visión muy personal, íntima, de lo natural.

Con la publicación del poemario *Huerfanías* en 1985, Jaime Quezada alcanza su consagración como poeta en las letras chilenas[1]. El autor

---

[1] Así lo señala Iván Carrasco Muñoz, uno de los más acertados estudiosos de su obra, al evaluar su espacio dentro de la literatura chilena del siglo xx: «Su labor de poeta se inicia en 1965 con la publicación del libro *Poemas de las cosas olvidadas*. A éste lo sigue *Las palabras del fabulador*, tres años después, y luego *Astrolabio*, en 1976, volumen que recoge poemas escritos entre 1965 y 1975. Hasta esa fecha, Quezada era considerado uno de los buenos representantes de la poesía de la década del 70 [...];

pertenece a la generación poética de los sesenta y funda el grupo literario Arúspice en la Universidad de Concepción, del cual fue uno de sus miembros más activos y reconocidos.[2] A Quezada se le ha identificado con lo que en Chile se conoce como «poesía lárica», aunque tanto Iván Carrasco como el propio autor señalan que ha habido una evolución y un distanciamiento de este discurso poético, sobre todo en *Huerfanías*. Sobre esta poesía de los lares en relación con su obra, Jaime Quezada señala que el término lo acuña Jorge Teillier para explicar una tendencia dentro de la poesía chilena que parte de su propia obra. Quezada apunta su deuda con esta poesía de los lares, del mundo de la provincia y la aldea, el mundo familiar y la infancia como una edad dorada. Desde luego, esta poética está marcada por la nostalgia, aunque en *Huerfanías*, según Quezada, el sustrato lárico cede en importancia a «la preocupación por la temporalidad» y a «una conciencia historicista: la nostalgia por el pasado no se disocia de la preocupación por los dilemas del presente y las conjeturas sobre nuestro futuro» (Epple 1990: 131).

En *Huerfanías* confluyen, de esta manera, ciertas constantes de la obra de Quezada, como el acercamiento a lo cotidiano desde una visión trascendente, marcada por la religiosidad, la preocupación por el devenir temporal, junto a una decidida vocación ecologista y una visión apocalíptica del futuro. *Huerfanías* es además una obra en la que el contexto de la dictadura militar añade una dimensión histórica y un tipo de

---

todavía un "poeta joven", calificativo dado a quienes los críticos reconocen válidos y vigentes, pero sin atreverse a ubicarlos entre los consagrados. Esta situación ha cambiado con la aparición de *Huerfanías*, volumen que marca la madurez poética de Jaime Quezada, como lo ha reconocido la crítica especializada (véase Montes, Carrasco, Villegas, Rodríguez, Cuneo)» (Carrasco Muñoz 1990: 74). A *Huerfanías* le siguieron *Un viaje por Solentiname* (1987); *No liberto hombre* (1991); *Escritos políticos* (1994); *Por un tiempo de arraigo* (1998); *Bendita sea mi lengua* (2002); *El año de la ira, Adamita* (ambos en 2003) y *Llamadura* (2004).

[2] Acerca de la significación del nombre, dice el propio Quezada: «el término representaba [...] lo que nosotros queríamos ser: una especie de vaticinadores, de auguradores, de los que ven el mundo por venir a través del revisar, del mirar las vísceras de algún animal o el vuelo de las aves [...]. Sí, como lo dices, pensábamos que la función del poeta era ser vate: ése era nuestro interés, estábamos en esa proyección» (Bianchi 1993: 132). En la misma entrevista Quezada señala que el grupo se funda en 1964 y deja de existir en 1970, cuando la mayoría de sus integrantes dejan la Universidad.

discurso oblicuo, hecho de alusiones, que se mezclan con intertextos y reflexiones metapoéticas. En la citada entrevista con Juan Armando Epple, Quezada señala:

> *Huerfanías* [...] resume esa experiencia, totalmente nueva, que es vivir bajo un régimen militar. Es un libro que al mismo tiempo que se concentra en una actitud más intimista, busca definir una óptica colectiva, plural, en su visión del mundo: el «yo» somos todos esos individuos que hemos padecido la orfandad del Chile de este tiempo. Es un libro que resume estas circunstancias, desde una conciencia aguda de desamparo. Sin ser yo un místico, incorporo allí una visión religiosa proveniente de los místicos españoles, que me interesan por su trabajo con el lenguaje, y sobre todo por haber sido «santos problemáticos». Pero también hay un acercamiento sensible al orden de la naturaleza en todas sus expresiones, descrito en relación problemática con el mundo de la tecnología (Epple 1990: 135)

Por su parte, *Cuaderno de Berlín* (1989), de Jorge Riechmann, se inscribe en el contexto del desastre nuclear de Chernóbil en 1986, la caída del muro de Berlín en ese mismo año de 1989 y la consiguiente reconfiguración política de Europa. Además, debe tenerse en cuenta la transición de España hacia la democracia, iniciada en 1975 tras la muerte de Franco, y la existencia de un clima cultural marcado por la llamada posmodernidad, con su relativización extrema de valores. Resulta significativo que Riechmann considere el proceso democrático español como incompleto y que el sujeto poético de *Cuaderno de Berlín* describa la posmodernidad como «Una ética de mínimos / con encefalograma plano» (*Cuaderno*, 38).

Cuaderno de Berlín es el segundo libro de poemas publicado por el autor madrileño[3]. El primero, *Cántico de la erosión*, recibió el Premio

---

[3] Después de *Cuaderno de Berlín*, Jorge Riechmann ha publicado, entre otros, *Material móvil*, precedido de *27 maneras de responder a un golpe* (1993); *El corte bajo la piel* (1994); *Baila con un extranjero* (1994); *Amarte sin regreso (poesía amorosa 1981-1994)*; *El día que dejé de leer* El país (1997); *Muro con inscripciones* (2000); *Desandar lo andado* (2001); *Poema de uno que pasa* (2002); *Un zumbido cercano* (2003); *Anciano ya y nonato todavía* (2004); *Ahí te quiero ver* (2005); *Poesía desabrigada* (2006); *Conversaciones entre alquimistas* (2007); *Como se arriman las salamanquesas* (2007); y

de Poesía Hiperión en 1987. En este primer poemario, Riechmann describe el fenómeno de la erosión como: «Parentesco de los fenómenos que destruyen la fertilidad de / las tierras, la vitalidad social y mi propia identidad de persona libre» (2011: 32). Con ello declara ya desde entonces la relación entre lo histórico-social, el medioambiente y la existencia individual. *Cuaderno* es un libro en el que se formula un tipo de realismo reflexivo y se concibe la poesía como iluminación a través de la indagación, como tensión hacia la lucidez, y en el que lo cotidiano incluye tanto escenas de la ciudad como temas considerados «malditos», los del compromiso político y la acción social. Berlín no es sólo el espacio donde el hablante poético sitúa su experiencia vital, sino que se convierte en el símbolo de «las desgarraduras en que se consuma nuestro mundo», situadas «no en la puerta de Brandeburgo» sino «entre los lóbulos de cada cerebro y entre los dedos de cada mano» (Riechmann 1989: 7). Esta relación entre lo personal y lo social, y lo indisoluble del compromiso entre ambos, es el eje de significación que da coherencia a *Cuaderno de Berlín*.

Puente de hielo (2008). Como ensayista ha publicado, además, numerosos textos filosóficos, políticos y sobre ecología, de los que se incluyen en esta nota sólo algunos títulos: *¿Problemas con los frenos de emergencia? Movimientos ecologistas y partidos verdes en Alemania, Holanda y Francia* (1991); *Los Verdes alemanes: historia y análisis de un experimento ecopacifista a finales del siglo XX* (1994); *Cuidar la T(t)ierra. Políticas agrarias y alimentarias sostenibles para entrar en el siglo XXI* (2003); *Todos los animales somos hermanos* (2003); *Gente que no quiere viajar a Marte. Ensayos sobre ecología, ética y autolimitación* (2004); *Biomímesis. Ensayos sobre imitación de la naturaleza, ecosocialismo y autocontención* (2006); *¿En qué estamos fallando? Cambio social para ecologizar el mundo* (2008, en colaboración con Ernest García, Federico Aguilera Klink, Fernando Arribas y otros); *La habitación de Pascal. Ensayos para fundamentar éticas de suficiencia y políticas de autocontención* (2009); *Economía ecológica: reflexiones y perspectivas* (2009, en colaboración con Santiago Álvarez Cantalapiedra, Óscar Carpintero, Federico Aguilera Klink y otros); y *Claves del ecologismo social* (2009, en colaboración con Carlos Taibo, Ramón Fernández Durán, Alicia Puleo y otros).

Para llenar los espacios en blanco: el discurso ecopoético en tiempos de dictadura

Al comienzo de su estudio acerca de la nostalgia como experiencia histórica y su significación en nuestra época, Svetlana Boym cuenta una anécdota acerca del reencuentro de una pareja de exiliados con sus orígenes en Rusia. Como parte del rito de vuelta a la patria, uno de ellos, el hombre, se arrodilla ante el río Pregolia y se enjuaga el rostro en sus aguas. Inmediatamente retrocede, gritando de dolor, la piel ardiendo a causa de los químicos y la contaminación. Para Boym, el significado del suceso radica sobre todo en la pérdida de la ilusión y en cómo la nostalgia[4] distorsiona la memoria del pasado: «The man longed for a ritual gesture known from movies and fairy tales to mark his homecoming. He dreamed of repairing his longing with final belonging. Possessed by nostalgia, he forgot his actual past. The illusion left burns on his face» (Boym 2001: xiii).

Sin embargo, hay otra manera de leer esta historia que añade aún otra pérdida a la sensación de desplazamiento e incertidumbre que marcan la experiencia humana en nuestro tiempo, y es la percepción de vivir en un mundo amenazado por la contaminación, un mundo donde la comunión con la naturaleza forma también parte de un pasado al que se mira con nostalgia.

En este sentido, *Huerfanías* es ejemplar, aunque no propone una concepción lineal del tiempo en la que el pasado coincide con el Paraíso perdido. Como se ha visto en las declaraciones del autor citadas con anterioridad, existe en el poemario un sentido de la historia, y de la experiencia histórica de la dictadura en Chile, una urgencia por reflexionar sobre el presente que matizan el tópico del Paraíso perdido, tal como lo

---

[4] Boym señala que le interesa estudiar la nostalgia como «… a symptom of our age, a historical emotion. It is not necessarily opposed to modernity and individual responsibility. Rather it is coeval with modernity itself. Nostalgia and progress are like Jekyll and Hyde: alter egos. Nostalgia is not merely an expression of local longing, but a result of a new understanding of time and space that made the division into «local» and «universal» possible (2001: xvi).

explica Lawrence Buell[5]. Sobre la importancia de tales contingencias en su libro, ha dicho Quezada:

> De epígrafe a colofón *Huerfanías* tiene su contexto. A la manera de los libros medievales. Porque los poemas mismos se fueron escribiendo en un período de medievalidad. Como si los escribiera en las catacumbas. Y un mundo estallando sobre esas catacumbas. Dice Job en el epígrafe de la página inicial: *Y tomaba una teja para rascarse con ella y estaba sentado en medio de cenizas.* [...] El paciente y el sufriente y el piadoso y el resignado Job condenado a vivir en medio de un estercolero de estos años. [...] Y el colofón que cierra el libro tiene, a su vez, una referencia a Teresa de Jesús, la monja andariega y fundadora de Ávila del siglo XVI español, con la cual pago mis gratitudes de lecturas fermentales. (Cuneo & Quezada 1991: 120)

Vale introducir entonces lo que se ha llamado un «rasgo diferencial básico de la poesía de Quezada con respecto a la escritura de su promoción: su condición religiosa de orientación apocalíptica» (Carrasco 1985: 117). Tal perspectiva está dirigida hacia una reflexión sobre la historia, sobre el estado presente de Chile, sobre el futuro del hombre en el que se anuncia el desastre ecológico y la orfandad de un sujeto colectivo y del propio hablante poético ante ese hecho. Así, en el poema que abre *Huerfanías*, «Sin corona de espinas sin corona de rosas», el sujeto poético dice: «Escribo para un futuro que fue ayer / Año de 2033 ¿O treintaitrés?» (1985: 11), y esta ubicuidad temporal será una constante dentro del poemario, como lo es la identificación con Job. El amor divino, presente en la contemplación de la naturaleza, llega al hablante poético en forma de comunión con Dios, incluso en los momentos más cotidianos, como en «Adamita II»:

---

[5] En su clásico estudio *The Environmental Imagination* (1995), Buell propone cuatro tipologías de «discurso tóxico» como género cultural, útiles para indagar en las imágenes y efectos que la polución y los problemas medioambientales generan en el discurso artístico. Las tipologías son: la mitología del paraíso perdido; las imágenes totalizadoras de un mundo sin refugio de la contaminación tóxica; la amenaza de la opresión hegemónica –que opone los intereses de grandes corporaciones o gobiernos y los de las comunidades amenazadas– y la goticización de la polución y la escasez producidas por la crisis medioambiental.

> Siento que algo –algo como una bondad– me viene
> del cielo, de las montañas, del pasto seco
> de esta tierra seca de verano. También del canto
> de unos queltehues que acusan mi presencia
> en el potrero. Y aun del ruido de una moto Honda
> que pasa a toda velocidad por la carretera. (99)

Quezada hace coincidir la meditación contemplativa de la belleza natural con intertextos de San Juan de la Cruz, y con una temporalidad en la que lo medieval y el presente se alternan entre las torturas de la Inquisición, las alusiones a la dictadura, la sequía y la desertificación del paisaje. Sin embargo, fiel a la escatología cristiana, en la que después del Juicio Final se espera la resurrección, el poeta anuncia también la esperanza en medio de la catástrofe; la salvación por el amor, ya terrenal, ya divino, al que se refiere en los versos anteriores. La dimensión individual y terrena del amor se expresa en el poema «El amor se burla del fin del mundo», que termina diciendo:

> Y yo andaré a la manera del pecado original
>   Burlándome del fin del mundo
> Porque sólo el amor (en una canción de Edith Piaf)
> puede burlarse del fin del mundo. (71)

Interesa tratar otro rasgo de la poética de *Huerfanías* que se relaciona de manera esencial con su visión apocalíptica y religiosa: la existencia de un eje de significación vertical que asigna diferentes valores al arriba/abajo o al ascenso/descenso; la simbología cristiana tiene un peso importante en la formulación de estos valores, aunque se agregan de nuevo elementos contextuales, como en «Anda pájaro déjate ver» (19), donde el «movimiento de pájaro hacia el cielo» anuncia una libertad de la que hablante poético sabe que carece. En el mismo sentido, en «Así de cosas de arriba como de abajo» (39) se incorporan elementos de la cotidianidad, como ese «teléfono que suena en medio del campo» junto a una reflexión sobre la condición humana en la que el deseo es «... subir por fin a un madero en un camino rural», pero la conciliación con el mundo llega a través de las cosas más terrenales: «Hago fuego / Ordeño una vaca /

Me siento a ras del suelo a beber un poco de leche» (40). No falta, en este catálogo de imágenes, la de la caída, el descenso final a los infiernos con que concluye «Viernes santo»: «Y un ángel cayendo de una torre en llamas / Es mi último recuerdo» (67).

La crítica se ha detenido en particular en un poema que reúne alusiones históricas (la dictadura), el uso del intertexto, la contemplación de la naturaleza desde una óptica religiosa, y al mismo tiempo la irrupción de la tecnología en el ámbito natural como una amenaza. Se trata de «El silbo de los aires»:

> Se me confunde Haendel un afervoroso día
> Con el sonido supersónico de un avión
>   *Hawker Hunter* más arriba de las nubes
> Y no sé si es trompeta apocalíptica
>   El sonido que del cielo viene
> O barroco aire de órgano el que sube. (35)

«El silbo de los aires amorosos» de San Juan se convierte en el silbar de los aviones Hawker Hunter (los que se utilizaron para bombardear La Moneda durante el golpe de Estado al presidente Salvador Allende); los aviones suenan como trompeta apocalíptica que viene del cielo, en un día sin fervor contemplativo, sembrando la confusión entre la dimensión terrenal y la celeste, entre la música como expresión de lo divino y el castigo que baja del cielo.[6]

La irrupción de la amenaza en medio de la cotidianidad es un componente de la poética de *Huerfanías* y por ello existe una relación muy cercana con el diario que escribiera Quezada de septiembre de 1973 a septiembre del 74, *El año de la ira*. El poema arriba citado aparece en el diario justo antes de la entrada del domingo 23 de septiembre de 1973,

---

[6] Esta interpretación coincide en lo fundamental con la de Iván Carrasco en el epílogo a la segunda edición de *Huerfanías* (1985: 131). En «Subida del monte», la ascensión vuelve a ser sinónimo de comunión espiritual, pero nuevamente, existe también una dimensión en la que se mezclan el sufrimiento humano y el divino: en la cumbre, luego de la ascensión, «la mirada de Dios» es: «… un rayo láser / Y / o una bomba de cobalto / Que cura mi costado / Roto de un lanzazo todos los días como hace miles de años» (Quezada 1985: 83).

donde se expresa el dolor al saber de la muerte de Pablo Neruda (2003: 19). Las referencias a San Juan de la Cruz abundan en el diario en relación con la situación que atraviesa Chile:

> Tiempos medievales, sin otra tranquilidad que la oración, la lectura, la soledad. Oscuro, oscuro, oscuro. ¡Qué bien sé yo la fonte que mana y corre, aunque es de noche! El *Cántico espiritual* será y es mi himno cotidiano y de batalla: *A dónde te escondiste Amado y me dejaste con gemido*. Ahora convento soy yo mismo. El deber de un hombre está allí donde es más útil (José Martí). Y yo creo ser más útil aquí en mi soledad. (Quezada 2003: 59)

Las ilustraciones que acompañan *Huerfanías* contribuyen a este tono «medieval» del libro, que proviene de una concepción personal del autor acerca de la historia en la que su posición religiosa es fundamental. Las ilustraciones, como iluminaciones en un manuscrito, representan el sol o la luna, un león, una construcción que recuerda un castillo o una fortaleza antigua[7]. También la estructura misma del texto, en su sobriedad y sencillez, alude a esta vocación de contención, de reclusión, en un tiempo de «ira». Sobre ello, el poeta ha afirmado:

> No es por casualidad ni por capricho [...] que los poemas tengan en este libro sus amplios espacios en blanco. La página [es?] soporte del texto mismo y parte de él a su vez. Espacios en blanco que cumplen en la página su objetivo directo y simbólico. Tal vez es la mudez [...] de este tiempo era-ira. Tal vez el dolor que no tiene espacio. Tal vez el espacio necesario para completarlo de significaciones algún día. (Cuneo & Quezada 1991: 119)

---

[7] En este punto no coincido con la apreciación de Iván Carrasco, quien dice acerca de las ilustraciones: «... en "Verano", el carácter artificial y tedioso de la capital de Chile que connota el poema [...] es complementado por la figura de un león, que es el animal heráldico de la ciudad de Santiago. [...] Este rasgo de modernidad contrasta con algunos elementos arcaizantes del libro, otorgándole un particular aire de realidad contradictoria y compleja» (Carrasco Muñoz 1985: 120). Me parece, como ya he sugerido, que las ilustraciones contribuyen a acentuar el espíritu medieval de admonición a los pecados humanos y la parte negativa de «medievalidad» en el Chile de esos años: las quemas de libros, la censura, la represión.

Igualmente me interesa señalar la crítica a la razón que se formula en poemas como «Método» (1985: 75). En este texto se cuestiona la racionalidad instrumental que convierte a seres vivientes en medios para lograr un fin: «Veo mis animales como máquinas / (Y máquinas como fin de mundo) / ¡Pobre de mí Descartes mi orfandad!»; este tipo de crítica puede verse como otra forma en la que Quezada expresa su «relación problemática con el mundo de la tecnología», que se evidencia en la lectura de conjunto del poemario. Así, en el citado «Sin corona de espinas sin corona de rosas» que abre el libro, elementos del ámbito de la ciencia y el desarrollo tecnológico se mezclan con referencias religiosas:

> Y el carbono 14 irradiando a kilómetros luz
>   su adjetivo hueso muerto
> Como la palabra Dios en una película muda
> (Aunque todo el Universo era Dios) (1985: 11)[8]

Sin embargo, en «El silbo de los aires» y en «Tabla de astronomía» tanto el mismo presente como el futuro se perciben como una amenaza, y en el último, sobre todo, se vislumbra el porvenir «a la sombra de una nube atómica» (1985: 59). Una mirada a la literatura latinoamericana de principios del siglo XX revela una actitud bien distinta con respecto a los avances de la tecnología. Beatriz Sarlo ha señalado la influencia del mundo tecnocientífico en autores como Horacio Quiroga y Roberto Arlt. En Quiroga, apunta la autora argentina, se advierte la influencia del cine en cuentos como «El espectro», «El vampiro», «El puritano» y «Miss Dorothy Phillips, mi esposa», entre otros. Sarlo destaca el hecho de que a pesar de que las primeras producciones cinematográficas no despertaron en general el interés por el cine en artistas y creadores, en el caso de Quiroga su fascinación por el medio revela tanto su admiración por la tecnología como su capacidad intelectual para aprehender lo nuevo (Sarlo 2008: 18). Con respecto a Roberto Arlt, Sarlo subraya que su visión de la ciudad estuvo radicalmente afectada por inventos como la electricidad,

---

[8] Otros poemas donde se observa esta conjunción entre elementos religiosos y de la ciencia y la tecnología: «Tabla de astronomía» (59); «Subida del monte» (83) y «Desamparo» (107).

los autos, los cables que cruzaban el espacio en todas direcciones. Estos nuevos elementos transforman la visión de la ciudad para Arlt, en tanto quedan atrás la escasa iluminación, los malos olores, la fealdad de la pobreza; todo ello es reemplazado por una ciudad «erótica», que rechaza a la urbe tradicional y que no teme incluso a lo vulgar como modo de expresión (Sarlo 2008: 40).

Por su parte, en un artículo acerca de la relación entre literatura y tecnología en América Latina, Rubén Gallo señala cómo el optimismo y la fe en el progreso marcan el sentimiento general de las vanguardias ante las novedades de la modernidad; la radio fue celebrada por los estridentistas mexicanos, según Gallo, con particular ímpetu. El poema «Radio», de Luis Quintanilla, refleja este sentimiento celebratorio de lo nuevo y trata de integrarlo en el texto poético:

> El poema no sólo celebra la radiofonía –uno de los inventos de la modernidad que el manifiesto [estridentista] propone como modelo poético– sino que lo hace a través de técnicas innovadoras; el poema no está escrito en una métrica tradicional sino en una forma experimental que consiste en el uso de mayúsculas sin signos de puntuación, la utilización de onomatopeyas, y la destrucción de la sintaxis y la gramática. (Gallo 2007: 839)

No obstante, este optimismo vanguardista será suplantado por la percepción de la tecnología como amenaza, especialmente luego de los bombardeos atómicos del 6 y 9 de agosto de 1945 sobre Hiroshima y Nagasaki, que inauguraron la era atómica. A ello se sumaría en 1962 la llamada Crisis de los misiles o Crisis de octubre, que involucra la posesión y control de armas nucleares por las dos potencias de la Guerra Fría, la entonces Unión Soviética y los Estados Unidos, con la isla de Cuba como terreno de litigio en ese peligroso enfrentamiento de fuerzas (Binns 2003: 127). Estos hechos estuvieron precedidos por la Segunda Guerra Mundial, que había traído consigo la eliminación sistemática de seres humanos a través de técnicas de exterminio masivo. En palabras de Octavio Paz: «El siglo de la salud, la higiene, los anticonceptivos, las drogas milagrosas y los alimentos sintéticos, es también el siglo de los campos de concentración, del Estado policiaco, de la exterminación atómica y del *murder story*» (1994: 74).

Hay un cambio hacia una visión pesimista de la tecnología a partir de los años sesenta, y no resulta casual que Svetlana Boym señale en *The Future of nostalgia*: «The twentieth century began with a futuristic utopia and ended with nostalgia. Optimistic belief in the future was discarded like an outmoded spaceship sometime in the 1960s» (2001: xiv). Tampoco es casual el que «A fable for tomorrow», del libro de Rachel Carson *Silent Spring*, considerado por muchos el texto fundacional del movimiento ecologista moderno, se publique en 1962. En ese texto, lo pastoral y lo apocalíptico, como géneros literarios y como motivos recurrentes, constituyen formas canónicas de imaginar el lugar de los seres humanos en la naturaleza, desde la Biblia hasta hoy (Garrard 2009: 1). En *Huerfanías*, el poema «Cultiva la idea de que el mundo se apaga» resume la visión nostálgica del pasado, en la que los motivos del *beatus ille* y del *ubi sunt?* –«¡Cuán verde era mi valle / mirad los lirios que fueron!»– son eclipsados por el anuncio de un futuro marcado por la destrucción y la muerte. Las primeras estrofas se enuncian en una tercera persona que sirve para describir de manera panorámica el paisaje devastado, en un tiempo pretérito:

> Todos los animales han fenecido en este valle
> El último aliento fue el mugido de un buey
> También las aves los insectos los árboles las plantas
> Ni una espora de hongo en este valle
> a no ser la espora de hongo del esmog
> Ni una drupa-melocotón
> Ni un aquenio capaz de dar origen a una hoja de lechuga. (23)

Sin embargo, se produce una transición hacia la primera persona, primero al identificarse el hablante –que reescribe un conocido verso de la Égloga I de Garcilaso de la Vega– con un hombre genérico:

> Y yo hombre mortal lloro en este monte sin sombra de olivos
>   como simple mortal
> (Salid de mí con duelo lágrimas corriendo)
> Aunque de nada sirven mis lágrimas en esta tierra seca
> Si hasta el cielo se cae a pedazos. (24)

No deja de señalar Quezada cómo se ficcionaliza la naturaleza y se codifica en imágenes para el consumo, convertidas en: «Puro recuerdo e imagen a lo *National Geographic* / En los archivos de la televisión» (23). El poema termina con la unificación de la muerte humana y la del entorno natural: «Veo pasar el cadáver de mi hermano / Sin una flor» (24).

En «Landscapes of Hope and Destruction» (2003), Niall Bins analiza la poesía de Pablo Neruda, Gabriela Mistral, Nicanor Parra y Ernesto Cardenal en función de los motivos ecológicos presentes en sus obras –además incluye a otros poetas, como José Emilio Pacheco, Homero Aridjis y Óscar Hahn–. Interesa específicamente la tradición chilena porque Quezada reconoce la influencia de algunos de estos autores, y en particular se declara «mistraliano». Sobre ello, señala Iván Carrasco en el epílogo a *Huerfanías*:

> mistraliano es, en efecto, su lenguaje sobrio, escueto, ascético más bien, que no sólo sabe decir las cosas, sino también callar, dejando al lector su tarea ineludible de buscar en los silencios del texto la amplificación de lo dicho mediante la incorporación de su propia experiencia; mistraliano es un sector importante de su léxico (qué duda cabe en las palabras como «tempranía», «huerfanías», en el frecuente y particular uso del posesivo «mi»); mistraliano su modo de nombrar las cosas domésticas, las arboledas, las aves, las personas; mistraliano su modo religioso de sentir la corporalidad, los objetos, la naturaleza... (1985: 113)

Binns señala cómo en *Fin de mundo* (1969) Pablo Neruda asume un tono apocalíptico de denuncia y también «a disenchanted rereading of his earlier political poetry»[9]. Así, en *Fin de mundo*, Neruda, según

---

[9] Enrico Mario Santí había apuntado lo mismo en un ensayo de 1978, «Neruda, la modalidad apocalíptica»: «De muchas maneras *Fin de mundo* representa una nueva versión de *Canto General*. Como éste, se estructura como una forma enciclopédica que incluye 122 poemas distribuidos en 11 secciones y que cubren una extensa gama de tópicos, todos ellos afiliados a una recurrente crítica del siglo xx. Como *Canto general*, es una crónica que documenta la posición del poeta ante la historia, pero a diferencia de aquél la nueva postura conlleva una trágica conciencia de la inminente destrucción del planeta. Ante la cercanía del nuevo milenio, Neruda desplaza su antiguo papel como indignado denunciador de la injusticia social en Hispanoamérica hacia la de un crítico de la era nuclear. La diferencia es crucial, puesto que la modalidad apocalíptica señala

Binns, «offers —as though it were written thirty years later— a panoramic view of the 'century of death' in its death throes. Neruda has seen that *both* sides in the Cold War have viciously plundered and abused their environments» (2003: 126).

Un caso similar es el del intelectual uruguayo Eduardo Galeano (1940-2015), quien en 1971 publica *Las venas abiertas de América Latina*, un clásico para varias generaciones de lectores, en el que el autor detalla la explotación de los recursos naturales del continente desde la Conquista y los imperios coloniales del siglo xv-xvi, hasta los Estados imperialistas como Estados Unidos e Inglaterra. Más recientemente, Galeano había publicado artículos y libros[10] acerca de la devastación ecológica y su crítica trasciende, como la de Neruda, las nociones políticas de «izquierda» y «derecha», que justo en la década del setenta llegaron a su punto de enfrentamiento más agudo con la instauración de dictaduras de extrema derecha en muchos de los países de Latinoamérica. No obstante, Galeano mantuvo siempre la noción central de inequidad entre los países desarrollados y América Latina, al constatar que se mantenía la desigualdad entre los países ricos y los pobres y al denunciar el daño ecológico que resultaba de estas prácticas desiguales.

La influencia de Ernesto Cardenal se advierte en la poesía de Quezada, sobre todo en muchas de las imágenes que contrastan elementos naturales o religiosos con otros provenientes del mundo de la tecnología —algo que he mencionado varias veces y que se observa en los versos de Cardenal desde *La Hora 0* (1960)[11] hasta *Cántico cósmico* (1989) o *Telescopio en la*

---

así una modificación de las bases intelectuales sobre las que Neruda había fundado gran parte de su anterior poesía profética. La trascendencia de aquellos aspectos más estrechos de la dialéctica marxista —un diseño programático que conduciría a la derrota del capitalismo— abre el camino a una perspectiva diferente en que se acusa a los dos campos de perpetuar aquellos problemas que asedian al mundo. Neruda el profeta se eleva por sobre las mundanas disputas políticas y asume el papel de un juez» (1978: 368).

[10] Como *Úselo y tírelo: el mundo del fin del milenio, visto desde una ecología latinoamericana* (1994) y *Patas arriba: la escuela del mundo al revés* (1998).

[11] De *La hora cero* es ejemplar, en este sentido, el poema «Apocalipsis»: «Y HE AQUÍ / que vi un ángel / (todas sus células eran ojos electrónicos) / y oí una voz supersónica / que me dijo: Abre tu máquina de escribir y escribe / y vi como un

noche oscura (1993), por ejemplo–. Debe destacarse la estadía de Quezada en la comunidad de Nuestra Señora de Solentiname[12] en el Gran Lago de Nicaragua, entre 1971 y 1972, experiencia sobre la que escribe en un breve libro titulado *Un viaje por Solentiname*[13] (1987), donde coexisten verso y prosa. Se advierte la relación con Cardenal no sólo en la vocación contemplativa del poeta chileno, en su identificación con la naturaleza y a través de ella con Dios, sino además en su visión del creador como profeta. La dimensión testimonial de la poesía cardenaliana es otro aspecto común que en el chileno se advierte tanto en *Huerfanías* como en *Un viaje por Solentiname*.

Este interés de Quezada por «testimoniar mis orfandades, mis contingencias y mis significaciones» (Cuneo & Quezada 1991: 120) llega a asumir en *Huerfanías* un carácter autobiográfico que no puede separarse de su visión histórica. En «Genealogía» se declara la mixtura de oríge-

---

proyectil plateado que volaba / y de Europa a América llegó en 20 minutos / y el nombre del proyectil era Bomba H / (y el infierno lo acompañaba) / y vi como un platillo volador que caía del cielo. / Y los sismógrafos registraron como un gran terremoto / y cayeron sobre la tierra todos los planetas artificiales [...] / y el primer ángel tocó la sirena de alarma / y llovió del cielo Estronsium 90 / Cesium 137 / carbón 14» (31).

[12] La comunidad contemplativa de Nuestra Señora de Solentiname fue fundada por Cardenal en 1965 y existió hasta 1977, en que fue destruida y quemada por el ejército somocista. En Solentiname, Cardenal realiza un trabajo social y espiritual con los campesinos de la zona, que compartían allí el trabajo con la lectura del Evangelio y desarrollaban sus capacidades artísticas, en especial la pintura y la escultura. En su prólogo a *Nostalgia del futuro* –nótese la coincidencia con el título de Svetlana Boym, *The Future of Nostalgia*– Cardenal cuenta: «Todos los domingos en la misa comentábamos con los campesinos en forma de diálogo el Evangelio, y ellos con admirable sencillez y profundidad teológica comenzaron a entender la esencia del mensaje evangélico: el anuncio del reino de Dios. Esto es: el establecimiento en la tierra de una sociedad justa, sin explotadores ni explotados, con todos los bienes en común, como la sociedad que vivieron los primeros cristianos» (1984: 5). La posición de Cardenal como representante de la Teología de la Liberación, en tanto aplicación de la doctrina cristiana a la realidad social de América Latina tiene en la comunidad de Solentiname una realización práctica.

[13] A Quezada pertenece el siguiente poema: «Amanecemos en el lago pescando / Un largo capote me protege de la lluvia / En la lancha *San Juan de la Cruz* / Nadie habla / Sólo se escucha el ruido del motor 20 HP / De repente canto una canción aprendida por estos / días / Aburrido de esperar que pique mi primera / mojarra» (1987: 55).

nes que da forma a esta percepción en que lo humano contingente y lo histórico se conjugan:

> Quezada con zeta Quesada con ese
> Ruis con ese Ruiz con zeta
> Qué sé yo mi abolengo mi latín mi araucaria
> Mi Quezada gregoriano de conquista
> Mi ruiz ruiseñor en tierra australis
> Si indio de cordillera soy indio del pehuén
> Indio de España en mapuche indio blanco
> Echado como un puma flojo sobre doscientos años
>   De herbarios y liturgias. (47)

Resulta significativo el hecho de que este poema esté precedido por «Alamedas», cuyo título señala de manera inconfundible la referencia al presidente Salvador Allende, en un mecanismo similar, oblicuo, al de «Anda pájaro déjate ver»: «Y nada pareciera en esta tierra decir / Lo que dicen las flores de los ceibos hacia el cielo» (43). El silencio, en ambos textos, debe ser completado por el lector en una interpretación que sugiere lo que no se puede decir, lo que se calla. El poema siguiente, «Yo Juan llamado de la Cruz» completa la biografía espiritual del hablante poético, al crear una identificación entre sus circunstancias y el personaje histórico al que el poema se refiere. Este recurso, el correlato objetivo[14], que toma la forma específica de monólogo dramático en este caso, y al que se ha llamado también poema de personaje histórico analógico, constituye otra de las formas oblicuas en que el autor se refiere a su posición ante la realidad de la dictadura y su propio exilio interior:

> Aunque me encerraban como un asno en una celda
> A latigazo limpio echando afuera mis demonios:

---

[14] Este recurso sirve al autor para encubrir su subjetividad y evitar el confesionalismo directo; «se basa en la sintonía, no declarada por lo general, entre el mundo interior del autor y la realidad cultural externa que ocupa temáticamente el poema. Acotado el terreno exterior al poeta que se constituye en motivo de la composición, aquél puede explayarse sin las ataduras de la autocontención, hablando de sí mismo a través de lo otro, con lo que guarda una familiaridad analógica» (Martín-Estudillo 2005: 54).

Nada y nada hasta dar un pellejo y otro por mi Amado
Rebelde desobediente contumaz me gritaban
　Mis guardianes únicos demonios (51)

El mismo recurso se advierte en los poemas «Esopo» (63) y los de la serie «Adamita». La identificación con Job que anuncia el exergo al comienzo del libro y la nota del colofón en la que se celebran «los cuatrocientos años del nacimiento de Teresa de Ávila» y «el centésimo primer aniversario del nacimiento de Gabriela Mistral» forman parte de estas citas oblicuas, que ya sea como intertextos, como espacios en blanco en la página, como correlatos objetivos o como referencias históricas directas, conforman una red de significados que el lector debe codificar para desentrañar las alusiones del poeta al presente, su concepción de la historia, su crítica a la dictadura, sus mecanismos escriturales y sus homenajes e influencias literarias.

Es importante detenerse en la serie «Adamita», formada por tres poemas, ordenados en números romanos, I, II y III. Los tres comparten la referencia a Adam, el nombre hebreo de Adán, el primer hombre, y también el sentido genérico de la palabra, en tanto nombra al hombre, a todos los hombres; además en las tres composiciones el hablante poético se expresa en primera persona. En «Adamita I» se describe la paz que se encuentra en la contemplación de la naturaleza y el amor a Dios: el olor de las flores del árbol del damasco «excita hondamente espíritu y sentido» y conducen a un estado de goce espiritual:

> …Me regocija
> en contemplativa serenidad de ánimo y de alma,
> limpia no sé qué males corporales. Reencuentra
> mi deseo de amarte en este estado de santa
> belleza, de plena y sensitiva paz de corazón… (95)

En «Adamita II», al que ya me he referido antes, se produce una identificación más precisa del yo poético, que es un escritor, «un autor anónimo del siglo veinte», que tras un día de «errores, desvelos y vacilaciones», se reconcilia consigo mismo a través de la contemplación del paisaje:

> Con ese algo –algo como una bondad– regreso
> A mi convento, yo autor anónimo
> del siglo veinte, guiado por las estrellas, amado
> por las inefables cosas de la naturaleza,
> contento de tener errores y desvelos y vacilaciones (99)

«Adamita III» se presenta como una oración, en la que el hablante se dirige a Dios, clamando por su amparo: «Y si Tú eres Tú debes venir a hacerte cargo de mí / Apiádate / Yo no valgo nada a pesar de todo»; sin embargo, introduce una circunstancia nueva, otra posible referencia oblicua a mi parecer, pues el yo poético habla de alguien que ha sido «borrado de los registros ciudadanos». Las alusiones al camino de la vida y a la soledad contemplativa que se reiteran en el poema podrían apuntar en este caso a los desaparecidos, a los arrojados al mar, a los encarcelados durante la dictadura; entonces el texto estaría cerrando un ciclo de referencias que van del hombre genérico, de la criatura humana, al escritor, a un autor cristiano que testimonia un tiempo «oscuro» de represión y desapariciones, un hombre que sufre un momento histórico determinado[15]:

> No existo
> Me perdí en el camino
> Me tiré de la roca al mar
> Pero he aquí que el sol aparece por la tarde
> Y mi alma vuela como espíritu santo
> Sobre las olas de este mar piadoso
> Y mi cuerpo desnudo en la arena
>   Al fin en cópula con Dios (103)

---

[15] Raúl Zurita (Santiago de Chile, 1950) construye en la trilogía que conforman *Purgatorio* (1979), *Anteparaíso* (1982) y *La Vida Nueva* (1993) un universo poético en el que el paisaje (el mar, las cordilleras, el desierto) y las resonancias bíblicas se integran en una geografía de la tortura y las desapariciones en el Chile de la dictadura. Aunque con una poética en la que el *performance* y las apariciones públicas juegan un papel central, algo en lo que se distancia de Jaime Quezada, los elementos mencionados son comunes a los dos poetas.

Jaime Quezada se incorpora, por otra parte, a una tradición en la que lo indígena americano, lo religioso y –a través de la combinación de ambos– la visión de lo natural constituyen una unidad en su poética ecológica[16]. Ya se ha visto cómo en «Genealogía» se declara «Indio de España en mapuche indio blanco» (47). En «Desamparo» a su vez, agrega una óptica universal y los conocidos elementos provenientes del ámbito de la tecnología, más otros de la cultura popular, como el rock:

> Aunque repita de memoria salmos pasados de moda
> Que mañana sin embargo serán cantados con música de jazz
> En arameo y mayaquiché y antiguo verso
> Con música electrónica de 120 decibeles
> Y en toda lengua: canción rock canción quechua... (107)

Estos rasgos no son privativos de *Huerfanías*[17], sino que se encuentran en la cosmovisión de Quezada desde sus inicios como poeta, como puede

---

[16] En este sentido, el autor reconoce de nuevo su deuda con Gabriela Mistral: «Tanto la poesía como la prosa de nuestra Mistral conlleva permanentemente el tema de lo religioso y de lo indigenista, amén de otras vertientes fundamentales (lo geográfico, lo social, lo americanista) que la nutren. Digamos que lo religioso, en su sentido de vida y de ritualidad, está en su escritura y en su gesto de quien quiso ser siempre la mujer fuerte de la Biblia. Desde *Desolación* a *Lagar*, la poesía mistraliana tiene, sin duda, ese regusto bíblico de la expresión y del tema: una búsqueda o camino de perfección. Agréguese a ello su fervor indigenista o las netas indianidades que tanto le importaron, y que otorgan a su obra el fundamento de lo racial y primitivo con toda su riqueza rescatadora de nuestros pueblos primeros. "Carne de Mitla ser mi casta", dirá ella misma en un verso, haciendo referencia a su acercamiento a lo racial e indigenista de lo americano» (2005: en línea).

[17] Aspectos esenciales de la lírica de Quezada, como la sobriedad y el predominio de los elementos naturales, se encuentran como rasgos que comparte con Leonel Lienlaf (1969), poeta mapuche. Del libro de este último *Pewma dungu / Palabras soñadas* escojo el poema «Atardecer»: «Hay gritos de pájaros / y en los caminos / salen las sombras a mirar / el paso lento de los colores / sobre el horizonte // El lejano zumbido de las motosierras / estremece la noche que cae / sobre los canelos marchitos» (51). Lo mismo ocurre con Humberto Akabal (Guatemala, 1952), en poemas como «Mensajeros» o «En el manantial», del libro *Las palabras crecen*. Cito el primero: «Si los pájaros andan volando bajo / es aguacero seguro / si vuelan alto / ni los mira uno (43). Niall Binns se refiere a la importancia del prólogo escrito por Raúl Zurita a *Se ha despertado el ave*

verse en «Testimonio y referencia», palabras preliminares a su libro *Astrolabio*, que recoge poemas escritos entre 1965 y 1975 (la cita en cursivas pertenece a Gabriela Mistral):

> Se iluminó mi rostro y mi alma en Macchu Picchu, en el Tikal, en las pirámides teotihuacanecas del Sol y de la Luna. Lloré también de emoción ecológica en el Parque Nacional de Nahuelbuta (Chile): *la araucaria es la más airosa vertical botánica que los ojos puedan gozar, una pirámide vegetal*. Yo que me había sentido pequeñito subiendo las escalinatas de los templos mayas, me he venido a sentir todavía más pequeñito abrazado a los troncos de coníferas milenarias en mi propia tierra. (1976: 9-10)

Ileana Rodríguez ha revisado la tradición literaria latinoamericana desde la perspectiva de los estudios ecocríticos. En su artículo recuerda la inmensa tradición latinoamericana de textos «sobre la pampa, la selva, la llanura, los campos de caña de azúcar, las bananeras, las tabacaleras, la explotación del caucho, que marcaron toda la literatura social de la modernidad temprana en nuestras incipientes repúblicas» (Rodríguez 2009: 30). Y sobre todo, señala que «si la ecocrítica está íntimamente asociada a los movimientos ambientalistas en los países ricos, en América Latina está asociada a la colonización y a la modernización, a la explotación y a la opresión» (2009: 32). Más adelante Rodríguez destaca:

> Los movimientos liberadores son atractivos no precisamente por sus exactitudes de diagnóstico sino por su imaginación, el valor de sus propuestas, y el asumir que el espacio público es flexible. Ideas opuestas al sentido común constituyen el locus de lo profético, esto es, el lugar de posibilidades no realizadas cuya fuerza radica en crear nuevos lenguajes, lógicas, tradiciones –utópicas por el momento en la medida en que sólo existen en la imaginación. El envés de estos imaginarios es apocalíptico y profetiza el fin del planeta –holocaustos nucleares, calentamientos globales,

---

de mi corazón (1989), de Lienlaf, y al hecho de que poetas mapuches como él y Elicura Chihuailaf (1952) hayan sido «descubiertos», publicados e incorporados al canon tan súbitamente: «Just as important, from an ecological or ecocritical perspective, is the way these poets have been so suddenly "discovered", published and grafted onto the canon» (Binns 2003: 133).

contaminación sin retroceso, destrucción de capas de ozono, lluvias ácidas, tierras yermas, aguas contaminadas, especies en extinción, uso de alimentos como combustible. Por eso las diferentes disciplinas vuelven a la idea del respeto a la tierra, a la madre naturaleza... (2009: 31)

Huerfanías se incorpora a esta tradición en tanto que, desde una óptica religiosa y existencial, vincula las circunstancias históricas concretas de Chile bajo la dictadura militar a una reflexión más amplia sobre el futuro del hombre y su existencia en la historia y en el mundo. Responde a un movimiento de reconversión de los intelectuales latinoamericanos hacia la formulación de una nueva utopía, de otro tipo de discurso liberador, cuya mirada incluye ahora no sólo las luchas sociales urgentes, la desigualdad y la pobreza, sino el modo en que los mecanismos desiguales destruyen también el hábitat de todos. Las imágenes de desamparo y soledad, de devastación y pérdida del Paraíso, constituyen un discurso apocalíptico que, lejos de desligarse de la realidad, se vincula con la crítica a los procesos que, en el continente, han provocado tanto crisis sociales como medioambientales.

Poesía en un mundo vulnerable: el discurso ecológico y social de Jorge Riechmann

En *Cuaderno de Berlín* también se advierte una preocupación por el futuro que constituye una de las marcas de la poesía de Jorge Riechmann. Aun cuando el autor sitúa la escritura del libro en un momento histórico preciso, los finales de los años ochenta, deja bien establecido –en ese breve prólogo que precede a los poemas– el hecho de que no ha escrito «un libro sobre Berlín, sino uno desde esta ciudad» (*Cuaderno*, 7). De esta manera, Riechmman sitúa su discurso en un momento histórico concreto, el de la caída del Muro de Berlín y el consecuente cambio del mapa político de Europa, pero apunta que: «La fractura no se localiza en la puerta de Brandeburgo sino entre los lóbulos de cada cerebro y entre los dedos de cada mano. Hoy exige algo más que pericia geopolítica el ineludible esfuerzo por desenmarañar los intrincados frentes de la guerra de clases» (*Cuaderno*, 7).

Le interesa al escritor sobre todo la conflictiva relación entre individuo y colectividad que es uno de los temas principales de su reflexión, pues de continuo explora la situación del ser humano enfrentado a «las desgarraduras de nuestro mundo»: la indagación poética acerca del ser humano vulnerable ante un mundo cada vez más difícil de aprehender y que está en peligro de desaparecer, la relación entre las aspiraciones individuales de equilibrio y armonía y la conflictividad de la sociedad actual. No quedan dudas, por la manera en que se introduce el poemario, acerca de la posición marxista del autor, y de su vocación de claridad, que se hace presente en medio de la contradicción, en esa voluntad de «desenmarañar» el escenario político de finales de los años ochenta del siglo XX, del cual *Cuaderno de Berlín* se sirve como punto de partida.

Sin embargo, la lectura del libro hace ver que las circunstancias históricas son únicamente la base para elaborar una meditación de alcance más amplio. Así, no es casual, desde luego, que *Cuaderno de Berlín* se inicie con «Consejos para extranjeros», donde se advierte la relación entre ética y estética que atraviesa el texto de principio a fin y las contradicciones de un sujeto poético que intenta «la aventura de la lucidez sin resignación». Esta aventura pasa por la reflexión acerca de las fracturas provocadas en el territorio alemán por el enfrentamiento ideológico que caracterizó a los años de la Guerra Fría. La reflexión del sujeto poético de *Cuaderno* y su vocación ética recuerda al pensamiento de Brecht, quien en *El compromiso en literatura y arte*, dice: «Mucho de lo que en Alemania no está permitido decir sobre Alemania, puede decirse de Austria», y agrega: «Existen muchas tretas para engañar al Estado suspicaz» (1973: 15). Es a este compromiso de reflexión y expresión al que se refiere el hablante poético de *Cuaderno* cuando enuncia:

> En la ciudad donde no puedas
> decir la verdad,
> decirla.
> En la ciudad donde puedas
> decir la verdad, trabajar para convertirla en mentira. (11)

Mientras en los años ochenta España se encuentra en un proceso de transición hacia la democracia, luego de casi cuarenta años de dictadura franquista, la caída del Muro de Berlín en 1989 marca el fin de la Guerra Fría y del enfrentamiento entre los bloques de poder encabezados por Estados Unidos y la Unión Soviética. El fracaso del «socialismo real» trajo consigo, además de la reconfiguración de las relaciones internacionales, un renovado debate acerca de la validez de las ideologías «de izquierda» y de «derecha» que habían determinado alianzas y conflictos desde el final de la Segunda Guerra Mundial en 1945. La caída del Muro, por años convertido en símbolo de las divisiones provocadas por el enfrentamiento entre los dos bloques, al separar a Alemania entre «Oriental» y «Occidental» o «República Democrática Alemana» y «República Federal Alemana», puso de manifiesto no sólo la compleja red de intereses tejidos durante los años de la Guerra Fría, sino que reveló la simplificación de las tensiones políticas que en ambos lados del espectro político había afectado la vida de millones de seres humanos. Es a estas «fracturas» a las que se refiere Riechmann en sus palabras introductorias a *Cuaderno de Berlín*. También, por ello, dice que Berlín es «laboratorio social, ciudad mundo, ciudad epítome de las desgarraduras en que se consuma nuestro mundo» (*Cuaderno*, 7)[18]. Las reflexiones sobre la profunda conexión entre ideología, sociedad y destinos individuales constituyen la entrada a *Cuaderno de Berlín*. La constatación de los métodos dictatoriales y represivos llevados a cabo por los dos bloques lleva también al autor a decir, refiriéndose a las dictaduras franquista y estalinista, que: «La rabia por lo de allá equilibra la vergüenza por lo de aquí, luego el movimiento se invierte» (*Cuaderno*, 7).

En *Cuaderno de Berlín*, el homenaje a Rosa Luxemburgo (32) se alterna con textos como «Poema del desconsuelo» (26), donde el sujeto lírico va desde el estar de pie «como tallo al que hubieran raspado todas las/ hojas y todas las yemas» hasta la descripción de la tierra como «unánime bestia

---

[18] Svetlana Boym utiliza también el término «laboratorio» cuando habla de cómo el proceso de transición alemana hacia la reunificación se caracterizó por el debate entre el pasado dividido y el futuro en común, mientras el presente escenificaba «... inconvenient tensions between East and West, between different, not yet unified ideas of national and urban identity. In the 1990's, Berlin was not merely a new German experiment but a laboratory of many conceptions of modernity and history, of national and urban identity in the process of being revised» (2001: 179-180).

moribunda»: siempre hay un movimiento que va desde lo social y general hasta lo particular, la experiencia específica del ser humano en su entorno. En Riechmann, la crítica al proyecto racional de la modernidad parte de una reformulación de la condición de ser humano, que todavía es «fragmento, promesa y anticipación» (28) y de una ética de acción colectiva –que se extiende a su pensamiento científico y ecologista, como se verá más adelante–. En su poesía, lo que me ocupa de inmediato es cómo se expresa este pensamiento en textos como «Nos tornaríamos humanos», donde para alcanzar esa meta habría que comer: «El pan incandescente de la fraternidad» (109); o en ese llamado a «andar juntos un trecho del camino» con que termina el poema «Berlín, 1986» (13).

Uno de los aspectos clave para situar la obra de Riechmann en el panorama de la poesía española es su relación con la generación del 68, y en cómo la crítica ha construido oposiciones reductoras –poesía pura versus poesía comprometida; esteticismo versus realismo, etcétera–. Juan José Lanz afirma que:

> El culturalismo, tal como fue entendido por la generación del 68 en los primeros años setenta, funcionaba al menos en dos niveles diferentes: en un nivel superficial, el poema incorporaba elementos de la historia de la cultura que actuaban en el texto como *correlatos objetivos*, muchas veces en forma de *monólogo dramático*, independientes tanto del poeta como del poema; en un sentido más profundo, el culturalismo se manifestaba como un modo de *alejandrinismo*, que buscaba en la cultura un modo de oposición al poder acentuando el carácter autónomo de la creación artística, negando la realidad circundante al no incorporarla al poema. (1991: 4)

En la confluencia de tradiciones y formas que se da en la poesía de Riechmann, en ese «modo más profundo», como «oposición al poder», y no sólo a las formas «superficiales» –o más bien específicas: el correlato objetivo y el monólogo dramático– que caracterizaron a los «novísimos» como Pere Gimferrer o Guillermo Carnero, se advierte que en Riechmann se trata de un culturalismo ejercido con mayor conciencia de su libertad creativa y de su libertad real. Lo que en los primeros «novísimos» podía verse como un intento de trascender los límites impuestos por el franquismo, como la etapa inicial de una reacción al agotamiento del discurso poético de la «poesía social» de los años cincuenta, en esta poesía es ya plena asunción de que se pertenece a una tradición cultural universal; es además maduración y apropiación de lenguajes, a partir de lo cual es posible conformar un espacio poético plural, que incluye tradiciones aparentemente opuestas e ideológicamente enfrentadas en la poesía española. Sobre esto, resulta esclarecedor el criterio del poeta José Hierro, quien reconoce en la poesía de Riechmann la presencia de una voz poética renovada, además de una continuidad con la poesía «social»: el autor señala la voluntad crítica y cuestionadora al tiempo que el uso de «la palabra justa, la expresión elegante, poéticamente necesaria» y sobre todo, el «acento más universal» y la mirada que permite suplir con la ironía «lo que entonces era desmelenamiento e ira» (Hierro 1994: en línea). Otras cuestiones muy discutidas han sido su relación con el realismo y con la «poesía de la experiencia». Con respecto al primer tópico, Luis Bagué Quílez señala: «En suma, el realismo no es para el escritor una entidad compacta e inmutable, sino el resultado de una reflexión crítica sobre las conexiones del sujeto con el yo poético, con el entorno circundante y con el universo del lector» (2007: 125).

Por esta vía –que el poeta declara lo une (de nuevo) al pensamiento de Brecht, en tanto se concibe el realismo como actitud vital y forma de indagación crítica– se explica el rechazo de Riechmann a cierta «poesía de la experiencia»[19], y así lo señala en una entrevista:

---

[19] La «poesía de la experiencia» se caracteriza por la presencia de un yo poético que incorpora anécdotas de la vida cotidiana, a veces incluso datos biográficos, al discurso poético. Frente a los «novísimos» o «sesentayochistas», que buscaban alejarse lo más posible de la efusión lírica para expresarse a través de personajes históricos o refinados objetos de arte, los poetas de la experiencia hacen de lo cotidiano la base de su expresión. Retoman la dimensión lírica al hablar de sus sentimientos, sus opiniones, su entorno social, incluso su vida personal. También se proponen un acercamiento al lector a través de este recuento de sus vivencias, con un lenguaje más directo, en contraste con la vocación culturalista de los novísimos. Riechmann, sin embargo, define la experiencia «por su capacidad de transformar al sujeto» y el «nombrar» de la poesía como «ordenar el caos»: «La poesía da nombre. El poeta persigue el empeño, quimérico e irrenunciable a la vez, de atinar con el nombre verdadero de las cosas. Nombrar es transformar la realidad: la realidad no es la misma que el caos precedente a este acto primordial. [...] no hay poema que deje al mundo intacto» (1994: 31). Por su parte, Bagué Quílez señala que Riechmann «pretende combatir» «los dos vicios más

¿de qué experiencia hablamos? Mal van las cosas cuando los contenidos de la experiencia, lejos de ser radicalmente personales, lejos de la «experiencia en lo que tiene de particular, de único, de consumado e irrepetible» [...] parecen más bien producto fabricado en serie, convención impuesta por la hegemonía de una escuela. (Riechmann 1994: 20-21)

En la poesía de Riechmann la relación entre lo humano particular y lo social no excluye la experimentación estética. Se reivindica la libertad para escribir poesía política, amorosa, filosófica, y esa libertad y vocación poética le permiten no sólo declarar de manera explícita influencias como las de Brecht, René Char o Pedro Salinas, sino las de autores como José Martí, Lezama Lima, Delmira Agustini, Cintio Vitier o Mario Benedetti, y asumir, en la entrevista final de *Resistencia de materiales*, que «entre las muchas posibilidades atractivas que existen de ser un poeta español, una de las más atractivas es ser un poeta latinoamericano» (2006: 283). Esto habla de una apertura de horizontes que de alguna manera iniciaron los novísimos, aun cuando se puede detectar la diferencia de actitudes vitales con respecto a la poesía entre esta promoción poética y el autor de *Cuaderno de Berlín*. Una de las diferencias más notables es que mientras en los novísimos hay un interés por recrear el pasado, los símbolos de lo ya ido, como el agua estancada y la pátina del tiempo en Venecia, en Riechmann hay una urgente necesidad de cuestionar el presente y de imaginar lo porvenir.

En su libro *Risk society*, publicado en 1986, Ulrich Beck explica la repercusión global de los potenciales efectos negativos de la modernización en cuanto a riesgos de desastre nuclear y ecológico. Beck se ocupa también de analizar los cambios y la evolución de la percepción humana de estos riesgos. Más importante aún es su propuesta de *modernidad reflexiva* como alternativa teórica al concepto de posmodernidad. Con este concepto, el sociólogo alemán se refiere a un grado desigual de desarrollo de los proyectos de la modernidad que genera a su vez desiguales niveles de conciencia crítica y de discursos reflexivos acerca de la historia, la tecnología, el arte, la sociedad y los saberes humanos en general:

---

extendidos» de la poesía de la experiencia: «la escualidez de las experiencias reflejadas en los textos y el sustrato narrativo de dichas experiencias» (2007: 130).

We are [...] concerned no longer exclusively with making nature useful, or with releasing mankind from traditional constraints, but also and essentially with problems resulting from techno-economic development itself. Modernization is becoming reflexive; it is becoming its own theme. Questions of the development and employment of technologies (in the realms of nature, society and the personality) are being eclipsed by questions of the political and economic «management» of the risk of actually or potentially utilized technologies... (Beck 1992: 19)

El hecho de que la sociedad industrial, donde la innovación tecnológica y el incremento continuo de la producción son elementos claves, ha dado paso a la «sociedad del riesgo», donde lo que se produce y distribuye es riesgo[20], a escala global y con consecuencias imprevisibles, demanda no una renuncia a la racionalidad, sino una radicalización de esta. Una de las características de la sociedad del riesgo es que se produce un desplazamiento de la reflexión hacia el futuro, y hacia consecuencias que no sólo no pueden preverse sino que no pueden percibirse durante el transcurso de una vida humana. En *Risk society*, Ulrich Beck analiza de qué manera «lo invisible», las decisiones tecnológicas del presente, afectan el futuro. Este desplazamiento hacia lo porvenir señala, en mi opinión, no sólo el alcance del problema y su urgencia, sino la manera en que el desbalance entre necesidad humana y capital ha conducido a una situación en la que, según Beck, las consecuencias alcanzan no sólo a los menos favorecidos en la escala social, sino a todos por igual:

The center of risk consciousness lies not in the present, but *in the future*. In the risk society, the past loses the power to determine the present. Its place is taken by the future, thus, something non-existent, invented, fictive

---

[20] Beck define el riesgo como «*a systematic way of dealing with hazards and insecurities induced and introduced by modernization itself*» (1992: 21; énfasis en el original). También señala la diferencia entre la naturaleza personal del riesgo asumida por ejemplo, por Cristóbal Colón en su empresa de «descubrimiento», o la naturaleza local del riesgo derivada de las condiciones insalubres de una fábrica en el siglo XIX, con el nuevo carácter global del riesgo en la época actual, y añade en la misma página: «Forests have also been dying for centuries now [...]. But the death of forests today occurs *globally*, as the implicit consequence of industrialization –with quite different social and political consequences».

as the «cause» of current experience and action. We become active today in order to prevent, alleviate or take precautions against the problems and crisis of tomorrow and the day after tomorrow… (1992: 34; énfasis en el original)

En términos de sensibilidad artística, de poética, ya se ha visto cómo las visiones apocalípticas del futuro permean la poesía de Jaime Quezada. En Riechmann, resulta sintomático que uno de sus libros más recientes, publicado en el 2011 –una compilación de su poesía de 1979-2000– se titule *Futuralgia*[21], una palabra que el autor define de la siguiente manera: «Futuralgia: dolor por la vida que podría ser, por la plenitud que cabría alcanzar. Rabia contra quienes nos amputan nuestras posibilidades mejores, en una época tenebrosa –la nuestra– donde el porvenir se halla trágicamente amenazado» (5).

Ya en *Resistencia de materiales* (2006) Riechmann apuntaba la necesidad de asumir una nueva actitud ante la realidad, una actitud de descubrimiento, de distanciamiento y a la vez de maravilla:

El mundo –tu mundo– es nuevo cada día: lo son las relaciones sociales, los ecosistemas naturales, la palabra de los seres humanos, los rastros de los animales… si sabes verlo con mirada limpia. (Aquí los formalistas rusos hablarían de *desautomatización*, y el místico probablemente de *ascesis*) (2006: 74).

---

[21] En *Futuralgia*, que incluye una revisión de la edición de 1989 de *Cuaderno de Berlín*, el autor incorpora dos poemas nuevos: el primero es «Niño extraviado» (197), que añade en la parte III, a continuación de «Héroe caído en indecorosa postura». Este cambio introduce un matiz nuevo en el diálogo interno del libro, pues a la parodia del heroísmo del poema precedente se superpone la percepción de la historia como una continuidad de luchas por la justicia y de derrotas de las que hay que levantarse. El poema tiene un exergo de Heinrich Heine, *Enfant perdu*, y concluye en diálogo con el poeta alemán: «Derrotas hay, maestro Heinrich Heine, / por las que parecen no pasar los siglos». El otro texto añadido es «No cejar» (*Futuralgia*, 217). Este se incorpora a la parte VI de *Cuaderno* y desde luego a la discusión acerca de poesía y ética que la ocupa: «no cejar, no cejar. Al fin y al cabo / también decimos "ser *humano*" sabiendo / que el adjetivo es tan sólo / un latigazo rabioso de utopía».

De ahí que en su poesía y en su obra ensayística se observe un tipo de «nostalgia reflexiva»[22] en la que el pasado y el futuro se conciben como parte de una dinámica de contradicciones que permite la creación de un espacio para la síntesis de tradiciones, para lo porvenir, un espacio para articular la razón y el cuestionamiento de la razón, la pérdida de ideales utópicos y la posibilidad de formular nuevas utopías.

En el caso de Riechmann, se articula una poética de la resistencia en la que el yo poético acude a la «gimnasia del sarcasmo», en la cual se reconoce con claridad la intención de construir una posición ética. Si en Quezada el correlato objetivo se emplea para sugerir la analogía entre la parte oscura del Medioevo y el presente de Chile, entre su posición como creador y la del místico que persiste en su fe, Riechmann se apropia del recurso de un modo diferente: el hablante lírico asume exactamente la posición contraria del autor, mediante «la objetivación en personajes poéticos cuya voz acota precisamente la posición antípoda de la que en cada momento el autor quiere para sí...» (*Cuaderno*, 47). Esta «gimnasia del sarcasmo» se practica en la cuarta parte de *Cuaderno de Berlín*, y es en esta sección donde se cuestionan más abiertamente ciertos discursos políticos de la izquierda y del diarismo. Así, la conformidad del «Monólogo del muñón»: «La bota que me aplasta / me libera, en fin, / de mi muñoncentrismo», debe ser leída en clave

---

[22] Otra «coincidencia»: en *The Future of Nostalgia*, Svetlana Boym ofrece una «tipología» que revela dos variantes posibles en las que la nostalgia se manifiesta; la primera es la «reconstitutiva» (*restorative*) y la segunda, la «reflexiva» (*reflective*): «Restorative nostalgia puts emphasis on *nostos* and proposes to rebuild the lost home and patch up the memory gaps. Reflective nostalgia dwells in *algia*, longing and loss, the imperfect process of remembrance. The first category of nostalgics do not think of themselves as nostalgic; they believe that their project is about truth. This kind of nostalgia characterizes national and nationalist revivals all over the world, which engage in the antimodern myth-making of history by means of a return to national symbols and myths and, occasionally, through swapping conspiracy theories. Restorative nostalgia manifests itself in total reconstructions of monuments of the past, while reflective nostalgia lingers on ruins, the patina of time and history, in the dreams of another place and another time» (2001: 41). Un tipo de nostalgia reflexiva, que propone un proyecto utópico en medio de las incertidumbres y que trata de construir un mundo posible a través de la creación, es la que proponen los proyectos artísticos que me ocupan en este capítulo.

subversiva; en ese mismo sentido se puede leer la crítica a la Razón en «Armonía preestablecida»:

> Exceso de seres humanos
> con exceso de saberes humanos
> cuando las exigencias ob-je-ti-vas son en realidad tan sencillas.
> Vivimos
> como es sabido
> en el mejor de los mundos posibles, y por ende
> también en el más racional (51).

La repetición paródica de la frase del personaje de Voltaire se aplica al todo del libro, que desmiente en su conjunto cualquier posible ilusión de «armonía», se vuelve contra la razón humana, y al mismo tiempo es una aspiración a la omnicomprensividad, aspiración al todo, frente a la fragmentación del sentido y el sentimiento de pérdida que se perciben como parte del presente.

Esta necesidad de «ordenar el caos» se observa en la estructuración de los poemas en partes numeradas, y la división del texto en secciones. Preceden a cada parte citas en las que se puede detectar una función «orientadora» acerca de los poemas que la integran. *Cuaderno* está constituido por ocho partes, ordenadas en números romanos. Los temas abordados por Riechmann resultan también expuestos con precisión y voluntad definidora: la crisis ecológica, la paz, la fraternidad, la posibilidad de un desastre nuclear, el amor, el compromiso político...

La primera parte alude a la situación histórica concreta del Berlín de finales de los años ochenta, aunque el espacio, más que geográfico, es el del cuestionamiento y la reflexión, como ya se ha visto –aquí están «Berlín, 1986», pero también «Las medias tintas» (17), poema que trata de las contradicciones, de la aspiración humana a las opciones claras, evidentes («A ella le gustan los actos sin rebabas, los juegos inequívocos»), y de la imposibilidad real de esa aspiración: «Necio sería negar las medias tintas /urge desentrañar los colores trenzados». En «Problemas domésticos», el sujeto lírico alude también a la complejidad de trazar una línea de conducta o una posición ética en un mundo cada vez más fracturado, y al tratar de conciliar el día y la noche, los opuestos imposibles, concluye: «Verdaderamente / ya no sé qué hacer».

El efecto movilizador de esta poesía no proviene, en primera instancia, del esfuerzo de descodificación que demanda del lector, sino del estremecimiento que provoca: en «Berlín, 1986», la experiencia de la escisión, del conflicto geopolítico, se traduce como fragilidad, el sentir que se necesitan «espaldas más robustas que las nuestras» para «aguantar tan grave esperanza histórica». De ahí que tal experiencia se personifique en la noche –que va «cuajada de dolor» y «atravesada de estrellas»–, en una inversión de los adjetivos que construye imágenes de crispación y pérdida:

> Iba la noche cuajada de dolor,
> apretaba los dientes.
> Iba preñada de seres moribundos,
> para no gritar iba contando sus pasos,
> y se palpaba el costado, y enmudecía de asombro.
> Iba la noche atravesada de estrellas
> Como puntas de sílex o disparos fósiles.
> Iba perdida, iba para morir, recorría los últimos caminos. (12-13)

Para tal desolación, «el árbol milenario» al que todos «trepamos con cautela», sólo queda el «andar juntos un trecho del camino». La idea del vínculo, tan repetida por el autor en sus ensayos y entrevistas, aparece en el poema como el único modo de sobrevivir al «dolor de la vigilia». La misma noción del estar despierto, consciente, como un acto doloroso, de resistencia, se encuentra en «Los tendones de la vigilia»: «Vivir es un inacabado, inacabable, horadado movimiento de erguirse. Lo peor es que flaqueen los tendones de la vigilia» (16). La idea de corporeizar el estado de resistencia en esos tendones que soportan el vivir en el mundo, se refuerza en otros poemas donde la quiebra remite a la sumisión o a la decadencia física y la muerte –a menudo equivalentes. Así ocurre en «On liberty»:

> Y por no molestar
> con cuello dócil
> ejecuta el siguiente movimiento
> antes de que la voz ladre de nuevo. (40)

No sólo emplea Riechmann el sarcasmo, sino que apela al extrañamiento en cuanto al discurso periodístico o político que incorpora al lenguaje poético, una de las bases de la ironía que tanto ha destacado la crítica (Francisco J. Díaz de Castro, Luis Bagué Quílez, Miguel Casado) en su poesía. Tal extrañamiento se produce al insertar esos discursos en contextos inusuales y que suelen estar separados: en «Un rostro para mis días» dice: «Un rostro donde cobre por fin forma / el mercado mundial de materias primas» (15) y en «Breve lección sobre gerencia de crímenes para estudiantes por libre» es aún más evidente la ruptura, acentuada esta vez por la combinación con el registro propio de la homilía o el responso, que llama a dejar la solución de todo en manos del tiempo:

> Un sabroso capital de sufrimiento, acumulado
> por tatarabuelos pródigamente torturados, que invertimos
> teniendo en cuenta las fluctuaciones del mercado humanista
> allí donde la tasa de beneficio es más alta.
>
> Y la humanidad florece en nos, y nuestros enemigos
> son aniquilados inacabablemente
> en el tiempo, en la memoria, en el olvido. (56)

Es un acierto el juicio de Bagué Quílez cuando afirma que existe en esta «poesía del desconsuelo», la voluntad de un sujeto poético que

> concibe la escritura como un experimento de subjetividad, sometido a procesos de verificación y esencialmente generalizable. El escritor no tiende a la creación de un personaje ficticio en sus versos, sino que configura un sujeto lírico conforme a la idea de la poesía como una vía de indagación intelectual y emocional. (2007: 130)

Por ello se permite, también, configurar un yo poético que transita de lo autobiográfico a lo ficcional, de la primera persona a la posición de observador, de lo lírico a lo político, del didactismo a la filosofía, en constantes desplazamientos que buscan abarcar todo lo decible, todo lo poetizable: aspiración a la totalidad, en una hibridez y mezcla de discursos y formas que llevan al texto a convertirse «en un espacio asimilador de lenguajes, síntesis de géneros, de dialectos sociales, cruce de tradiciones, como si su punto de vista, su modo de pronunciarse, originaran un proceso de aceleración en que toda palabra se ve forzada a integrarse» (Casado 1994: 6). Esta actitud está mucho más cerca de las vanguardias históricas, en su manera de asumir la poesía como modo de «cambiar el mundo, cambiar la vida», y en consecuencia, se encuentran en *Cuaderno* algunos recursos formales típicos de los vanguardistas –como la fragmentación entre título y poema:

> *Roedora-*
> mente han cortado al cuerpo
> toda posible retirada... (25)

Además, la creación de significados nuevos mediante la disposición de las palabras en la página, como en «La estructura de la lírica moderna»:

> Soñé   un dedo
> un dado   un lance de dados
> un dardo   un verso
> que destruyese el mundo (79)

No obstante, esta heterogeneidad no es neutra, no son «fragmentos elegidos al azar». Riechmann opta por la parodia y el sarcasmo en vez del pastiche, tal como lo define Jameson, en un ejercicio poético que invita a la contradicción pero no a la suspensión del juicio o la neutralidad:

> Pastiche is, like parody, the imitation of a unique, idiosyncratic style [...]. But it is a neutral practice of such mimicry, without any of parody's ulterior motives, amputated of the satiric impulse, devoid of laughter and of any conviction that alongside the abnormal tongue you have momentarily borrowed, some healthy linguistic normality exists. Pastiche is thus blank parody, a statue with blind eyeballs... (2001: 17)

La segunda parte de *Cuaderno* versa sobre la vida humana en peligro de desaparecer, y va precedida por una cita de Johannes R. Becher: «Hombres que están en las nubes... –de las que caen las bombas». A esta pertenecen «Una postal sobre el humanismo devuelta al remitente», en la que se corrobora la «Radical insuficiencia de la cháchara humanista tradicional» (28), pero se incluye la voz de Paul Éluard, y se llama al poeta a «cantar en voz baja» –a seguir cantando, no obstante. Termina, sintomáticamente, con un homenaje a Rosa Luxemburgo, «Enero es agua en el canal de Landwehr» (32), y se refiere a las circunstancias de la muerte de la activista y filósofa judía, ocurrida a manos de la policía civil alemana.

La tercera parte reflexiona sobre la condición humana en ciertas coyunturas históricas y revisa con irreverencia nociones tales como el heroísmo, la posmodernidad, la libertad… En «El rostro esplendoroso» (39) propone «quitarle todavía una careta más» a la «dama ilustración», y anuncia en «Posmodernidad» (38) que «…la única virtud aún no ambigua / es ser intempestivo», apuntando que más vale arriesgarse a formular juicios y tomar acciones políticamente incorrectas que aceptar con complacencia el actual estado de cosas.

La quinta parte de *Cuaderno de Berlín* se dedica a la reflexión sobre la muerte, y en ella se combinan lo corporal y lo simbólico, la muerte individual y la posible catástrofe ecológica. «La muerte que amasamos» contrapone la apariencia de normalidad que propicia la sociedad espectacular –labor que realizan esos

> Detestables ilustres perfumistas
> atareados en ennoblecer nuestros cadáveres
> con aroma a tragedia, sudor de semidiós
> y sublimes valores para la especulación en bolsa o la contemplación moral
> (59)

con la reproducción de un modo de vida que conduce al exterminio del hombre y del planeta, y que el poeta banaliza como se banaliza lo que escuchado mil veces deja de tener significado: «…esta muerte que amasamos / no será transfiguración ni sacrificio, / sino un borracho de mal vino a quien su propio carro aplasta» (59). Banalización, en otro sentido, es lo que lleva a cabo el poeta en «Cordón umbilical, dulce veneno», que pertenece a la cuarta parte del libro, de la que ya he hablado. En este caso, los mitos y personajes históricos se rebajan a la condición de actores involuntarios en la sociedad moderna, donde la pasividad rige su existencia («mi recogimiento dulce anestesia / mi impotencia sublime delicia»):

> Maldoror
> Parado y pinchadiscos
> Pentesilea
> Cajera en un hipermercado
> Prometeo
> Obrero de alto riesgo en una central nuclear. (52)

La banalización y la espectacularización de lo vacío, el culto a las apariencias, que es culto a lo inanimado, genera la muerte. En la sociedad del espectáculo que denunció Guy Debord la muerte ha ocupado el lugar que antes tenía el sexo. Como señala Mejía Rivera, «Si en el siglo XIX lo repugnante y prohibido de mencionar era el acto del parto y el nacimiento, en el siglo XX lo que repugna es el cadáver descompuesto y la muerte natural» (2000: 55). Debord, por su parte, había llamado la atención sobre el hecho de que nuestra sociedad se halla atrapada en la «producción circular de aislamiento», y que todos los bienes seleccionados por la sociedad espectacular contribuyen a la creación de «muchedumbres solitarias». De este modo, la exposición continua de muertes «espectaculares» y violentas a través de los medios de comunicación masiva acaba por insensibilizar a los espectadores ante la muerte humana, haciendo que se olvide su carácter natural y su presencia en todo lo que está vivo.

Riechmann muestra la relación natural entre la vida y la muerte e incluso en «A menudo el resucitado despierta a la muerte» (61) confunde las dos dimensiones, al hacerlas compartir los gestos mecánicos y sin sentido que repetimos día a día, gestos vacíos, como esos que en «Reducción estandarizada» conforman «A la postre / este triste bregar en una estancia blanca / con cuatro esquinas de mutilación» (63). La eterna prolongación de gestos sin consecuencias es la expresión misma de la muerte, mientras «De un día para otro / –también en los bastiones de lo elemental– / lo indecible gana terreno» («De cómo la atrocidad de los hechos se venga en el hacedor», 64). Este último poema reitera la idea de que la pasividad contribuye a fomentar la muerte humana y de los ecosistemas, en un efecto «bumerán» al que se refiere el autor en sus artículos científicos.

También Beck se refiere a esto en *Risk society*, y señala justamente cómo nadie escapa del efecto pernicioso de las catástrofes ecológicas:

> Risks of modernization sooner or later also strike those who produce or profit from them. They contain a boomerang effect, which breaks up the pattern of class and national society. Ecological disaster and atomic fallout ignore the borders of nations. Even the rich and powerful are not safe from them. (1992: 23)

Riechmann ha dicho además que una de sus experiencias básicas es *la muerte en vida*, «vivir agonizando dentro de algo más grande que yo, infinitamente precioso (porque de algún modo es la sede de todo valor), que vive y agoniza» (Montetes 2001: 25). Para el poeta, vivimos en «un mundo vulnerable» que está en peligro de desaparecer, y esta idea está en el centro de su pensamiento ecologista[23]. No sólo es su poesía reveladora de la manera en que la sociedad actual oculta la muerte al restarle valor a la vida humana, sino del modo en que la organización de nuestras sociedades amenaza la existencia misma del planeta. No obstante, en «Esquela», la vida se prolonga en esos «innumerables ojos / de un azul desvaído», que son «insobornables e inútiles / taladros / de la ausencia»

---

[23] No hay que olvidar que Riechmann ha desarrollado una importante labor científica dentro de la ecología. Es Doctor en Ciencias Políticas por la Universidad Autónoma de Barcelona (1993) y su tesis doctoral estuvo dedicada al Partido Verde alemán. Entre 1996 y 2000 dirigió el área de medio ambiente de la Fundación Primero de Mayo. Es miembro del Comité Científico del Observatorio de la Sostenibilidad en España, con sede en la Universidad de Alcalá, desde la constitución de este organismo el 28 de febrero de 2006; es miembro además de la Sociedad Española de Agricultura Ecológica, de Ecologistas en Acción, del Proyecto Gran Simio, de CIMA (Científicos por el Medio Ambiente) y de Greenpeace España, entre otras organizaciones. Fue Presidente de CIMA desde julio de 2005 hasta junio de 2007, y vicepresidente de la misma asociación desde entonces. Miembro del Consejo Asesor del CIP / FUHEM (Centro de Investigación para la Paz) desde su constitución, en julio de 2007. Entre 1996 y 2008 formó parte del Departamento Confederal de Medio Ambiente de CC.OO., como responsable de biotecnologías y agroalimentación. Entre 2001 y 2008 trabajé como investigador en cuestiones socioecológicas en ISTAS (Instituto Sindical de Trabajo, Ambiente y Salud de CC.OO). Desde finales de 2005, es colaborador del Departamento de Ciencia, Tecnología y Sociedad del Instituto de Filosofía del CSIC.

(62) y que se abren como queriendo percibir aún la realidad corporal del existir, queriendo afirmar –desde la ausencia– la posibilidad de la mirada, de seguir en el mundo. Finalmente, en «Cabalgata sin tránsito», que recurre a esa imagen –tan arquetípica– del esqueleto que es «Mal jinete si no, por vida mía», se afirma la dualidad de la existencia humana, individual: «Aprendo a vivir / dentro del cuerpo de la muerte. / La muerte sabe vivir en mi cuerpo» (65).

No es casual la convivencia en *Cuaderno* de la reflexión sobre la muerte y la reflexión metapoética: ambas tienen su origen en esa condición inestable, en esa conciencia de la «fragilidad del ser» y de la palabra poética como modo de conjurar los males del mundo. Una poesía que se pregunta acerca de su función en un contexto saturado de discursos mediáticos y en un mundo saturado de contaminación, es necesariamente una poesía que se cuestiona su legitimidad y que contempla la muerte del individuo y la muerte de la especie como una dolorosa realidad[24].

En la sexta parte de *Cuaderno*, se saldan deudas con determinadas influencias, como en «A Juan Ramón Jiménez, absorto en New York» (72), en la que se expresa la imposibilidad, esta vez, de seguir haciendo poesía sobre el «alma» y de «la rosa», porque el alma es «un aceite caedizo y doloroso» y la espina de la rosa «urde el mismo tejido de la carne». En esta sección es donde se manifiesta con mayor claridad la reflexión sobre el papel de la poesía y la constitución del propio discurso poético. Así, en «Riesgos del esteticismo» se constata simbólicamente la muerte del poeta «puro», que no es más que «otro ahogado / en el proceloso piélago de la Belleza» (77). En diálogo con este, están los poemas que enlazan

---

[24] Sostiene al respecto Martín-Estudillo: «La metapoesía puede ser percibida como una respuesta a la fragilidad del «ser» que los horrores del último siglo han puesto de manifiesto en todas las esferas. Ha sido –es– la nuestra una era en la que el *horror vacui* está plenamente justificado, porque vivimos con la posibilidad del *overkill*, la repetida destrucción total de nuestra especie y el planeta que la alberga. [...] Durante las últimas décadas, más que nunca, el nuestro es un vivir para la muerte, tan heideggeresco como quevediano. En semejante contexto, el arte en general y su particularización verbal, el poema, apuntan más que nunca con su ser a la cercanía del no ser: por su propia contingencia, por su completa gratuidad y, quizás, por su innecesariedad. Observado desde esta perspectiva, el metapoema se revela como poesía hecha consciente de esta condición y una respuesta a la misma» (2005: 164).

la experiencia humana y la experiencia poética, inseparables para Riechmann. Por ello dice en «Llegar a ser sujeto»:

> El lento, riguroso, solitario proceso de llegar a ser
> sujeto.
> Con el pequeño morral verde donde sólo vas guardando las
> derrotas. [...] ¿Quién puede pretender ejemplaridad para
> los jirones de sus vestidos prendidos de las zarzas, y si acaso
> una gota más o menos intensa de su sangre...? (75)

El poeta acepta que su humanidad es también un proceso inconcluso, y que la palabra poética no le confiere por sí misma ningún don; él también necesita pasar el aprendizaje «para llegar a ser sujeto», por lo que se dice a sí mismo: «Reconozco. Acepto. Reordeno. / Pongo las manos sobre la mesa, junto a las otras manos, junto al pan, junto al cuchillo». También el poeta debe aprender a mirar, para poder ser sujeto, para encontrar esa perspectiva nueva desde la cual «el objeto no quiere ser mirado» («Sin miramientos», 76). El arco que va de la poesía al ser humano, la indisoluble unidad, se expresa –repetición de circularidades, principio y fin– en «Justificación de la poesía» (81): «La poesía es injustificable» y «El ser humano es injustificable».

La séptima y la octava partes se dedican al amor y la amistad, y son, sin duda, el necesario espacio de conciliación, una tregua al desconsuelo, y es donde el lirismo se ejerce en poemas como «Incredulidad»: «Desnuda no eres posible. Junto a mí, no es posible. / Eres lo más real y no es posible» (86). Sobre todo en «Poema del encuentro» (85), donde se confía al «redondo, seguro azar» la realización de lo esperado. En estos dos poemas, contradictoriamente, dialogan la afirmación a través del azar y la duda ante la realidad: certeza del encuentro que depende del azar, duda ante la realidad presente del cuerpo de la amada. En medio de la plenitud, la necesidad de la mirada de la razón, que confluye con lo imaginado, según se afirma en «Elogio de la distancia»: «Acariciarte, sí. Pero también contemplarte, rememorarte, pensarte, soñarte» (91). «Acto de presencia» vuelve a traer la relación entre la vida individual y la creación poética, entre el poeta y el mundo, terco en su persistir:

esas albas de acidia en que querría desabrocharte del mundo y apagarme en tu carne.
Pero tu piel me recuerda siempre a tiempo cómo la
poesía es una disciplina de la presencia. (95)

Se ha podido ver que en *Cuaderno de Berlín* el diálogo intertextual con poetas, discursos políticos, religiosos y científicos es fundamental. Sin embargo, hay una voluntad de cuestionamiento de estos discursos que evita que el lector se instale con comodidad en el consuelo, la complacencia o siquiera en la nostalgia por un supuesto Paraíso perdido o en el recuento de un posible apocalipsis que aún no llega. Así, en «Encuentro con el ángel», este no es más que una: «… terca criaturilla miserable, desaseada, vanidosa. Qué plumas grasientas de superviviente de marea negra, qué calva vergonzante cubierta de pelo ralo y engominado, qué barriguilla lúbrica, qué falta de dignidad, qué intentos de cohecho […]. Por no hablar de la ridícula estatura de corneja» (30).

Se puede rastrear la sensibilidad riechmaniana con respecto a este tópico y encontrar coincidencias en uno de los poetas que declara como influencia mayor, René Char[25], aunque Riechmann incorpora a la visión de Char la realidad de la polución y la visión apocalíptica del planeta consumido por ella. Decía Char en *Furor y misterio*:

> Ángel: aquello que, en el interior del hombre, se mantiene apartado del compromiso religioso, la palabra del más alto silencio, el significado que no se evalúa. Afinador de pulmones que dora los racimos vitaminados de lo imposible. Conoce la sangre, ignora lo celeste. Ángel: la vela que se inclina al norte del corazón. (2005: 143-145)

Riechmann continúa esta humanización de lo angélico, no ya como mensajero de ninguna voluntad divina[26], en «Atormentarás a tu prójimo como a ti mismo»:

---

[25] René Char (1907-1988) se unió a la Resistencia francesa en 1940. En *Furor y misterio* (del que Riechmann preparó la edición bilingüe) abundan las referencias a esta experiencia.

[26] Curiosamente, la película *Wings of Desire*, de Wim Wenders, estrenada en 1987, se desarrolla en la Alemania aún dividida por el Muro; cuenta la historia desde

>...en estas horas de deidad metódica
> produzcamos un ángel:
>
> ni corto ni perezoso
> afánose en hincar plumas de bronce y uranio
> en el desvalimiento de la espalda de un hombre. (41)

Mientras tanto, en «Endzeit», el sujeto lírico se pregunta si «[H]abrá otra circunstancia capaz de producir tantas actitudes falsas como la certidumbre cuasicientífica del apocalipsis» (24), mientras en «Un rostro para mis días», conmina: «Del pecho arráncate de cuajo la nostalgia» (15). No hay espacio para el lamento por el Edén perdido o por la naturaleza intocada por la contaminación, sino que es el momento de transformar «la rabia en paciencia histórica / el abatimiento en estudio y tercamente / la desesperación en desconsuelo» (27). Este rechazo riechmaniano a la nostalgia se dirige sobre todo a esa «souvenirización del pasado»[27] a la que se refiere Boym en su libro, y que convierte las memorias, los objetos

---

la perspectiva de dos ángeles (Damiel y Cassiel). Damiel decide «caer» y afrontar la mortalidad humana luego de conocer a una trapecista de circo de la que se enamora. La película transcurre en blanco y negro, excepto en los momentos en que los ángeles experimentan la vida humana; una de las escenas filmadas a color muestra los grafitis que decoraban el Muro en la parte occidental. *Wings of Desire* constituye una reflexión acerca de la historia de Alemania, las cicatrices dejadas por el fascismo, la escisión causada por el Muro, la soledad, el valor ético de la elección... uno de los personajes que encuentran los ángeles en Berlín Oeste es Homero, un anciano que sueña con «una épica de paz». La versión más conocida de *Wings of desire* es la hollywoodense, protagonizada por Nicholas Cage y Meg Ryan y estrenada como *City of Angels* en 1998. En esta versión, el conflicto se reduce a la pasión entre el ángel y la joven doctora interpretada por Meg Ryan.

[27] «One could speak about "inculcation of nostalgia" into merchandise as a marketing strategy that tricks costumers into missing what they haven't lost. Arjun Appadurai defines it as "erzatz nostalgia" or armchair nostalgia, "nostalgia without lived experience or collective historical memory". Obviously, any nostalgia has a utopian or atopian element, but commercializaed nostalgia forces a specific understanding of time. Time is money. [...] Transience itself is commodified into passing. All artifacts of civilization are made available and disposable through mass reproduction; thus the consumer enjoys both the modern convenience and primitive pleasure of fetish possession» (2001: 38).

del pasado, en mercancía que ofrece una gratificación fácil. También se opone a la nostalgia superficial de la que habla Jameson en *Postmodernism*, que se limita a la reproducción de ambientes y escenarios, y que carece de «profundidad».

Resulta imposible separar la poética ecologista de Riechmann de su labor científica[28]. Ambas se solapan y se interrelacionan, y constituyen modos diferentes en los que articula su quehacer intelectual. La posición de Jorge Riechmann ante los problemas globales que plantea la crisis ecológica es precisamente de radicalización de la racionalidad y de reflexividad y búsqueda de soluciones desde un pensamiento científico que sabe que «one must continue to live after the narrative is over» (1992: 12). En su ensayo «¿Cómo cambiar hacia sociedades sostenibles? Reflexiones sobre biomímesis y autolimitación», Riechmann señala:

> Vivimos dentro de sistemas socioeconómicos humanos *demasiado grandes* en relación con la biosfera que los contiene, por una parte; y sistemas *mal*

---

[28] Otra de las posibles influencias en el pensamiento científico y ecologista de Riechmann es la de Rudolf Bahro (1935-1997), filósofo y político alemán, fundador del Partido Verde en Alemania Occidental. Después de ser declarado disidente por Alemania del Este, Bahro desarrolló un pensamiento crítico en el que la ecología y el marxismo constituían la base de la superación de las contradicciones fundamentales del capitalismo y la crisis del medio ambiente. En *Socialism and Survival (articles, essays and talks 1979-1982)*, Bahro afirma que el modo de producción capitalista, la industrialización capitalista cuyo propósito es acumular más y más valor, es la causante de la catástrofe ecológica: «The technocratic and scientific faith that progress of industry, science and technique will solve humanity's problems virtually automatically is one of the illusions of the present age most hostile to life. The so-called scientific and technical revolution that is still moving ahead chiefly in this dangerous perspective must be reprogrammed by a social transformation. The very idea of progress must be interpreted in a completely new way. The per capita consumption of raw materials and energy, the per capita production of steel and cement that are adduced in all the statistics as criteria of progress, are typical criteria of a progress that is totally alienated» (1982: 28). En entrevista sostenida con Jorge Riechmann en Madrid en octubre de 2011, el autor confirmó su conocimiento de la obra de Bahro y además la influencia del pensamiento del filósofo español Manuel Sacristán (1925-1985). A pesar de no haberlo conocido personalmente, Riechmann señaló la importancia del pensamiento marxista, ecologista y antinuclear de Sacristán en su propio pensamiento ecológico y ético.

adaptados, sistemas humanos que encajan mal en los ecosistemas naturales. El problema de escala reclama un movimiento de *autolimitación* por parte de las sociedades humanas, que podríamos concebir (en términos de economía política) bajo la idea de la *gestión global de la demanda*; el problema de estructura exige una reconstrucción de la tecnosfera de acuerdo con los principios de biomímesis. (2005: 95; énfasis en el original)

Entonces, analiza la cuestión del desarrollo sostenible a partir de lo que él caracteriza como «los cuatro rasgos básicos de nuestra situación actual»: (1) los seres humanos hemos «llenado» el mundo en términos de espacio ecológico (principio de la gestión generalizada de la demanda); (2) nuestra tecnosfera se halla «en guerra» con la biosfera (principio de biomímesis o ecomímesis); (3) somos ineficientes en el uso de las materias primas y la energía (principio de ecoeficiencia); y (4) el sistema ciencia-técnica anda descontrolado (principio de precaución). Además, propone para cada uno de estos rasgos una solución o principio, no sólo en términos de ciencia ecológica, sino también desde una perspectiva social marxista e inclusiva de la diferencia, al señalar que:

> Esos principios bastarían –creo– para orientar hacia la pacificación nuestras relaciones con la naturaleza, pero no para lograr una ciudad humana habitable. Una sociedad podría poner en práctica los cuatro principios y mantener, sin embargo, grados extremos de desigualdad social o de opresión sobre las mujeres. Podrían existir sociedades ecológicamente sustentables que fuesen al mismo tiempo ecofascistas y/o ecomachistas. (2005: 97)

Ahora bien, el hecho de habitar «un mundo lleno» implica la necesidad, apuntada por Riechmann, de «reinventar lo colectivo», de abandonar la visión individualista de la «casa de la pradera», la visión moderna capitalista del individuo autónomo y autosuficiente, para asumir la interdependencia humana como una realidad inevitable en el siglo que comienza[29].

---

[29] Se me ocurre que Fallingwater, de Frank Lloyd Wright, ya no sería posible como modelo de interacción ecológica con el medio ambiente, por ejemplo, por más que en términos arquitectónicos se proponga la integración con el medio natural que la rodea. Fallingwater, la casa aislada en medio del espacio rural, cuyo fin último es

Otra de las consecuencias de habitar «un mundo lleno» es que las fuerzas productivas abundan mientras que los recursos naturales escasean. Por tanto, según Riechmann, se hace necesario «*invertir en protección y restauración de la naturaleza*, así como *buscar incrementos radicales de la productividad con que la empleamos*» (2005: 102; énfasis en el original). Al mismo tiempo, «no se trata ya de un (imposible) aumento indefinido de la oferta» –como estimula la economía capitalista–, «sino de una gestión global de la demanda» (2005: 105) que permita adecuar la producción a las verdaderas necesidades de los seres humanos. Esta perspectiva de Riechmann coincide absolutamente con la idea de Bahro acerca de proponer soluciones globales al problema global de la crisis ecológica. En esta línea de pensamiento, Riechmann señala cómo el término «globalización» adquiere un nuevo significado:

> el mundo se ha quedado sin alrededores, sin márgenes, sin afueras, sin extrarradios. Global es lo que no deja nada fuera de sí, lo que contiene todo, vincula e integra de manera que no queda nada suelto, aislado, independiente, perdido o protegido, a salvo o condenado, en su exterior. El «resto del mundo» es una ficción o una manera de hablar cuando no hay nada que no forme de algún modo parte de nuestro mundo común. No hay alrededores, no hay «resto del mundo»: nos encontramos –hay que insistir en ello– cara a cara con todos los demás seres humanos, y regresan a nosotros las consecuencias de nuestros actos en un «efecto bumerán». (2005: 106-107)

Al combinar una consideración científica rigurosa de la actual situación del medio ambiente con un análisis marxista de la sociedad contemporánea, y al mismo tiempo formular soluciones de tipo integral, la perspectiva de Riechmann propone, en mi opinión, un análisis consistente de los problemas ecológicos. En cuanto a su aplicación a análisis de tipo cultural, afirma que es necesario «recobrar el sentido de lo excepcional, la

---

propiciar el disfrute del espacio natural a una familia privilegiada, resulta un modelo inoperante en el «mundo lleno» del siglo XXI; al mismo tiempo, las ciudades ya no representan la modernidad, el progreso y la civilización, sino el caos, el desastre ecológico, la superpoblación y la desigualdad social.

intuición de lo extraordinario. Volver a cobrar conciencia de lo milagroso en las obras humanas y lo milagroso en la naturaleza» (112).

Como se ha visto, *Huerfanías* y *Cuaderno de Berlín* configuran modelos de ecopoesía en los que se expresan cosmovisiones y actitudes vitales diferentes. Sin embargo, comparten la presencia de imágenes características del discurso tóxico, como el hongo atómico, la Tierra como organismo en peligro, la crítica al proyecto del racionalismo utilitario que impulsara la modernidad y el diálogo con una tradición poética común, que va desde los místicos españoles hasta la actualidad. De esta tradición se toman modelos como el Paraíso, lo pastoral, lo angelical y lo edénico para reescribirlos en función de la crítica ecológica. El intertexto, el uso de recursos como el correlato objetivo, la incorporación de elementos léxicos de la ciencia y la tecnología son otros mecanismos escriturales comunes que se adecuan a la particular poética de cada autor.

II.

Econarrativas de lo urbano y lo agrario: entre el realismo y la alegoría

En este capítulo se analizarán econarrativas que responden a una tradición que, tanto en América Latina como en España, ha pensado y representado la experiencia humana como estrechamente relacionada con dos configuraciones espaciales: lo agrario y lo urbano. Si bien las más recientes tendencias dentro de los estudios ecocríticos (Rodríguez 2010, Buell 2005, Riechmann 2005) destacan la necesidad de analizar de manera integral la relación humana con el medioambiente –pues resulta claro que la crisis ecológica afecta por igual a los diferentes ecosistemas del planeta, ya sean agrarios o urbanos–, no es menos cierto que el imaginario medioambiental está marcado por esta oposición. Tanto desde una perspectiva realista como alegórica, la representación de la ciudad y del campo forma parte del modo en que los seres humanos imaginan su lugar en el planeta. Esto ha generado, desde la Antigüedad clásica, motivos como el del *beatus ille* y la Arcadia, en contraposición a un espacio citadino donde la corrupción, el poder y el dinero han pervertido la «natural» bondad de las personas.

Tanto en América Latina como en España, específicamente, lo agrario y lo urbano han ocupado una posición central en las discusiones acerca de la nación, la identidad y la cultura, que han afectado de manera profunda la producción de discursos acerca de estos. En el capítulo anterior he mencionado el artículo de Ileana Rodríguez «Perspectivas ecocríticas latinoamericanas», que recuenta la larga tradición de textos literarios latinoamericanos que hace de la selva, la pampa, los ríos y las ciudades del continente el *locus* de representación de motivos como civilización y barbarie, razón e intuición, culturas escritas y orales, etcétera. Rodríguez señala cómo el paisaje –agrario o urbano– es un escenario de luchas colectivas, de enfrentamientos a la explotación del campesino o del obrero. Desde el siglo XIX, el cuento y la novela participan con frecuencia notable en las discusiones acerca de la independencia, la identidad, la construcción de la nación: basta recordar textos como «El matadero» (1837), de Esteban Echeverría; *Sab*, de Gertrudis Gómez de Avellaneda (1841); *Facundo: civilización y barbarie* (1845), de Domingo Faustino Sarmiento; *Los de abajo* (1915), de Mariano Azuela; *Macunaíma* (1928) de Mário de Andrade; *Huasipungo* (1934), de Jorge Icaza Coronel, *El reino de este mundo* (1949), de Alejo Carpentier... hasta el presente, donde predominan las imágenes de lo urbano caótico, que tienen en México D.F. un ejemplo insoslayable. Los ensayos de Carlos Monsiváis (1938-2010) en *Los rituales del caos* y la novela de Homero Aridjis (1940) *¿En quién piensas cuando haces el amor?*, publicados en 1995, ofrecen perspectivas diferentes del fenómeno: la visión apocalíptica de Aridjis y el análisis crítico desde lo popular irreverente en Monsiváis, que se analizará en el capítulo siguiente por su importancia en el estudio de una historieta como *El Santos*.

Dentro de la producción latinoamericana de finales del siglo XX sobresale además la novela *Waslala. Memorial del futuro*, de la nicaragüense Gioconda Belli (Managua, 1948). Tanto el motivo de la Arcadia como el de la contaminación, y también la conjunción de lo real y lo alegórico, son recreados en esta novela, publicada en 1996. En la ficción aparece la comunidad utópica de Waslala, situada en medio de la selva, y la de Cineria, un vertedero en el que sus habitantes recogen los desechos para darles un nuevo uso y así subsistir. El suceso que pone fin a la vida de Engracia, la líder de Cineria, y de otras personas, está tomado de un hecho real. En una nota al final de la novela, Belli señala:

> El episodio de la contaminación por radioactividad en el basurero de Engracia está basado en un suceso real que tuvo lugar en la ciudad brasileña de Goiania, en septiembre de 1987, cuando dos rebuscadores de basura encontraron un tubo de metal; «lo vendieron a un negociante de chatarra, que lo abrió a martillazos con la esperanza de vender el envase de plomo. En su interior encontró un fabuloso polvo azul que brillaba en la oscuridad.

Fascinado por la novedad, regaló vasitos llenos del polvo a sus amigos y parientes. En el cumpleaños de una de ellas, una niña de seis años, pusieron el polvo sobre la mesa del comedor y apagaron las luces» (James Brooke, *New York Times*. «Tourism Springs from Toxic Waste», mayo 3, 1995, A6). [...] El polvo azul era cesio 137, un material radiactivo. Se contaminaron 129 personas; 20 fueron hospitalizadas con quemaduras, vómitos y otros efectos de la radiación. Siete murieron. Entre ellas, la niña del cumpleaños... (Belli 1996: 329-330)

Por su parte, la novela *Basura* (2000) del colombiano Héctor Abad Faciolince, ganadora en España del I Premio Casa de América de Narrativa Innovadora, establece una relación simbólica entre los desechos de la escritura y la recuperación de fragmentos que se reciclan en un nuevo texto literario: es la historia de un escritor frustrado que arroja a la basura los fragmentos de sus textos, mientras un vecino de su edificio los recoge y escribe su propia novela a partir de estos. La persistencia del tropo y su utilización renovada por los artistas señala hasta qué punto la presencia de los desechos, la contaminación y los barrios insalubres se ha convertido en parte del imaginario de representación de espacios tanto rurales como urbanos. A los motivos del *beatus ille*, de la Arcadia, del Paraíso y el Infierno como metáforas de comprensión e interpretación de estos espacios, se añaden el de la basura, lo tóxico y lo desechable como parte de la «imaginación medioambiental» en el siglo xx y hasta nuestros días. Apunta Lawrence Buell:

> the sociological evidence of the emergence of toxicity as a widely shared paradigm of cultural self-identification and of toxic discourse as a commensurately influential force continues to accumulate. [...] Against the parsimony and procedural conservatism of legislative and regulatory bodies [...] not just individuals but communities have begun to develop what some environmental anthropologists call «disaster subcultures» (whereby community ethos and social rituals get shaped by the recollection and / or anticipation of environmental disaster. More and more it may become second nature to everyone's environmental imagination to visualize humanity in relation to environment, not as solitary escapees or consumers, but as collectivities with no alternative but to cooperate in acknowledgement of their necessary, like-it-or-not interdependence. (1998: 665)

En cuanto a España, la literatura del Siglo de Oro ve surgir, con poetas como Garcilaso de la Vega (1501-1536), Juan Boscán (1490?-1542), Fray Luis de León (1527-1591) y Luis de Góngora y Argote (1561-1627), la recreación de los motivos de la Arcadia y el *locus amoenus*, también presentes en la novela pastoril. Fray Luis de León, en su «Oda a la vida retirada»[1], perpetúa el tópico de lo rural como fuente de paz espiritual, en contraste con las pasiones mundanas de la ciudad y la corte. Su antecedente, como se sabe, es la famosa *Oda I* del poeta latino Horacio (65 a.C-8 a.C), conocida por su primer verso: «*Beatus ille qui procul negotiis*».

Junto a estas obras, novelas picarescas como *Lazarillo de Tormes* (1554), con un modo de representación realista y escenario mayormente urbano, muestran la corrupción y la crisis de valores de la sociedad española de esos años, en agudo contraste con la idealización del campo y los amores floridos de la novela pastoril. Unas formas y otras son reescritas y parodiadas en *Don Quijote de la Mancha* (1605) de Miguel de Cervantes. A lo largo del siglo XIX la oposición campo/ciudad continúa con vigor en la literatura española, en las novelas realistas de Benito Pérez Galdós (1843-1920), quien en *Doña Perfecta* (1876) contrapone el oscurantismo religioso del pueblo de Orbajosa a la ideología liberal y progresista de Pepe Rey, el personaje que viene de Madrid. Los autores de la generación del 98, como Miguel de Unamuno (1864-1936) y Antonio Machado (1875-1939), indagaron en el «problema de España» a través de una visión del paisaje marcada por la búsqueda de valores esenciales que «salvaran» a la nación del «Desastre» y la condujeran al renacimiento. Novelas como *La familia de Pascual Duarte* (1942), de Camilo José Cela (1916-2002) o *Tiempo de silencio* (1962), de Luis Martín Santos (1921-1988), sitúan como espacios de sus historias lo rural y lo urbano para narrar la crisis de la posguerra. Luis Martín Santos, lejos de construir una visión de Castilla en la que buscar la esencia de lo español, como hiciera Unamuno, asume el entorno urbano desde una perspectiva que lo lleva a situar las causas

---

[1] Fray Luis actualiza, dentro del renacimiento español, el motivo del *beatus ille*. Los versos iniciales de su oda constituyen un canto a lo rural y la naturaleza, entendida como refugio de los vicios humanos: «¡Qué descansada vida / la del que huye del mundanal ruido, / y sigue la escondida /senda, por donde han ido / los pocos sabios que en el mundo han sido!» (2001: 83-84).

de la decadencia nacional en una circunstancia histórica concreta y en términos de crítica social. Vale destacar la obra de Miguel Delibes (1920-2010), quien desde su primera novela, *La sombra del ciprés es alargada*, de 1947, construye un mundo narrativo donde tienen protagonismo los paisajes rurales, la práctica de la caza y la pesca, la relación entre las formas de vida urbanas y las del campo. En *Cinco horas con Mario*, de 1966, explora las contradicciones entre progreso y consumismo –en el espacio de una ciudad provinciana– que se desarrollan en la España de la posguerra. Delibes es autor, además, del ensayo ecologista *La tierra herida: ¿qué mundo heredarán nuestros hijos?*, que aparece en el año 2005 y que escribe en conjunto con su hijo, Miguel Delibes de Castro, biólogo de profesión.

La configuración de las ciudades latinoamericanas a partir de la Conquista, como centros de poder institucional y burocrático, en oposición a las grandes extensiones rurales que permanecían «inconquistadas», «salvajes», es uno de los aspectos que analiza Ángel Rama en *La ciudad letrada*, de 1984. El libro estudia la complicada interacción entre el modelo civilizatorio que traen consigo los conquistadores, las peculiaridades geográficas y culturales de los países conquistados, la evolución de las dinámicas clasistas y culturales en cada país. Rama basa su análisis cultural en las estructuras espaciales desarrolladas en América Latina a partir de la Conquista, para mostrar las nuevas formas de transculturación urbanas que ya habían ocupado su atención en *Transculturación narrativa en América Latina*, de 1982[2].

La historia de las relaciones entre España y las naciones hispanoamericanas, que ha tenido tan desiguales resultados para las partes implicadas, se inicia con la destrucción de las culturas indígenas y su legado cultural; a ello hay que añadir el mestizaje, la resistencia, las formas híbridas que produjeron la arquitectura barroca en el Nuevo Mundo. En este sentido, las ciudades latinoamericanas son el resultado de un proyecto utópico

---

[2] Rama retoma el término creado por el cubano Fernando Ortiz (1881-1969) en su *Contrapunteo cubano del tabaco y del azúcar* (1940) para analizar las negociaciones de significado que efectúan las culturas latinoamericanas en su búsqueda de una «expresión nacional», teniendo en cuenta la influencia de la capital o los centros urbanos más cosmopolitas y las diferentes culturas regionales.

europeo enfrentado a una realidad que por su diversidad rebasaba los límites de la imaginación de los conquistadores. Las idas y vueltas de la conversación transatlántica dan lugar, en este sentido, al surgimiento de ciudades que son el resultado de la interacción entre la naturaleza americana y un proyecto de cultura europeo. Es lo que lleva a Roberto Segre a afirmar que en la génesis de la ciudad latinoamericana, «más que la concreción burocrática de la utopía renacentista» intervienen cuatro elementos básicos: «la particularidad del contexto geográfico local (medio físico); «la realidad socioeconómica (política); «la voluntad ética y formal de los diseñadores (estética) y «la herencia cultural en antítesis con la europea (cultura)» (2001: 39).

Por todas estas razones, los autores estudiados en este capítulo permiten analizar cómo, sobre todo a partir de mediados del siglo XX, cuando tanto España como América Latina atraviesan un complejo proceso de «modernización», se producen econarrativas que reescriben y reformulan motivos clásicos sobre el campo y la ciudad, al tiempo que generan nuevas asociaciones e imágenes. Ejemplo de esta dinámica es el tópico de la basura, que en la econarrativa fundadora de Ribeyro se asocia a la degradación de la vida moderna, y que adquiere sin embargo un sentido de reafirmación vital y de creación, en autores como Rubem Fonseca o en experiencias como el «Teatro de la basura» en Honduras, de las que se hablará más adelante.

La continua presencia de los desechos y la contaminación, tanto en su dimensión material como simbólica, en las distintas expresiones artísticas que estudio, revela cómo se ha convertido en un elemento que genera significados múltiples y que señala nuevas formas de imaginar y representar el entorno. La recurrencia de los motivos del *beatus ille* y la Arcadia, por otra parte, sugiere la necesidad de seguir apostando por un tipo de pensamiento utópico, por la búsqueda de un mundo ideal, donde es posible la armonía entre las sociedades humanas y su hábitat; sin embargo, el modo en que escritores como José María Merino reescriben estos motivos y señalan la imposibilidad de huir de los problemas de la vida contemporánea, dejan claro que ha habido una transformación lo suficientemente radical en el modo de percibir el medioambiente como para generar una relectura de los paradigmas clásicos, e inscribir en la imaginación medioambiental contemporánea, de manera predominante, los motivos distópicos, la contaminación y el caos.

Es imposible separar las complejas interrelaciones que Ribeyro, Fonseca y Merino establecen entre lo real y lo simbólico, lo espacial y lo social, lo íntimo y el entorno natural. En ellos, el realismo y la alegoría constituyen modos de narrar la crisis social y ecológica, y efectuar el salto que va de la «elaboración de la experiencia cotidiana más inmediata» a la «producción poética», como señala el chileno Hernán Vidal (1937-2014) en su ensayo acerca de la elaboración de imágenes literarias a partir de lo cotidiano.

En el prólogo a su antología *Fascismo y experiencia literaria* (1985) Vidal introduce la noción de «sensibilidad social literaturizable», que implica que toda producción poética es una elaboración de la experiencia cotidiana más inmediata. El crítico entiende por «producción poética» cualquier forma de expresión literaria, sin distinción de géneros. Esa experiencia cotidiana adquiere un rango simbólico o alegórico que universaliza la figuración poética para hacerla representativa de la experiencia histórica de toda la sociedad implicada. Vidal señala que se trata de construir un modelo *teórico* general —poniendo énfasis en la palabra en cursivas— que intenta abarcar diferentes sociedades, en diferentes épocas, sin referirse a ninguna en especial. Aunque el contexto del autor era la relación entre las dictaduras instauradas en América Latina en el pasado siglo XX y su repercusión en la creación literaria, me interesa su tesis de que la literatura asume el realismo y lo alegórico como formas predominantes, bajo condiciones de presión social. Para Vidal, el realismo llega al testimonio y al reportaje en su afán de denuncia, mientras lo alegórico obliga al lector a descodificar los símbolos a partir de su conocimiento de la «vida real».

Los códigos realista y alegórico expuestos por Vidal sintetizan los dos modos fundamentales de relación de los narradores que estudio con su mundo representado; para mí se trata de ecosensibilidades sociales susceptibles de ser «literaturizables», si se considera el impacto de los problemas sociales y medioambientales en la realidad cotidiana a nivel global, y el modo en que estos escritores incorporan a su narrativa un sentido de lo espacial estrechamente relacionado con su percepción de problemas sociales y humanos: de la dramática transformación en la configuración espacial de la que dan fe los cuentos de Ribeyro y Fonseca entre los años cincuenta y setenta del siglo XX, hasta la indagación en el aislamiento y la incomunicación que tiene como escenario la Isla de Cabrera en la novela de José María Merino, a comienzos del siglo XXI. En Ribeyro y Fonseca, la presencia de la basura y lo marginal articula una crítica social: la degradación y la contaminación son un resultado más de la injusticia y la exclusión. Para Merino, el tópico de lo agrario pastoral es el punto de partida para un reflexión sobre la condición del ser humano en nuestro tiempo, en particular acerca de la fragilidad de las relaciones afectivas en la sociedad contemporánea y la experiencia de aislamiento y soledad que esto trae consigo.

Los autores: entre el espacio habitado y el espacio literario

La cuentística de Julio Ramón Ribeyro (Lima, 1929-1994)[3] ocupa un espacio privilegiado dentro de la narrativa latinoamericana, y a su complejidad y variedad de temas se han dedicado estudios que la definen tanto como perteneciente a un registro esencialmente realista como a una manifestación de lo fantástico. Por ejemplo, Julio Ortega, al comienzo de su trabajo «Los cuentos de Ribeyro» señala que estos pueden verse en tres vertientes fundamentales: en relación con «el propio cuadro de referencias de la literatura latinoamericana», donde caben cuentos que son «ensayos dentro de la "narrativa fantástica"»; luego existiría «otro

---

[3] Ribeyro es conocido sobre todo por sus cuentos, entre cuyos volúmenes se destacan *Los gallinazos sin plumas* (1955); *Cuentos de circunstancias* (1958); *Las botellas y los hombres* (1964); *La juventud en la otra ribera* (1973); *Silvio en El rosedal* (1977) y *Sólo para fumadores* (1987). Escribió además tres novelas: *Crónica de San Gabriel* (1960); *Los geniecillos dominicales* (1965) y *Cambio de guardia* (1976). Recibió el Premio Nacional de Literatura en 1983, el Premio Nacional de Cultura en 1993 y el mismo año de su muerte, en 1994, el Premio de Literatura Latinoamericana y del Caribe Juan Rulfo. También en 1994 la editorial Alfaguara publicó sus *Cuentos completos*, con prólogo firmado por Alfredo Bryce Echenique, quien incorpora el texto de Julio Ortega «Los cuentos de Ribeyro». Todas las citas de «Los gallinazos sin plumas» provienen de esta edición de sus *Cuentos completos*.

conjunto, más importante, [que] se inscribe en lo que se dio en llamar "narrativa urbana"». Estos relatos, según Ortega,

> desarrollan situaciones críticas de la migración y la vida suburbana, pero también elaboran la dimensión ideológica que la modernización relativa exacerba, así como exploran y postulan algunas versiones del conflicto moral y existencial en una sociedad cambiante, en la que las diferencias sociales y étnicas, la violencia, la frustración y el deterioro forman a las relaciones humanas...» (1985: 128)

Un tercer grupo de relatos «parece asumir la precariedad de la aventura humana en el espacio de la fábula y la parábola a partir de historias que ilustran estados de vulnerabilidad». Enseguida el ensayista peruano señala que estas clasificaciones resultan insuficientes, puesto que aluden bien a cuestiones de tendencias literarias o temáticas y además por la complejidad misma de la obra de Ribeyro. Incluso dentro de un cuento considerado típicamente realista, como «Los gallinazos sin plumas» (1955), Ribeyro crea una atmósfera de fantasía e irrealidad, con la que identifica el mundo de los niños de la historia, y que alterna con la descripción realista de un ambiente dominado por la pobreza; así, en el relato de Ribeyro, los niños Efraín y Enrique viven con su abuelo, don Santos, en un barrio marginal de Lima. Cada día deben ir a recolectar desperdicios en los basureros de la ciudad para alimentar a Pascual, el cerdo que don Santos cría con la intención de venderlo. Cada vez más presionados por la crueldad del abuelo y por el hambre insaciable de Pascual, los niños pasan de recorrer los barrios de la ciudad a tener que ir al barranco, un inmenso vertedero, donde compiten con los gallinazos por los restos de comida. Un día Efraín sufre una herida en un pie, que se infecta, por lo que Enrique asume todo el trabajo. Como prueba de amor hacia su hermano, Enrique le regala un perrito callejero, Pedro, que ha encontrado en el barranco, para que le haga compañía mientras él está fuera de la casa. También Enrique cae enfermo, y don Santos, quien tiene una pierna de madera y no puede valerse solo para ir a recolectar los desperdicios, endurece el maltrato sistemático de sus nietos, negándoles la comida hasta que no vuelvan a trabajar. En un gesto final de crueldad, el abuelo arroja a Pedro al cerdo para alimentarlo. Cuando Enrique lo descubre, golpea a don Santos con una vara, la pierna de palo se quiebra y el abuelo cae en el chiquero. El relato se cierra cuando Efraín y Enrique huyen, mientras escuchan «el rumor de una batalla» que viene del corral del cerdo, y el abuelo los llama inútilmente.

Con respecto a la contribución de Ribeyro a la narrativa urbana en el Perú, debe señalarse que el protagonismo de la ciudad en su obra es un elemento en común con otros autores de su generación, la de los años cincuenta. Eva María Valero Juan así lo señala:

> El aporte fundamental de la denominada «generación del 50», cuyos nombres más destacados son Enrique Congrains Martín, Oswaldo Reynoso, Eleodoro Vargas Vicuña, Carlos Eduardo Zavaleta, Luis Loayza, Sebastián Salazar Bondy y Julio Ramón Ribeyro, consistió en desarrollar una nueva visión, adecuada para registrar el impacto de la modernización urbana que por esos años se efectuaba. La Lima moderna asistía al nacimiento de su propia narrativa: la prosa neorrealista y urbana, que en estos orígenes encontraría su mejor modo de expresión en el cuento. (Valero Juan 1999: 259)

En una entrevista que le hace Giovanna Minardi a Ribeyro en 1994, cuando el autor recibe el Premio Juan Rulfo, el escritor peruano se reconoce como parte de esta generación de escritores que hace de Lima el espacio privilegiado de su narrativa. Resulta significativo el hecho de que Ribeyro no sólo se identifique con esta generación a causa de ambientes y objetivos comunes, como la universidad, los cafés, los proyectos intelectuales. Como parte de su idea de pertenencia a la generación del cincuenta, el autor señala el haber asistido todos al proceso de transformación de Lima, que por esos años se convierte en «una gran ciudad»:

> Sí, se puede hablar de generación en el sentido de que, cuando teníamos 20 años, formábamos un verdadero grupo, todos éramos amigos, veníamos de medios universitarios, nos reuníamos en ciertos cafés, teníamos las mismas preocupaciones o proyectos, en tanto que escritores o intelectuales […]. Después vino ya la dispersión […] pero quizá el hecho de haber vivido las mismas experiencias de jóvenes, de haber asistido a la misma transformación de Lima y del Perú, el hecho de haber tenido las mismas lecturas […], de haber vivido los mismos hechos históricos, qué te puedo decir, el final de la

Segunda Guerra, después la guerra de Corea, todo ello ha debido establecer entre nosotros cierta homogeneidad. (Minardi 1995: 475-476)

El impacto de la modernización periférica en la configuración de las ciudades latinoamericanas constituye de esta manera una preocupación central para el autor. Puede decirse que Ribeyro percibe el crecimiento de Lima como un proceso de «dramática transformación producida por la industrialización de la costa y la afluencia incontrolada de inmigrantes de las provincias» (Valero Juan 1999: 259). Tal percepción de Ribeyro se hace evidente en un relato como «Los eucaliptos», publicado en 1956 en el libro *Cuentos de circunstancias*. En este relato, la tala de los eucaliptos señala la desaparición del barrio tradicional, la nostalgia por una forma de vida que ya no existe. Señala, por otro lado, la relación conflictiva del escritor con ese proceso de modernización y con la transformación que un supuesto «progreso» trae al espacio urbano. Los árboles desaparecen del paisaje para metamorfosearse en objetos inertes, en mercancía, en «cosas»:

> Solamente les bastó una semana para tirar abajo los cincuenta eucaliptos. Fue una verdadera carnicería. El tráfico se había suspendido. Nosotros, los que durante quince años habíamos crecido a la sombra de aquellos árboles, contemplamos el trabajo, desolados. [...] Cuando la sierra los dividió en trozos de igual longitud, nos dimos cuenta que había sucedido algo profundo; que habían muerto como árboles para renacer como cosas. Sobre los camiones sólo partieron una profusión de vigas rígidas a las que aguardaba un tenebroso destino (1994: 121).

El progreso de la ciudad, para Ribeyro, está acompañado por un sentido de pérdida y de deshumanización. La idea de «progreso» en este cuento queda asociada de manera inseparable a la idea de muerte, y el barrio tradicional, con su «paz y su poesía» queda sometido al mismo destino «tenebroso» que los eucaliptos. El espacio habitable se convierte en un espacio fantasmal, donde los personajes ya no se reconocen: «La ciudad progresó. Pero nuestra calle perdió su sombra, su paz, su poesía. Nuestros ojos tardaron mucho en acostumbrarse a ese nuevo pedazo de cielo descubierto, a esa larga pared blanca que orillaba toda la calle como una pared de cementerio» (1994: 121).

No sorprende que en su cuento de 1955, «Los gallinazos sin plumas», Ribeyro construya una econarrativa urbana de la carencia y del fracaso, donde la basura y los desperdicios se convierten en la alegoría de la vida moderna. Tampoco que en «Prólogo a la tesis de Marc Vaille-Angles» describa una visión de la sociedad limeña en la que se destaca, por un lado, la nostalgia por la Lima de su juventud, y por otro, una perspectiva crítica de la transformación de la ciudad y de la sociedad clasista peruana, que ha sido incapaz de preservar la armonía entre el ser humano y su entorno, convirtiendo a la ciudad en un espacio hostil:

> Prácticamente la sociedad que yo describo es aquella que viví y observé entre los años 1940 y 1960. La época de mi adolescencia y primera juventud. La época en que Lima dejó de ser una pequeña ciudad para ir convirtiéndose en una gran urbe. La época de la migración «salvaje» de campesinos hacia la capital y la aparición de las enormes barriadas. La época en que la clase media –burócratas, empleados, pequeños comerciantes, intelectuales, profesionales sin fortuna, etcétera–, empieza a constituirse como clase social, sin renunciar a sus anhelos de promoción social ni a su temor a proletarizarse. La época de la dependencia, de la desesperanza, de la incertidumbre, del esfuerzo fallido, de la ilusión no recompensada. (Ribeyro 1976: 143-144)

Ahora bien, la narrativa de Ribeyro, en particular sus cuentos, revela las ambigüedades y contradicciones del escritor ante una etapa de transición, de Lima y del Perú, como él mismo señala; la nostalgia ante la desaparición de formas de vida que como intelectual de clase media puede asimilar y representar de manera original en sus relatos, es uno de los modos en que se expresa el conflicto del creador ante esta etapa de transición, a la vez que su dificultad para aprehender de manera general la creciente «complejidad del mundo», como se verá más adelante.

Me interesa analizar cómo, veinte años más tarde, el acelerado proceso de urbanización de América Latina ha instaurado el imaginario urbano como espacio donde la nostalgia ha cedido ante la violencia, y donde las dictaduras constituyen la culminación del «progreso». En la obra del escritor brasileño Rubem Fonseca[4] (Juiz de Fora, Minas Gerais, 1925) la

---

[4] Fonseca se inicia en la literatura tardíamente y después de haber estudiado Derecho en Río de Janeiro y Administración de Empresas en los Estados Unidos.

ciudad –en particular, Río de Janeiro– se convertirá también en elemento protagónico, al dar cuenta de la urbanización caótica y la industrialización acelerada que instrumentan la «modernidad» del llamado «Milagro Brasileño» en los años sesenta y setenta del siglo pasado. La denominación de «milagro» al desarrollo económico que experimenta Brasil, sobre todo a partir de 1969, fue una de las estrategias propagandísticas de la dictadura (Macarini 2005: 54). Con anterioridad, y coincidiendo con el gobierno de Juscelino Kubistchek, entre 1955 y 1960, había comenzado la transformación definitiva del espacio brasileño, que tendría uno de sus hitos icónicos en la inauguración de Brasilia en 1961. A partir de 1969 esta transformación se profundiza con el mencionado «Milagro», que supone un crecimiento impresionante de la industrialización y la urbanización del país. Este cambio trae consigo el aumento de la exclusión social, de la corrupción y del crimen, como parte supuestamente inevitable del «Orden y el Progreso» que todavía constituye el lema de la nación sudamericana, inscrito en su bandera[5].

Entre los diversos oficios que ha ejercido se encuentran el de comisario de policía, abogado criminal y ejecutivo de una compañía multinacional, además de profesor universitario e investigador. Obtuvo en el año 2003 dos premios que reconocen la importancia del conjunto de su obra, el Premio Camões y el Premio de Literatura Latinoamericana y del Caribe Juan Rulfo. Dentro de su cuentística se destacan los títulos: *Os prisioneiros* (1963); *Feliz Ano Novo* (1975); *O cobrador* (1979); *Histórias de amor* (1997) y *Pequenas criaturas* (2002). Sus volúmenes de cuento más recientes son *Ela e outras mulheres* (2006); *Axilas e outras histórias indecorosas* (2011) e *Histórias curtas* (2015). Como novelista es reconocido por *O caso Morel* (1973); *A grande arte* (1986); *Agosto* (1990); *Diário de um fescenino* (2003) y *O seminarista* (2009). Sus descripciones de la ciudad de Río de Janeiro y la variedad de ambientes y situaciones de sus relatos situados en ella constituyen un tópico destacado por la crítica.

[5] El éxito económico de Brasil durante los años de la presidencia de Luiz Inácio Lula da Silva (2003-2010) también se denominó «milagro brasileño». En un artículo publicado en *El País*, de tono mayormente celebratorio, Javier Santiso señala sin embargo cómo el daño ecológico de la región del Amazonas es una de las consecuencias indeseadas del «milagro»: «Otro tópico difícil de deshacer es que este milagro se ha conseguido a base de deforestación masiva del pulmón del mundo. En realidad, la expansión de las granjas ocurrió a más de 1.000 kilómetros de la Amazonia, en las tierras ácidas de la región del Cerrado. Allí, una agencia estatal, Embrapa, a partir de 1973, empezó por importar especies y animales, y adaptó la soja procedente de Asia a los climas y tierras de Brasil a base de investigación genética, ensayos y errores que

Fonseca se da a conocer con el volumen de cuentos *Os prisioneiros* (1963) casi al mismo tiempo en que se inicia en Brasil la dictadura militar que derroca al gobierno de izquierda de João Goulart[6], quien ocupó la presidencia entre 1961 y 1964. En estos años Brasil restablece relaciones con Cuba, se opone al bloqueo de Estados Unidos a la isla, mantiene una política que favorece la nacionalización de los recursos del país e inicia una campaña para erradicar el analfabetismo. Además, Goulart lidera el movimiento por la desnuclearización de América Latina que llevará a la firma del Tratado de Tlatelolco para la prohibición de armas nucleares en 1967. Los bombardeos de Hiroshima y Nagasaki en 1945 y la Crisis de los misiles en Cuba en 1962 llevan a los gobiernos de la zona a tratar de frenar la proliferación de este tipo de arma de exterminio masivo. En su econarrativa urbana violenta y desencantada, Fonseca incorpora el tópico de la posible destrucción del planeta por una explosión atómica como parte de su crítica a los resultados del proyecto «civilizatorio» y «moderno». El golpe de Estado del 31 de marzo de 1964 supuso el fin abrupto de la presidencia de Goulart y el inicio de la dictadura militar que se mantuvo en el poder, con sus extremos de represión, hasta 1985, y vino a confirmar hasta qué punto estaban entrelazados el proyecto desarrollista, la crisis social y la destrucción de ecosistemas enteros en función del «progreso».

Un libro de cuentos como *Feliz ano novo* (1975), al que pertenece «Intestino grosso», plenamente instalado en el espacio de la gran urbe, registra las secuelas de violencia y muerte en una sociedad abruptamente abocada al «desarrollismo» y la modernización bajo las condiciones extremas de la dictadura militar. Si la econarrativa urbana de Ribeyro se caracteriza por

---

llevaron varios años para, finalmente, desembocar en el milagro de productividad que envidia el mundo entero» (Santiso 2010: en línea).

[6] Sobre el carácter urbano y violento de la narrativa de Fonseca y su aparición en las letras brasileñas en esos decisivos años sesenta afirma el crítico António Hohlfeldt: «Não terá sido mera coincidência a estréia de Rubem Fonseca en 1963: após o período desenvolvimentista provocado pelo governo de Juscelino Kubitschek, acirram-se as contradições e as disputas, que eram antigas —remontavam pelo menos à Segunda República de 1930— e que levarão ao golpe de estado de 1964» (1981: 168). Hohlfeldt ve una relación directa entre el clima represivo instaurado por la dictadura y el lenguaje violento y contestatario de Fonseca.

una visión nostálgica de la Lima que fue, y por la creación de una imagen distópica del presente a través de la basura y los desperdicios, la de Fonseca está marcada por una urgencia crítica que se refleja en un lenguaje violento e irreverente. El autor brasileño reivindica los desechos y lo humano corporal como elementos que acercan a las personas a su condición de organismos vivientes, condición que comparten con otras formas de vida del planeta, igualmente amenazadas. Si en Ribeyro los animales representan ya sea la deshumanización o lo «monstruoso», en Fonseca tanto los seres humanos como los animales sufren por igual las consecuencias de un modelo civilizatorio que lleva a la destrucción de unos y otros.

La crítica ha empleado diferentes denominaciones para referirse a la eficacia desconcertante de los cuentos de Fonseca, que van desde «narrativa brutalista», «realismo feroz», o «casi aliterário»[7]. Silviano Santiago, por su parte, llega a afirmar que el escritor opta por mostrar los defectos humanos «como un científico expondría una herida infectada de gusanos» (*Conto brasileiro contemporâneo*, 170); al darse cuenta de que la expresión remite demasiado al naturalismo «clásico» del siglo XIX, Santiago se apresura a aclarar que no hay una pretensión determinista en la obra de Fonseca, sino más bien una conciencia clara de los conflictos de la sociedad brasileña. Antônio Cândido, en fin, define el «realismo feroz» de Fonseca en términos que involucran no sólo los temas abordados por este, sino su técnica narrativa y su trabajo con el lenguaje:

> Esta espécie de ultra-realismo sem preconceitos aparece igualmente na parte mais forte do grande mestre do conto que é Rubem Fonseca [...] Ele também agride o leitor pela violência, não apenas dos temas, mas dos recursos técnicos –fundindo ser e ato na eficácia de uma fala magistral em primeira pessoa, propondo soluções alternativas na seqüência narrativa, avançando as fronteiras da literatura no rumo uma espécie de notícia crua da vida. (1981: 113)

También se refiere Cândido a la creación por parte de Fonseca y otros escritores, como Inácio de Loiola Brandão, de un «nuevo pinto-

---

[7] Las definiciones pertenecen, respectivamente, a Alfredo Bosi (Hohlfeldt 1981: 169), Antônio Cândido (Cândido 1981: 133) y Hélio Pólvora (Hohlfeldt 1981: 170).

resquismo», ya no relacionado con la naturaleza o con el «color local» de los románticos, sino con la descripción de lo obsceno, de la violencia, del crimen. Un nuevo tipo de «costumbrismo» que tiene como escenario la vida urbana y su ritmo enajenante. A este código se corresponde un lenguaje que emplea el fragmento, la palabrota, las jergas propias de lo «marginal» despojado de encanto y de cualquier pretensión idealizante. Así, en 1981 el crítico se pregunta si esta será la razón del éxito de la reciente narrativa urbana:

> Isso leva a perguntar se tais escritores não estão criando um novo exotismo de tipo especial, que ficará mais evidente para os leitores futuros; se estão sendo eficientes, em parte, pelo fato de apresentarem temas, situações e modos de falar do marginal, da prostituta, do inculto das cidades, que para o leitor de classe média têm o atrativo de qualquer pitoresco. Mas, seja como for, estão operando uma extraordinária expansão do âmbito literário, como grandes innovadores. (1981: 115)

La narrativa de Fonseca trasciende el «costumbrismo» en tanto da cuenta de los mecanismos represores y de la crisis social que provoca la dictadura. El autor registra la repercusión de la crisis del modelo desarrollista brasileño y sus consecuencias para el conjunto de la sociedad, y va más allá de descripciones «costumbristas». Por otro lado, un texto como «Intestino grosso» evidencia la reflexión metatextual presente en la obra de Fonseca y, como analizaré más adelante, revela su conciencia de lo subversivo de su «modo violento de narrar» y de los mecanismos de control puestos en práctica por la dictadura, tanto en lo público como en lo privado.

Si bien tanto Ribeyro como Fonseca hacen de lo urbano el espacio privilegiado de sus econarrativas, el español José María Merino (La Coruña, 1941)[8] sitúa su ficción en el espacio de lo insular en su novela

---

[8] La obra de José María Merino incluye poesía, novela, cuento, ensayo, y memorias. Entre sus novelas sobresalen, además de *El lugar sin culpa* (Premio Gonzalo Torrente Ballester): *Novela de Andrés Choz* (1976); *El caldero de oro* (1981); *La orilla oscura* (1985); *El oro de los sueños* (1986); *El centro del aire* (1991); *Las visiones de Lucrecia*, Premio Miguel Delibes (1996) y *El heredero*, Premio Ramón Gómez de la Serna (2003). Ha publicado, entre otros, los volúmenes de cuento *El viajero perdido* (1990); *Cuentos*

de 2007 *El lugar sin culpa*. El contexto español, distante en el tiempo y desde luego en lo geográfico del de los autores latinoamericanos, se caracterizaba en aquel momento por una estabilidad relativa lograda desde el fin de la dictadura franquista, en un país integrado a la Unión europea y encauzado en los valores de la democracia occidental. El texto de Merino incorpora motivos clásicos de lo pastoral, al tiempo que se remite a hechos históricos y la realidad geográfica de la Isla de Cabrera. El escritor español configura, de esta manera, una econarrativa de lo agrario en la que se combinan los ámbitos de lo real y lo alegórico, lo existencial y lo ecológico.

Antonio Candau (1962-2013), en *La obra narrativa de José María Merino*, señala que, siguiendo a Sanz Villanueva, Merino pertenecería a la «segunda oleada» de la «generación del 68». La «primera oleada» comienza a publicar alrededor de ese año y la segunda, «a mediados de los años setenta» (20). En este grupo, Candau incluye además de Merino a Luis Mateo Díez (1942) y a Pedro Juan Aparicio (1941). Los tres conforman el llamado «Grupo leonés». Como características comunes del grupo Candau apunta el abandono «del furor experimental de los primeros momentos», la visión más matizada de la tradición literaria nacional, una vuelta al «gusto por el contar» y una mayor defensa de la libertad de invención (Candau 1992: 20).

Sobre la denominación de «grupo leonés» plantea Asunción Castro Díez que el «marbete» surge relacionado con circunstancias tales como la amistad entre los tres escritores, la coincidencia de su éxito dentro del mercado editorial español, y el hecho de ser todos oriundos de León, claro. A esto, Castro Díez añade otros elementos ya pertenecientes a la concepción misma de las obras, como «la recreación mitificada del espacio

---

del Barrio del Refugio (1994); *La memoria tramposa* (1999); *Días imaginarios* (2002); *Cuentos del libro de la noche* (2005); *La glorieta de los fugitivos* (2007) y *Las puertas de lo posible. Cuentos de pasado mañana* (2008). Comienza escribiendo poesía, con *Sitio de Tarifa* (1972), al que le siguen *Cumpleaños lejos de casa* (1973) y *Mírame Medusa y otros poemas* (1984). Sus ensayos están reunidos en *Ficción continua* (2004). El autor es miembro de la Real Academia de la Lengua Española desde 2008. Si bien Merino nace en La Coruña, su familia se traslada a León siendo él muy niño, y este espacio ocupa un lugar importante en su obra literaria.

leonés en sus ficciones, o la reivindicación de lo local como cauce hacia valores universales» (2001: 20-21). Significativamente, la visión mitificada del lugar de origen, en este caso la provincia, y la exploración de conflictos del ámbito de lo íntimo y personal, acusan no sólo coincidencias en el grupo, sino la existencia de una sensibilidad común que en la econarrativa agraria de Merino se traduce en la utilización del espacio natural como modo de indagación en el microcosmos familiar, en el entorno de lo íntimo y de las relaciones personales.

Refiriéndose a los intentos de aglutinar al grupo desde la noción de generación –que reconoce en desuso– Castro Díez resume, sin embargo, algunos elementos compartidos: el hecho de haber nacido los tres después de la Guerra Civil y haber experimentado en la infancia «las penurias y la educación restrictiva de la vida española de la primera posguerra»; en cuanto a lo ideológico, su juventud coincide con «cierto aperturismo político» (2001: 20-21) que en las décadas del cincuenta y el sesenta busca romper el aislamiento en que queda España después de la Segunda Guerra Mundial; en esta apertura se destacan las tendencias opuestas al franquismo, en las que prima el Partido Comunista. Castro Díez señala otros elementos que contribuyen a que los tres escritores hayan tenido acceso a un horizonte más amplio que sus predecesores, tanto en lo cultural como en lo político:

> Culturalmente los miembros de esta generación han tenido un contacto más fluido con la literatura extranjera que las generaciones precedentes. Se han empapado de la literatura y el cine de los neorrealistas italianos, de la renovación técnica que trajo consigo la masiva entrada en España de la narrativa hispanoamericana durante el llamado *boom*, así como de la literatura norteamericana y europea que puso las bases de la renovación del género a todo lo largo del siglo xx. El deslumbramiento de la modernidad, de la mano de las teorías del formalismo ruso y del estructuralismo francés, les llevó a renegar de su tradición más inmediata: el realismo social [...]. Advertía Sanz Villanueva cómo esta generación, que en líneas generales ha mantenido una actitud ideológica opuesta al franquismo, ha distinguido, sin embargo, entre compromiso cívico y personal de un lado, y compromiso literario de otro. (2001: 29-30)

Antonio Candau se refiere a la «oposición que enfrentó a dos modos de novelar durante la década del sesenta y primeros años setenta. Los protagonistas son la novela social (realismo social) y el experimentalismo que nació en parte como reacción contra aquélla» (1992: 25). Como se recordará, este enfrentamiento entre literatura social o «comprometida» y lo experimental estuvo en el centro del debate entre «los novísimos» poetas de 1968 y los poetas de la generación del cincuenta española. Como se ha visto en el capítulo anterior, en la poesía de Jorge Riechmann la tensión se resuelve a través del derecho asumido a la incorporación a la palabra poética de múltiples registros, en una actitud que trasciende este dualismo pero que no renuncia a incluir lo social en el discurso literario.

En entrevista sostenida con José María Merino en su casa de Madrid en octubre de 2011, al hablar sobre *El lugar sin culpa* se hizo evidente el rechazo del autor al realismo social convencional y su interés por tramas e historias centradas en lo individual o familiar, con lo que el autor confirma este cambio en el centro de interés de la narrativa. Es más importante desarrollar una trama que permita explorar los conflictos de conciencia del individuo, su relación cotidiana con otros seres humanos, los modos en que el clima o el paisaje influyen sobre la subjetividad de un carácter, que las luchas de personajes colectivos que marcaron la narrativa social de los cincuenta. Señaló el escritor español en esa conversación:

> Yo creo que lo general siempre determina un poco lo particular, pero a mí no me gusta caer nunca en el determinismo social. Lo más cómodo del mundo es tener una doctrina y aplicarla. […] Pero la realidad resulta que no es exactamente así. Las doctrinas nos permiten enriquecer el conocimiento de la realidad, pero no nos lo dan todo hecho, y claro, en este caso, mi personaje, pues tiene una familia, que es muy determinante en su caso. El mundo familiar a esta mujer la ha hecho irse harta, largarse. No se ha dado cuenta de que nos llevamos siempre los problemas con nosotros, y el hecho de separarnos físicamente de un lugar no determina nada; pero para mí esta mujer no me interesaba tanto en su caso su perspectiva social, digamos, sino más su perspectiva individual, en relación con esos otros individuos que son su familia. Eso es lo que me interesaba. Si me hubiese interesado la perspectiva social, si para mí hubiese sido interesante dramáticamente, la hubiera utilizado.

A mi parecer, la actitud de Merino ante su mundo narrativo expresa una necesidad de trascender la oposición entre realismo social y experimentalismo, o entre realismo como representación «objetiva» de la realidad y lo fantástico, lo onírico o lo mítico, en función de crear un mundo novelesco más rico. Sobre la convivencia de realidad, ficción, imaginación y mito en la obra de Merino ha dicho Eduardo Larequi García:

> Merino no pretende abandonar el mundo «real», sino más bien ampliar sus fronteras. Orientado por el propósito de construir esa «realidad de lo imaginario» o «realidad verdadera» a la que acabamos de referirnos, va más allá de la representación de la realidad objetiva, habitual, la que se nos presenta más inmediatamente a los sentidos, y profundiza en otras dimensiones de la condición humana. (1988: 226)

Hay, en efecto, en la obra de Merino un interés específico en los aspectos inesperados de lo real, en la intervención de lo fantástico, de lo improbable o misterioso, y en el trabajo con los espacios naturales, como se verá más delante, de manera específica, con respecto a la econarrativa agraria que articula en *El lugar sin culpa*. Por ahora, me interesa destacar cómo en el autor español la infancia, como en Jaime Quezada y en Ribeyro, se representa como una Edad Dorada, un tiempo donde la relación con el mundo exterior permanece libre de conflictos. Tanto para Quezada como para Merino, la infancia y la naturaleza, la provincia, son el lugar de la nostalgia, de la «mitificación de los orígenes» que se ha mencionado antes.

Resulta curioso que para Merino este lugar sea el de lo «rural romano»: es decir, un espacio premoderno, anterior a la Conquista de América, cuando España era aún Hispania, una provincia romana, y mucho antes de la conquista y dominio árabes que se inician en el 711 y que perviven en mayor o menor grado hasta 1492. Los lares, que protegían tanto los ancestros como las cosechas, los ríos, los caminos, revelaban el culto a la fertilidad y la dependencia de la vida de los ciclos naturales y las cosechas en la civilización romana. Esta relación premoderna con el mundo natural es significativamente la misma que se convierte en un espacio de identificación con la infancia en la obra de Merino; también es el tipo de relación con lo rural que erige Horacio en su «Beatus ille» como modelo de sobriedad, honestidad y amor a la vida simple, supuestos atributos de la *virtus* romana. Es precisamente este motivo el que reescribe Merino en *El lugar sin culpa*⁹. Sobre el protagonismo de los espacios naturales en su narrativa apuntaba el escritor en la entrevista que le hice en el 2011:

> Tengo una atracción por los espacios naturales. […] Pero quiero decir que mi inclinación también es un poco una rememoración de la infancia. Tuve la suerte en la infancia de tener muy buena relación con los espacios naturales, con el mundo rural, cuando el mundo rural era más parecido al romano que a lo de ahora. Y bueno, tuve mucha relación con los espacios virginales, con los montes… tal vez algo de eso me queda todavía, ese recuerdo de infancia, esa relación con la naturaleza, como un recuerdo un poco melancólico, tal vez…

Para José María Merino el espacio natural de la isla, como realidad geográfica y como símbolo, se convierte en el escenario ideal para explorar conflictos familiares e individuales que revelan, por un lado, una reflexión sobre el aislamiento y la incomunicación humanas, y por otro, un cuestionamiento de ideas preconcebidas acerca de lo idílico de los espacios naturales y de efectividad de la acción del hombre para protegerlos.

Entre dos orillas: de la transformación urbana a la reserva natural

Silvia Spitta apunta la centralidad de la oposición rural / urbano en la construcción de las identidades nacionales en América Latina y sobre el cambio que se produce en los años cincuenta del siglo xx en la configuración de estos espacios:

> Largely because of the centrality of urban life to national identities, Latin American thought has obsessively revolved about questions of space. In particular, the urban-rural divide has been viewed as the difference between

---

⁹ Vale recordar que en la poesía de Jaime Quezada el mundo de la infancia se relaciona tanto con la naturaleza como con lo prehispánico, con las culturas autóctonas del continente anteriores a la Conquista europea, como con los «lares» romanos y la poesía mística de San Juan y Santa Teresa; con ello el poeta chileno revela el carácter mestizo de su herencia cultural y su imaginación ecológica.

civilization and barbarism, people with history and people without history, and modernity and premodernity. The mass influx of migrants from rural areas to cities that has taken place across Latin America since the 1950's only accelerated Latin America's concerns with the urban-rural divide that shaped nineteenth century thought. (Spitta 2007: 295)

Y en efecto, la búsqueda de una expresión literaria para el cambio que Ribeyro registra en la configuración de Lima, lleva al escritor peruano a preguntarse por la ausencia de una novelística relevante sobre la ciudad en un artículo de 1953 titulado, desde luego, «Lima, ciudad sin novela». No obstante, como se puede inferir de la nota al pie que acompaña al texto de Ribeyro, escrita por el editor de *La caza sutil*, Carlos Milla Batres, la reflexión del narrador peruano acerca de la ausencia de una novelística limeña constituye un signo más de cómo la transformación urbana incide en la representación literaria del Perú a partir de este momento y en los años posteriores. Señala Milla Batres cómo el ensayo de Ribeyro «precede en un año la aparición de los primeros relatos neorrealistas de un Congrains, un Salazar Bondy, que marcan el renacimiento de la temática limeña en la literatura peruana que años más tarde alcanzaría su plenitud en las novelas de Vargas Llosa, Bryce, Urteaga Cabrera y la obra cuentística del propio Ribeyro» (Ribeyro 1976: 15).

No debe perderse de vista que también en España la década de los cincuenta tuvo una gran importancia en cuanto a la modernización del país y el predominio de lo urbano, luego de los años de crisis económica que siguieron a la Guerra Civil. El llamado «decenio bisagra»[10] trajo

---

[10] Este decenio corresponde a la segunda etapa de las tres que atraviesa España durante el franquismo, según García Delgado: «La economía española durante el franquismo tiene tres etapas bien diferenciadas. La primera es la etapa de la autarquía (1939-1950), caracterizada por la depresión, la dramática escasez de todo tipo de bienes y la interrupción drástica del proceso de modernización y crecimiento iniciado por el Gobierno de la República. En la segunda etapa (1950-1960) se produce una vacilante liberación y apertura al exterior que genera un incipiente despegue económico, aunque muy alejado del ciclo de expansión que disfruta el resto de Europa debido a las políticas keynesianas. Por último, entre los años 1960 y 1974 la economía española se ve favorecida por el desarrollo económico internacional, gracias al bajo precio de la

consigo una recuperación de la economía española, un crecimiento de la industrialización, y sobre todo a finales del período, una decidida estabilización de la economía que permite dejar atrás a la «España pobre, atrasada y rural, que mira tímidamente al exterior» (Estefanía 1998: en línea)[11].

Volviendo a América Latina, uno de los textos más importantes producidos en las décadas del cincuenta y sesenta acerca de la identidad y el espacio urbano en el Perú es el ensayo *Lima la horrible*, publicado en 1964 por Sebastián Salazar Bondy (1924-1965). En este ensayo, Salazar Bondy analiza el carácter eminentemente clasista, conservador y excluyente de la sociedad limeña, que se ha mantenido en el mito de la «Arcadia Colonial»[12]. La visión crítica de Salazar Bondy, en vez de situar a Lima como espacio de utopía y futuro, la sitúa en el pasado de la Arcadia colonial, uniendo en su definición la idealización de una forma de vida rural sin conflictos y las estructuras de explotación coloniales que aún se mantienen. Lima constituye el centro de poder desde donde irradian estas estructuras de opresión. La sociedad limeña mira siempre al pasado y vive de espaldas al futuro, según Salazar Bondy, porque en

---

energía, a la mano de obra barata, y a las divisas que proporcionan emigrantes y turistas» (1995: en línea).

[11] La consiguiente migración del campo a la ciudad y la identificación de lo urbano con lo «moderno» se evidencian por ejemplo en los personajes del cómic *Petra, criada para todo*, que el historietista Josep Escobar comienza a publicar en los años cincuenta. Petra es una mujer del campo que ha emigrado a la ciudad, donde trabaja como doméstica para doña Patro. La sabiduría popular de Petra contrasta con la confianza ilimitada de doña Patro en las máquinas y lo «moderno». Esto se convierte en un recurso para crear situaciones humorísticas y mostrar el lado ridículo de una clase alta que ve en los efectos electrodomésticos un símbolo de estatus. Al respecto, señala Ana Merino: «El enfrentamiento entre la tradición y la modernización desde una dinámica humorística aparecerá en numerosos episodios de *Petra*. Petra representa a los emigrantes que dejan el entorno rural para buscar trabajo en la ciudad, pero lleva consigo, pese a su escasa formación, una perspectiva vital enraizada en la tradición cultural de su pueblo» (Merino 2003: 131).

[12] En palabras de Silvia Spitta: «*Lima la horrible*'s important insight is that Peru's nationalism has inherited deeply antidemocratic and colonial structures interiorized as affect through the idealization of the colonial, viceregal past, which Salazar Bondy refers to in shorthand as the «Colonial Arcadia» (2007: 297).

su «extraviada nostalgia» se perpetúa la mitología de un tiempo ido de esplendor virreinal:

> Todo resulta, a la postre, una burda trapacería enmascarada de tradición, literatura y nostalgia, que son falsa tradición, mala literatura y extraviada nostalgia. Mas el cuento de la Arcadia Colonial ha tenido éxito […], e inclusive aquellos que nos hemos liberado, si no de estar cautivos en su red, a lo menos de practicar su adoración, hallamos difícil emanciparnos totalmente del embeleso de esos entes de ficción –virreyes, purpurados, oidores, tapadas, santurrones– estratégicamente colocados en un recoveco de los barrios viejos… (Salazar Bondy 1964: 19)

Si se recuerda el estudio de Svetlana Boym, *The Future of Nostalgia*, este tipo de manipulación de la historia en función de crear un pasado ideal que glorifica mitos y símbolos nacionales es un instrumento característico de los nacionalismos retrógrados, que con frecuencia afirman poseer «la» verdad acerca de la esencia de lo nacional. Según Boym, este tipo de «nostalgia restorativa» intenta perpetuar una idea de la nación que se basa en la «reconstrucción de los monumentos del pasado» (2001: 41). De esta manera, sirviendo a los intereses de las «grandes familias» limeñas, se perpetúa el mito de la Arcadia colonial, que intenta ocultar la realidad de la migración campesina, de la sobrepoblación, la discriminación racial, tras la leyenda dorada de un Perú mítico:

> Grandes familias de espaldas a la Lima y el Perú de indios despojados y mestizos sin esperanza, cuyo legado arqueológico, sin embargo, atesoran pocas veces con el amor del coleccionista que conserva el arte, sino con el espíritu del anticuario o el avaro que acumula valores estables. Grandes Familias que resisten el empuje de la vertiginosa historia con su heráldica de «oro y esclavos», que orgullosas pretenden remontar a la gloria conquistadora y a la leyenda edénica del virreinato en tanto que acarician los candados que guardan su caudal, su Arca de la Alianza. (Salazar Bondy 1964: 34-35)

Silvia Spitta explica cómo el rápido crecimiento urbano, la migración interna de grandes masas de indígenas hacia la capital, el consiguiente abandono del centro de la ciudad por parte de las élites, provoca una desestabilización del modelo colonial de distribución del espacio de poder[13]. Por tanto, se produce una «crisis de representación» que afecta de manera particular a los intelectuales: «[a] …profound sense of individual and national disorientation, the feeling of suddenly being out of place, or worse yet, of not recognizing oneself *in* a place» (2007: 295).

Si la respuesta de Salazar Bondy a esta «crisis de representación» que sigue a la transformación de Lima es la crítica directa en formato ensayístico de la sociedad de castas limeña, la respuesta de Ribeyro en «Los gallinazos sin plumas» (1955) es establecer el territorio urbano de la basura y los desperdicios como espacio reconocible de crítica social. Ribeyro desmonta, de esta manera, el mito de la «Arcadia colonial» al contraponer a la imagen de la ciudad de riqueza y abolengo el paisaje degradado de los basureros y la rutina cotidiana de la miseria. El autor transita al comienzo mismo de su relato de una identificación con la ciudad a través de la personificación, y de un ambiente de ensueño, a la monotonía de un espacio urbano donde la basura forma parte del paisaje como elemento dominante:

> A las seis de la mañana la ciudad se levanta de puntillas y comienza a dar sus primeros pasos. Una fina niebla disuelve el perfil de los objetos y crea como una atmósfera encantada. Las personas que recorren la ciudad a esta hora parece que están hechas de otra sustancia, que pertenecen a un orden de vida fantasmal. [...] Los basureros inician por la avenida Pardo su paseo siniestro, armados de escobas y de carretas. [...] A esta hora, por último, aparecen los gallinazos sin plumas. (1994: 21)

Dick C. Gerdes habla de «transformación metafórica de la realidad» como recurso que utiliza el escritor peruano para establecer el contraste entre el universo mágico de los niños y el mundo sórdido de los basureros (1979: 52-53). Después de introducir a los «gallinazos sin plumas» a Ribeyro le interesa señalar que los niños Enrique y Efraín no constituyen un fenómeno aislado, y dibuja un mapa de la ciudad en el que los espacios

---

[13] Spitta cita también datos acerca del crecimiento de la ciudad: «… Lima's population doubled between 1940 and 1956. And while Lima had one *barriada*, or shanty town, in 1940, it was surrounded by fifty-six less than twenty years later [...]. And those numbers have grown exponentially since the late 1950's in almost every Latin American city» (2007: 295-296).

están marcados no por su función legal u autorizada, sino porque forman parte del «itinerario de la miseria»:

> Ellos no son los únicos. En otros corralones, en otros suburbios alguien ha dado la voz de alarma y muchos se han levantado. Unos portan latas, otros cajas de cartón, a veces sólo basta un periódico viejo. Sin conocerse forman una especie de organización clandestina que tiene repartida toda la ciudad. Los hay que merodean por los edificios públicos, otros han elegido los parques o los muladares. Hasta los perros han adquirido sus hábitos, sus itinerarios, sabiamente aleccionados por la miseria. (1994: 21-22)

Ribeyro no sólo ofrece imágenes de la cotidianidad de una ciudad en crecimiento como Lima, en la que priman la materialidad de los desechos y la búsqueda de la subsistencia, sino que encarna, en los personajes de los niños, la vulnerabilidad, y también la resistencia, ante este mundo degradado. El narrador describe en detalle la jornada de cada día, y contrapone la necesidad de hurgar en los basureros a la perspectiva infantil del asombro ante lo nuevo, sin marcar en la narrativa la diferencia entre el narrador y los personajes. De este modo, la frase: «Un cubo de basura es siempre una caja de sorpresas» se introduce en el texto sin alterar la forma de elocución (narración), pero logra integrar en este el registro y la voz de la infancia, sin recurrir al diálogo. Igualmente, el «valor» que los niños encuentran en la basura tiene la doble función de hacer evidente su pobreza y de revelar su capacidad de imaginación, de reciclar los objetos desechados en juguetes:

> Cada uno escoge una acera de la calle. Los cubos de basura están alineados delante de las puertas. Hay que vaciarlos íntegramente y luego comenzar la exploración. Un cubo de basura es siempre una caja de sorpresas. [...] La pequeña lata de cada uno se va llenando de tomates podridos, pedazos de sebo, extrañas salsas que no figuran en ningún manual de cocina. No es raro, sin embargo, hacer un hallazgo valioso. Un día Efraín encontró unos tirantes con los que fabricó una honda. Otra vez una pera casi buena que devoró en el acto. Enrique, en cambio, tiene suerte para las cajitas de remedios, los pomos brillantes, las escobillas de dientes usadas y otras cosas semejantes que colecciona con avidez. (1994: 22)

Hay que decir que el tipo de imágenes que recrea Ribeyro se incorporan a la memoria visual latinoamericana, que en esos años estuvo influida por –y contribuyó con aportes originales– el neorrealismo italiano. Es decir, cuando se analiza el imaginario espacial de estos años desde una perspectiva ecocrítica, se advierte que la tradicional construcción de las diferencias entre lo urbano y lo agrario ha sufrido una transformación radical: las imágenes icónicas de la basura y lo marginal se han convertido en un símbolo omnipresente de la crisis que atraviesan las sociedades latinoamericanas, cuyos espacios urbanos han dejado de representar «lo civilizado» para convertirse en símbolos de degradación. Predomina un modo de representación realista, y se acude en particular al tema de la infancia como reflexión acerca del futuro: la falta de oportunidad y la miseria del presente como causas del fracaso de las nuevas generaciones.

La estética neorrealista se convierte en el medio justo para dar expresión a estos temas: el bajo costo de producción, la utilización de actores no profesionales, y sobre todo, el deseo de mostrar la vida cotidiana de las clases más pobres, son elementos que el cine latinoamericano, a partir de la década de 1950, adopta como los ideales para retratar el paisaje urbano y agrario[14] en la región; el interés por los protagonistas y el mundo de la infancia es un aspecto destacado también en este cine, que en *Ladri di biciclette*, la película de Vittorio de Sicca estrenada en 1948, tiene uno de sus ejemplos clásicos. Fernando Birri (Santa Fe, Argentina, 1925) es uno de los cineastas que debe al Centro Sperimentale di Cinematografía de Roma parte importante de su formación. A su regreso a Argentina en 1956, Birri comienza a trabajar en su primer filme, el cortometraje *Tire dié*, que se estrena en 1959.

---

[14] Los cineastas cubanos Julio García Espinosa y Tomás Gutiérrez Alea, también influidos por el neorrealismo italiano, realizan el documental *El mégano* en 1955, que se centra en las duras condiciones de vida de los habitantes del campo cubano, en particular los de la zona de la Ciénaga de Zapata, en Matanzas. Una de las escenas centrales de la película es la que muestra a los niños y su labor en los hornos de carbón. Al igual que en *Tire dié*, se emplean para el filme trabajadores de la zona, no actores profesionales, y se busca un proceso de acercamiento y conocimiento de los habitantes del lugar por parte de los realizadores.

Tire dié anuncia en sus créditos de inicio que se trata de «la primera encuesta social filmada» en Argentina. Comienza con una vista aérea de Santa Fe, y un narrador que ofrece cifras relativas al «desarrollo» de la ciudad, en un gesto paródico que incluye desde la cantidad de habitantes, de escuelas, de casas, hasta la cantidad de vacas sacrificadas en el matadero municipal y la cantidad de tiza utilizada por los maestros. El narrador concluye su recitación de cifras para decir que «la estadística se hace incierta en las orillas» de la ciudad. La imagen aérea es pronto sustituida por la de los niños que corren junto al tren que viene de Buenos Aires, pidiendo limosna: «¡Tire dié!». Al igual que el narrador en «Los gallinazos sin plumas», la cámara en *Tire dié* pone en primer plano a los niños escarbando en la basura, compartiendo el espacio con los animales, perros, aves, cerdos, y disputándose con estos la comida. Salta a la vista la coincidencia de la misma «realidad», formada por elementos casi idénticos, en el filme de Birri y en el relato de Ribeyro:

> Un domingo, Efraín y Enrique llegaron al barranco. […] Visto desde el malecón, el muladar formaba una especie de acantilado oscuro y humeante, donde los gallinazos y los perros se desplazaban como hormigas. Desde lejos los muchachos arrojaron piedras para espantar a sus enemigos. Un perro se retiró aullando. Cuando estuvieron cerca sintieron un olor nauseabundo que penetró hasta sus pulmones. Los pies se les hundían en un alto de plumas, de excrementos, de materias descompuestas o quemadas. Enterrando las manos comenzaron la exploración. A veces, bajo un periódico amarillento, descubrían una carroña devorada a medias. En los acantilados próximos los gallinazos espiaban impacientes y algunos se acercaban saltando de piedra en piedra, como si quisieran acorralarlos. (1994: 23)

Sin embargo, entre el texto y el cortometraje existe una diferencia sustancial: mientras en *Tire dié* Birri no se permite introducir ningún elemento alegórico en el mundo que describe –le interesa más mostrar los resultados de su estudio sociológico– en «Los gallinazos» Ribeyro mantiene la tensión entre lo simbólico y su vocación realista. El escritor peruano, enfrentado a una etapa de transición y transformación sin precedentes de la ciudad, refleja su desacomodo ante esta crisis a través de la nostalgia y la búsqueda de identificación afectiva, por un lado, y de la crítica social y la descripción realista de la miseria urbana, por otro. Es esta una econarrativa de la transición urbana donde la materialidad de los desechos y la degradación tienen su contrapunto en la imagen de la infancia como la de un pasado feliz. En este sentido, resulta sintomática la opinión de Ribeyro acerca del Arguedas de *Los ríos profundos* (1958), en tanto su valoración coincide de manera notable con la actitud del narrador de «Los gallinazos sin plumas». Señala Ribeyro que

> lo que lo ha movido a escribir no es tanto la indignación como la nostalgia. Arguedas deplora muchas de sus vivencias infantiles pero, en general, las ama porque ellas han sido decisivas para la formación de su sensibilidad. Además, como la novela está escrita desde la perspectiva de un niño, todos los pronunciamientos de carácter ideológico quedan eliminados y el relato se carga, por el contrario, de un tono particularmente emotivo. (1976: 69)

Ribeyro no puede sustraerse a la necesidad de poetizar la dura realidad que describe. Esto lo consigue a través de los personajes de los niños: no sólo por la solidaridad con que comparten el trabajo diario, sino por la relación que establecen con Pedro, el perro que adoptan y con el que están dispuestos a repartir la poca comida que tienen; esta actitud contrasta con el utilitarismo con que don Santos percibe al cerdo, y que refleja la instrumentalización de lo animal y de lo natural. Esta perspectiva se agudiza a medida que avanza la narración, hasta el punto de que se describe al cerdo como un «monstruo» y don Santos, en vez de gritar, «berrea». El vínculo entre el ser humano y la naturaleza sufre una degradación progresiva en la econarrativa ribeyriana. Igualmente, la percepción de la ciudad como un espacio de aventura y fantasía desaparece cuando, al final de la historia, Efraín y Enrique se han rebelado contra el abuelo y tienen que huir de su casa: «Cuando abrieron el portón de la calle se dieron cuenta que la hora celeste había terminado y que la ciudad, despierta y viva, abría ante ellos su gigantesca mandíbula» (1994: 29). La ciudad pierde en este momento el encanto «de la hora celeste» y adquiere también una presencia monstruosa, lista para devorar a los que se internan en ella. De esta manera, Ribeyro construye oposiciones simbólicas que contraponen la infancia, lo afectivo y la identificación con el mundo animal, a la basura, la degradación y la instrumentalización de lo natural. El espacio degradado de la ciudad, que termina por convertirse en un medio hostil, comparte el mismo tipo de oposiciones entre lo humano / lo monstruoso, la fantasía / lo utilitario, lo espiritual / lo material.

El conflicto de Ribeyro ante la «crisis de representación» de lo urbano es analizado por Raymond Williams en su clásico estudio *The Country and the City*, que se publica en 1973. En este texto, Williams retoma la definición de *structure of feeling*, que había comenzado a desarrollar en 1954 en *A Preface to Film*. En *The Country and the City*, Williams utiliza el concepto de *structure of feeling* para explicar el cambio cultural que se produce durante épocas de transformaciones sociales violentas, como las que ocurrieron en Inglaterra durante la Revolución industrial y, en este caso, en el Perú de los años cincuenta del siglo xx. Williams explica cómo la nostalgia por un tiempo anterior a estas crisis es uno de los modos en que se expresa esta relación con el paisaje, rural o urbano. Como expone Williams, cada generación produce formas elaboradas de imaginar y representar el mundo, basadas en la experiencia de vida en un momento histórico particular. Es esto lo que denomina *structure of feeling*. En el relato de Ribeyro, la infancia es el tiempo de la inocencia, que termina con la huida de la casa y la entrada a un mundo donde no hay cabida para la fantasía. Me parece significativa, en este sentido, la relación que establece Williams en su ensayo entre el mundo de la infancia y la representación del país propio, ya sea en un medio urbano o rural:

> We have seen how often an idea of the country is an idea of childhood: not only the local memories, or the ideally shared communal memory, but the feel of childhood: of delighted absorption in our own world, from which, eventually, in the course of growing up, we are distanced and separated, so that it and the world become things we observe. In Wordsworth and Clare, and in many other writers, this structure of feeling is powerfully expressed, and we have seen how often it is then converted into illusory ideas of the rural past […]. But what is interesting now is that we have had enough stories and memories of urban childhoods to perceive the same pattern. The old urban working-class community; the delights of corner-shops, gas lamps, horse cabs, trams, pie stalls: all gone, it seems, in successive generations. These urban ways and objects seem to have, in the literature, the

same real emotional substance as the brooks, commons, hedges, cottages, festivals of the rural scene. (1975: 297)

Para Williams lo que realmente debe analizarse, y de manera crítica, es el proceso real de alienación que constituye la experiencia de millones de seres humanos que han vivido semejantes etapas de crisis en el desarrollo del capitalismo rural y urbano. En los relatos de *Los gallinazos sin plumas* la alienación y el sentimiento de angustia de los personajes es un elemento común. Las relaciones de poder y la miseria moldean este mundo de «desesperanza» y de «esfuerzos fallidos» en que se mueven. En «Interior "L"», el padre decide olvidar su honor «ofendido» por el embarazo de la hija con tal de recibir más dinero de su «ofensor»; «Mientras arde la vela» se detiene en los pensamientos y deseos del personaje femenino, que sufre la tiranía de un esposo borracho y violento. Mercedes quisiera que su esposo hubiese muerto, para empezar una nueva vida. Ribeyro sugiere el deseo de la mujer de terminar con la vida de su esposo, mientras espera que la vela se apague y observa a su familia dormida. «La tela de araña» es otra historia de esperanzas frustradas, en la que María, una sirvienta, sufre el abuso del «niño Raúl» y decide huir, sólo para caer en manos de otro hombre igualmente sin escrúpulos. El libro cierra con «Junta de acreedores», un relato en donde se muestra la derrota de un pequeño comerciante y su humillación ante los acreedores, que no sólo lo despojan de sus propiedades, sino que no pierden la oportunidad de avergonzarlo ante su familia. La frustración de las esperanzas en un medio urbano donde el espacio exterior es tan amenazante como los espacios interiores, es una característica que comparten todos los relatos de *Los gallinazos sin plumas*, y que confirma la creación por parte de Ribeyro de una econarrativa de lo urbano de signo negativo.

Unida a estas cuestiones, se hace presente en el autor peruano la preocupación por «la creciente complejidad del mundo», que menciona como primero de los tres problemas fundamentales a los que se enfrenta «el novelista actual»[15]. Tal complejidad, que se refleja para el autor

---
[15] Según Ribeyro, estos serían «el problema de la complejidad del mundo, el problema de la representación de la simultaneidad y el problema de la expropiación del territorio novelístico por otras disciplinas» (1976: 71).

en los descubrimientos científicos y tecnológicos, en el desarrollo de los medios de comunicación masiva, en las súbitas modificaciones de hábitos de vida que esto trae, denota la dificultad de un autor como Ribeyro –quien sustentaba la opinión de que «... el escritor más que nadie abriga aún la ilusión de que sus obras sean un compendio del mundo, a todos sus niveles y con todas sus implicaciones» (1976: 72)– para aprehender semejantes cambios e incorporarlos a su mundo de creación:

> En la segunda mitad de nuestro siglo la realidad es francamente inabarcable y sus componentes son infinitamente superiores a la capacidad de asimilación y comprensión humanas. El novelista, inmerso en esta realidad, observador de esta realidad, se siente agredido, invadido, sepultado bajo un torrente de experiencias e informaciones. No solo los acontecimientos se precipitan, la marcha de la Historia se acelera, sino que las cosas proliferan al punto que toda codificación es imposible. (1976: 71)

Es decir, el escritor no sólo siente que el espacio del barrio tradicional ha desaparecido, y con él la relación armónica con la ciudad, sino que su capacidad de comprender el mundo en su totalidad se encuentra amenazada. La respuesta de Ribeyro en «Los gallinazos sin plumas» es la sublimación de la infancia como refugio de un pasado feliz y la construcción de un espacio distópico, donde el ser humano se encuentra atrapado y donde todos sus esfuerzos terminan en el fracaso. En esta construcción ecocrítica, el espacio urbano se representa como un ecosistema degradado, donde los árboles han desaparecido y han sido sustituidos por la basura y los desechos, y donde la relación con el mundo animal se ha pervertido e instrumentalizado.

Dos décadas después de la publicación por Ribeyro de *Los gallinazos sin plumas*, Rubem Fonseca intenta dar respuesta a la «complejidad del mundo» y a la «imposibilidad de codificación» que el autor peruano había señalado como «problemas» mediante una dispersión y mezcla de códigos que se constituye en un lenguaje infoenciclopédico, caracterizado por la proliferación de reflexiones sobre los más diversos temas: el cine, el psicoanálisis, el consumismo, el tráfico de drogas, los medios masivos de comunicación, las contradicciones de clase, la crisis ecológica, la política, la medicina... Este tipo de lenguaje de aspiración omnicomprensiva con frecuencia se expresa a través de un narrador en tercera persona, como ocurre en «Intestino grosso»:

> Essas restrições ao chamado nome feio são atribuídas por alguns antropólogos ao tabu ancestral contra o incesto. Os filósofos dizem que o que perturbe e alarma o homem não são as coisas em si, mas suas opiniões e fantasias respeito delas, pois o homem vive num universo simbólico, e linguagem, mito, arte, religião são partes desse universo, são as variadas linhas que tecem a rede entrançada da experiência humana. Em 1884, um neurologista francês, Gilles de la Tourette, descreveu um comportamento anormal em que o paciente grita a todo instante palavras consideradas obscenas. O praguejar é acompanhado de um tique muscular. Esse conjunto de sintomas recebeu o nome de síndrome de la Tourette. Até hoje suas causas não foram adequadamente esclarecidas... (Fonseca 1989: 167)

Otro cambio radical que se aprecia en la narrativa de Fonseca es que el espacio urbano de sus cuentos no deja lugar para la expansión lírica o emocional. Los cuentos de *Feliz ano novo* relatan la ramificación de la violencia en todos los estratos sociales, desde los más bajos hasta los más altos, y el escenario puede situarse lo mismo en una favela que en los barrios ricos. En el cuento que abre el volumen y que le da título, «Feliz ano novo», tres hombres que viven en una favela asaltan una casa «de ricos» durante la celebración de fin de año. En una descripción clímax de violencia, uno de ellos arranca de una dentellada el dedo de una mujer que ha asesinado para robarle el anillo. Con lo que han robado, comida, joyas, bebidas, celebran el año nuevo. Si en Ribeyro la deshumanización se mostraba a través de la relación entre el ser humano y lo animal cosificado, en la econarrativa violenta de Fonseca la cosificación alcanza a los propios seres humanos, que son o bien «víctimas» o «predadores». Y esto no significa que los «predadores» se encuentren siempre en la parte más baja de la escala social.

Esto se evidencia en relatos como «Paseo nocturno I» y «Paseo nocturno II», en los que un alto ejecutivo resuelve las tensiones diarias de su trabajo de una manera que ni su familia sospecha: cada noche recorre la ciudad en su carro y embiste a una persona. Es lo único que le proporciona «alivio». La diferencia entre los dos relatos es que en el primero el hombre atropella a una mujer desconocida, mientras que en el segundo, la víctima es alguien a quien conoce y con quien ha entablado una relación. Con ello, Fonseca señala la progresión de la violencia y la pérdida gradual de identificación con otros seres humanos. Asimismo, si en «Feliz ano novo» los victimarios buscan satisfacer necesidades vitales, como la comida o el sexo, en el ciclo de «Paseo nocturno» la violencia se ejerce sin que medie ninguna necesidad relacionada con la subsistencia.

El cuestionamiento del orden social represivo en Brasil y las tramas de violencia generadas por la dictadura constituyen el motivo central de los cuentos de *Feliz ano novo*. Publicado en 1975, es un conjunto de historias que rápidamente atrae los calificativos de «brutal» y «feroz» al centro del debate. No sólo a nivel de lenguaje –sobre todo en la utilización de un léxico agresivo y obsceno–, sino además en la manera en que la violencia, el crimen y la muerte son «cotidianos» y forman parte de la «norma» de la vida social. Según afirmación de Roberto Segre, la particularidad de la configuración espacial de Río de Janeiro radica en que en su evolución, la separación entre los barrios «ricos» y «pobres» ha ido desapareciendo, por la progresiva invasión de los emplazamientos adinerados por los habitantes de los «morros»:

> La dualidad de la ciudad «partida» –solar y *noir*– se generalizó en la región, con la migración masiva de campesinos a las metrópolis, en la segunda mitad del siglo XX. Río de Janeiro escapa a esta tipología generalizada. Al contrario de lo que ocurre en Europa (Nápoles) y en los Estados Unidos (Hollywood), donde los grupos adinerados ocupan los sitios altos, de mayor valor paisajístico, en Río –y también en Caracas y Valparaíso– los pobladores sin recursos se instalan espontáneamente en cerros y colinas, alrededor de la ciudad. A su vez, los ricos extienden sus lujosas mansiones a lo largo del litoral marítimo, en el espacio plano de la costa. Pero la particularidad de la capital carioca es que las colinas (morros) se infiltran libremente en las diferentes áreas urbanas, diluyéndose los límites entre ricos y pobres, entre la ciudad «formal» y la ciudad «informal», convirtiendo lo dual en plural, el árbol en rizoma. (Segre 2001: 44)

Esta particularidad espacial que describe Segre con respecto a Río de Janeiro se incorpora a la econarrativa urbana de Rubem Fonseca, en tanto no existen límites entre los espacios donde se escenifica el drama de la violencia, sino que estos alcanzan por igual a todos los estratos sociales y a todos los espacios de la ciudad. Tal estado de cosas refleja, por otra parte, los cambios ocurridos en el clima social y político en América Latina y la agudización de las tensiones que, en el continente, llevan a la instauración de dictaduras militares. También se han frustrado las esperanzas democratizadoras catalizadas por el triunfo de la Revolución cubana en 1959. El ideal de independencia, antimperialismo e igualdad que atrajo a figuras intelectuales de todo el mundo durante los primeros años de la Revolución se convierte en decepción al revelarse el autoritarismo y la censura ejercidos por el gobierno de la isla, en particular sobre artistas e intelectuales. En 1971, el caso Padilla resulta emblemático en este sentido[16], y marca el alejamiento de intelectuales latinoamericanos que habían apoyado con entusiasmo el proyecto cubano, como Mario Vargas Llosa y Octavio Paz, entre muchos otros. El ideal de «la unidad latinoamericana» al que habían contribuido los escritores del *boom* sufre con ello un duro golpe. La instauración de dictaduras militares en varios países del Cono Sur y la profundización de las desigualdades de clase, la discriminación contra las minorías, etcétera, contribuyeron además a la crisis que enfrenta el continente a partir de la década del setenta[17].

---

[16] En 1968 Heberto Padilla gana el premio de poesía Julián del Casal, de la Unión Nacional de Escritores y Artistas de Cuba, UNEAC, con su poemario *Fuera del juego*. El jurado que otorgaba el premio era internacional, pero al «revisarse» el libro por la UNEAC se dictaminó que este era demasiado crítico, cuando no abiertamente contrarrevolucionario. Esto constituyó el inicio del caso Padilla, quien fue encarcelado en 1971 por la Seguridad cubana y más tarde obligado a pronunciar una «autoconfesión» en la UNEAC, en la que acusaba a sus amigos y hasta a su esposa, Belkis Cuza Malé, de ser «injustos con la Revolución». Véase Alburquerque Fuschini 2001.

[17] En palabras de Diana Taylor: «As artists struggled for self-definition on the one hand, hopes of social, political and economic self-definition and self-government suffered major setbacks on the other. Dreams of viable Latin American alternatives to authoritarianism faded as the Cuban Revolution became increasingly institutionalized and repressive, as U.S. counterinsurgency undermined Latin American governments and waged undeclared wars against native populations, as new right-wing military

Conviene recordar además la pregunta de Andreas Huyssen, cuando analiza los cambios ocurridos en el clima cultural desde principios de los años setenta, acerca de hasta qué punto la acumulación de géneros, códigos, imágenes de las culturas populares y de la moderna cultura de masas afecta a los artistas: «[A]ll modernist and avantgardist techniques, forms and images are now stored for instant recall in the computerized memory banks of our culture. But the same memory also stores all of pre-modernist art as well as the genres, codes and image worlds of popular culture and modern mass culture» (1987: 196).

El lenguaje infoenciclopédico de Fonseca, que se combina con el intertexto y la referencia oblicua, la parodia y la ironía, registra este complejo caótico de imágenes y relaciones en una sociedad donde conviven lo posindustrial y la favela, el espacio futurista de Brasilia con los latifundios de la zona del nordeste. En «Intestino grosso» el recurso ideal para canalizar este tipo de lenguaje es la figura del intelectual, en particular el escritor. En un gesto autorreflexivo, el narrador elige la forma de la entrevista como el medio ideal para establecer un diálogo tanto intratextual como extratextual: si el resto de los cuentos del volumen narran la violencia, en «Intestino grosso» se discute la violencia; si en el resto de los cuentos se utiliza la palabrota, lo marginal y el espacio de lo urbano como escenario del crimen, en este texto final se interpela a las estructuras que propician la represión mediante un lenguaje obsceno. Situado con absoluta pertinencia en el espacio urbano, el narrador de *Feliz ano novo* apunta la imposibilidad de seguir escribiendo sobre los sertones y la mitología de los espacios rurales: «Eu nada tenho a ver com Guimarães Rosa, estou escrevendo sobre pessoas empilhadas na cidade enquanto os tecnocratas afiam o arame farpado» (1989: 173)[18]. Siguiendo la lógica de Raymond Williams, el espacio mítico-heroico de *Gran sertón: veredas* constituiría la sublimación del espacio agrario brasileño en un

---

dictatorships (beginning in Brazil in 1964) rose up yet again throughout most of the South American continent. These years brought to a head –to a crisis– Latin America's unresolvable tensions and contradictions» (1991: 6).

[18] Fonseca dialoga con la tradición literaria que hizo del sertón, el espacio semiárido del Nordeste brasileño, el espacio épico y mítico de obras como *Gran sertón: veredas* (1956), de João Guimarães Rosa.

momento en que el predominio de lo urbano equivale a la modernización y lo rural queda relegado como un espacio premoderno e idealizado[19]. Ya antes el narrador se había referido a otro autor fundacional de la literatura brasileña, Machado de Assis[20], para decir que «no sabe, ni quiere» escribir como él, menos para complacer a los dueños de las editoriales y los directores de los diarios, cuando la ciudad en que vive no tiene nada que ver con el paisaje romántico ni con amores pastoriles: «Eles queriam os negrinhos de pastoreio, os guaranis, os sertões da vida. Eu morava num edifício de apartamentos no centro da cidade e da janela do meu quarto via anúncios coloridos em gás néon e ouvia barulho de motores de automóveis» (1989: 164).

El *alter ego* de Fonseca expresa sus opiniones acerca de la tradición literaria nacional, latinoamericana y europea, desde una perspectiva crítica que va contra cualquier presupuesto de unidad, armonía y ausencia de conflictos. Por ejemplo, cuando se le pregunta «si existe una literatura latinoamericana», responde: «Não me faça rir. Não existe nem mesmo uma literatura brasileira, com semelhanzas de estrutura, estilo, caracterização, ou lá que seja. Existem pessoas escrevendo na mesma língua, em português, o que já é muito e tudo» (1989: 173).

En el mismo párrafo, y en una larga tirada, expresa la crítica al «desarrollismo» y a la ciencia, en tanto responsables de una visión deformada del continente y de la instauración de modelos civilizatorios que destruyen el equilibrio natural. Vale decir que en el texto de Fonseca, como en la ecopoesía de Jaime Quezada, no existe una crítica a la ciencia como entidad abstracta que produce conocimiento: la crítica se dirige a la aplicación de modelos científicos con fines utilitarios. Este tipo de modelos, por una parte, desconoce la realidad

---

[19] Para un desarrollo pormenorizado de esta tesis, véase Leitão 1992.

[20] Joaquim Maria Machado de Assis (Río de Janeiro, 1839-1908) es considerado el mayor prosista brasileño del siglo XIX y uno de los grandes de la literatura en portugués. Inicialmente influido por el romanticismo y por la visión romántica del paisaje, con las *Memorias póstumas de Brás Cubas* (1881) Machado introduce en la literatura brasileña un particular realismo y una aguda percepción de lo urbano y de las clases sociales del Brasil de su tiempo. Según Antonio Benítez Rojo, con Machado de Assis se produce el tránsito del «paisaje al hombre como protagonista» (1973: 1).

humana y cultural del mundo que pretende explicar; por otra, justifica la destrucción del medio ambiente y la desaparición de especies animales como «males necesarios» del avance científico y tecnológico. Ileana Rodríguez, en *Transatlantic Topographies*, señala: «In judging what is or makes modern, the critical difference between colonial and postcolonial scholars is not the scientific but the utilitarian aspect of the colonial enterprise» (2004: 25). Es esta perspectiva de «desarrollo», vinculada al consumismo y a la extinción de especies animales lo que provoca la crítica del escritor ficticio entrevistado en «Intestino grosso»: en primer lugar, arremete contra «algunos científicos cretinos, ingleses y alemanes» que sustentaban la tesis de que era imposible construir un mundo civilizado «más abajo del Ecuador». Luego pasa a criticar cómo, siguiendo esta idea foránea de «civilización», se desarrollan en América Latina sociedades en que la aspiración a lo «moderno» pasa por la construcción de focos civilizatorios en los que la contaminación acompaña a la industrialización, el hacinamiento y la marginalización de las favelas; concluye relacionando todo lo anterior con la extinción de especies animales y reafirmando la idea de que la idealización de lo rural queda descartada como forma de expresar las contradicciones del presente:

> Até ontem o símbolo da federação das Indústrias do Estado de São Paulo eram três chaminés soltando grosso rolos negros de fumaça no ar. Estamos matando todos os bichos, nem tatu agüenta, várias raças já foram extintas, um milhão de árvores são derrubados por dia, daqui a pouco todas as jaguatiricas viraram tapetinho de banheiro, os jacarés do pantanal viraram bolsa e as antas foram comidas nos restaurantes típicos, aqueles em que o sujeito vai, pede capivara à Thermidor, prova um pedacinho, só para contar depois aos amigos, e joga o resto fora. Não dá mais para Diadorim. (1989: 173)[21]

No es casual la ubicación de «Intestino grosso» al final de un volumen de cuentos como *Feliz ano novo*. Por un lado, remite a las funciones

---

[21] Diadorim es uno de los protagonistas de la novela *Gran sertón: veredas*, de Guimarães Rosa.

corporales que ocupan, desde la Edad Media, el lugar de lo «bajo» en un eje de valores simbólicos que sitúa lo espiritual y sublime en un registro «elevado». Como en *Gargantúa y Pantagruel* de Rabelais, la sátira, lo violento y lo escatológico sirven para poner el mundo al revés. La intención es precisamente resistirse a los mecanismos de control que ocultan la corporalidad como lo «indecente», mientras ejercen la vigilancia sobre los cuerpos de los ciudadanos. La función del intestino grueso está directamente relacionada con la digestión y con los desechos producidos por el cuerpo, y se sitúa por tanto al final del proceso de alimentación, una vez que se han asimilado los nutrientes necesarios. La ubicación del cuento sugiere, en primer lugar, tanto el sentido de culminación de un proceso, como la necesidad de entablar un diálogo de reflexión sin el cual la lectura carece de sentido: no es un tipo de reflexión «dulce et utile», sino una que, como los desechos y lo marginal, agrede, resulta incómoda. El autor ficticio explica cómo el eufemismo y la censura se conjugan para ocultar la «realidad» de la existencia humana y de los problemas sociales, a través de la espectacularización de las experiencias humanas más definitorias, como la muerte. Esta negación de los ciclos naturales de la vida se relaciona de manera directa con lo espectacular y la tecnología:

> vai sendo escondida uma coisa cada vez menos mencionável, que é a morte como um processo natural, resultante da decadência física, que é a morte pornográfica, a morte na cama, pela doença –e que se torna cada vez mais secreta, abjeta, objecionável, obscena. A outra morte –dos crimes, das catástrofes, dos conflitos, a morte violenta, esta fez parte da Fantasia Oferecida às Massas pela Televisão hoje... (1989: 172-173)

Según Flora Süsekind, hubo tres etapas que distinguieron la política cultural durante la dictadura en Brasil: la primera de ellas situada entre 1964 y 1968, caracterizada por el desarrollo de los medios de comunicación masiva, en especial de la televisión; además, por la limitación del campo de acción de la izquierda opositora, cortando sus contactos con el pueblo a través del control de los medios y de la instauración de la «estética del espectáculo». Invisibles en estas redes mediáticas, los intelectuales de izquierda se ven reducidos a mantener «un diálogo de comadres» que no trasciende los límites impuestos por el régimen militar (Süsekind 1985: 258-259).

En la segunda etapa, de 1968 a 1976, se impone «el imperio del miedo», y se fortalece la censura: «Para cada um constrói-se habilmente um temível anjo da guarda. Há um agente do SNI em cada canto[22]» (Süsekind 1985: 162). Con respecto al panorama editorial, afirma la autora: «No que se refere aos libros, é interessante notar que foi sobretudo a partir de 1975 que as restrições se tornaram mais rigorosas» (Süsekind 1985: 163). Al mismo tiempo que crece el interés del público lector por la producción literaria nacional, y esta se incrementa y diversifica, se arrecia la acción de la censura, que, desde luego, abarcó cualquier manifestación cultural que se pronunciara contra el *status quo*, e incluyó también y de manera muy especial la música, según evidencia Alberto Moby: «A política do regime militar –desmantelar e pulverizar a cultura brasileira– dedicou minuciosa atenção à área da música, detectada como sendo a forma de expressão preferida da juventude, e aquela com maior eficácia e aglutinação (comprovada nas canções de protesto)...» (Moby 1994: 128).

La tercera etapa, fijada a partir de 1976, se distingue sobre todo por la conjugación de la represión y la censura con el intento de controlar la producción intelectual del país mediante una «Política Nacional de Cultura» que enfatiza la «necessidade de revalidação do patrimônio histórico e científico brasileiro» (Süsekind 1985: 264), así como el papel del Estado como «guardián de la cultura nacional», de la tradición y de la memoria. Se abren las instituciones culturales a fin de dar empleo a intelectuales de la oposición, lo que los pone «entre la bendición o la pérdida del plato», entre retirar sus obras de la circulación u otorgarles premios y facilitarles becas. Como afirma Süsekind, lo que interesa es dar la visión de *un* Brasil homogéneo y eterno, crear una imagen que «tende a ocultar fraturas e divisões, a construir identidades e reforçar nacionalismos pouco críticos» (1985: 267). Justo lo contrario de lo que se propone Fonseca en sus textos. Con estos elementos, empieza a hacerse claro por qué se prohíbe la circulación de *Feliz ano novo* el mismo año

---

[22] El SNI es el «Serviço Nacional de Informações», o sea, el servicio de inteligencia creado por el gobierno represor de Castelo-Branco en 1964.

de su publicación, ese 1975 en que se agudiza la censura editorial, y se le abre un juicio al autor por «ofender la moral y las buenas costumbres»[23]. Los mecanismos con que opera la censura son expuestos por el *alter ego* recalcitrante de Fonseca en su texto, lo que añade aún más controversial su econarrativa de lo violento y su crítica del proceso civilizatorio que encarna en la dictadura.

No falta en «Intestino grosso» el planteamiento humanista –aunque expresado de manera heterodoxa– que defiende el papel del arte en la salvación de la vida en el planeta, así como la crítica hacia el tipo de pensamiento tecnocrático que genera la violencia contra la sociedad humana y el medioambiente: «Eu gostaria de poder dizer que a literatura é inútil, mas não é, num mundo em que pululam cada vez mais técnicos. Para cada Central Nuclear é preciso uma porção de poetas e artistas, do contrário estamos fudidos antes mesmo da bomba explodir» (1989: 173).

El sarcasmo y la ironía del narrador fonsequiano alcanzan los temas de la censura, la relación entre editoriales y autores, la discusión acerca de la pornografía y el lenguaje literario, en un contexto de violencia urbana y crisis social. La econarrativa urbana de Rubem Fonseca se instala plenamente en el espacio de la gran ciudad para señalar, a través de un lenguaje violento y una postura irreverente, las fallas de un sistema que convierte a las personas en víctimas o victimarios. (Esta perspectiva apunta a una concepción similar a la que estudiaré en determinados cómics surgidos en México a finales de la década de los ochenta, en el capítulo siguiente). Fonseca otorga a lo vulgar una función de catarsis ante la represión y el control social que se ejerce sobre el individuo; por ello se refiere a lo espectacular como mecanismo de dominio y a la vigilancia del Estado represor sobre los ciudadanos. El cuento se cierra

---

[23] Rubem Fonseca responde a su vez presentando una demanda, en la que actúa como perito el miembro de la Academia Brasileña de Letras Afrânio Coutinho. El texto de defensa que escribe Coutinho, titulado *O erotismo na literatura (O caso Rubem Fonseca)* se basa en el estudio de la presencia del erotismo, la violencia y las «malas palabras» en la literatura occidental, documentado con una amplia bibliografía; Coutinho acentúa los valores artísticos intrínsecos de la obra de Fonseca y sobre todo, establece una relación entre la obra y el medio social donde se origina. El texto de defensa fue presentado en Río de Janeiro el 15 de enero de 1979. Sólo en 1989 el Tribunal Regional Federal «liberó» la obra para su publicación y circulación en Brasil.

con un diálogo entre el entrevistador y el editor, en que el primero dice: «Esses escritores pensam que sabem tudo» y el editor responde: «É por isso que são perigosos» (Fonseca 1989: 174).

Del otro lado del Atlántico, el novelista José María Merino construye una econarrativa agraria en su novela *El lugar sin culpa*, del 2007. Aunque no se menciona el nombre en la novela, por los detalles que ofrece Merino se sabe que la trama se desarrolla en la Isla de Cabrera; esta pertenece al archipiélago del mismo nombre y al municipio de Palma de Mallorca. Es una reserva protegida, adonde la bióloga Ángela Gracia, la protagonista, ha huido en busca del olvido y la evasión con el pretexto de realizar un proyecto de investigación sobre las especies del lugar. El deseo de encontrar un refugio de las situaciones que la angustian (una madre enloquecida, una hija que ha desaparecido, un matrimonio sumido en la rutina) lleva al personaje a querer identificarse con las lagartijas, con la vegetación, no razonar, habitar el espacio del no tiempo y la no memoria:

> en las lagartijas había una llamada de la propia isla, que la reclamaba a través de ellas, hazte como nosotras, ven con nosotras, entra en este espacio que sólo tiene pequeñas memorias de lo concreto, de lo reciente, abandona ese destino en el que se entrelazan tantas desazones, esa tortura del sentir humano, elige algo de aquí, ser pino, acebuche, sabina, dejarte acariciar por el viento, el ascenso de la savia ni gusta ni duele... (2007: 10)

La Isla de Cabrera es en la actualidad un parque natural y tiene una historia peculiar: se dice que allí nació Aníbal, el general cartaginés que puso sitio a Roma; en la isla estuvo el primer campo de concentración de que se tiene noticia, al ser enviados y abandonados allí un grupo de prisioneros franceses luego de la derrota de Bailén, en 1808. Durante la Primera Guerra Mundial se establece en el sitio una base militar, lo que ha contribuido a mantenerlo protegido del turismo y a conservar su flora y fauna[24].

La singularidad de este espacio –en un mundo donde el desarrollo de los medios de transporte y comunicación, el turismo y la sobrepoblación

---

[24] Tiene, desde luego, su propio espacio virtual en la web: <http://reddeparquesnacionales.mma.es/parques/cabrera/home_parque_cabrera.htm>.

de las ciudades hace casi imposible la experiencia del aislamiento real– lo convierte en una Arcadia postmoderna, en el retiro ideal: es un ambiente protegido, con escasos habitantes. Así la describe el narrador:

> Una isla diminuta perdida en el mar, un enorme peñasco reseco donde la vegetación menor se desperdiga dificultosamente en buena parte de la superficie, y la vegetación arbórea debe buscar el amparo de ciertas laderas y vaguadas para perdurar en pequeños agrupamientos boscosos. El mejor cobijo para quien no busca sino el aislamiento, la desmemoria, un silencio que cubre hasta los mínimos rumores de la conciencia... (Merino 2007: 11)

Pareciera que Merino se hubiera propuesto un regreso al *beatus ille* horaciano, sobre todo cuando opone al silencio y la paz de la isla el ruido del tráfico y los conflictos de convivencia de la doctora Gracia: «pero tú estás aquí abajo, en la tierra firme, no en esa casa de la ciudad a la que llega continuamente el ruido del tráfico en la avenida, no en la sala a la que tu madre, en la demencia, llama a menudo para insultarte, no en el cuarto vecino al de una hija arisca, que desde que se hizo adolescente nunca te mostró afecto...» (2007: 13).

A esta idea se suma la identificación entre el personaje femenino y la naturaleza, en un gesto de procedencia romántica[25]: la mujer como fuente de vida, como sublimación de lo virginal y de lo instintivo. También establece una relación con los postulados de la ecología profunda, en particular los que afirman la primacía de lo natural y una visión ecocéntrica, en la que la verdadera esencia humana sólo se alcanza mediante el contacto con lo agreste, con los espacios abiertos, lejos de la «civilización»: en resumen, un ejemplo típico del discurso pastoralista de evasión que critican ecologistas sociales como Murray Bookchin y

---

[25] Sobre la importancia del espacio en su narrativa, señala Merino: «Para los románticos, el lugar era lo desolado, la tristeza, la playa, la montaña, en fin, siempre había un elemento psicológico, de alegría o de pesar o de júbilo, frente el paisaje. Pues a mí me parece que el paraje, el lugar, es un personaje, y yo en la novela he querido que la isla sea uno de sus personajes» (entrevista con Tania Pérez Cano, inédita).

Andrew Ross[26]. Sin embargo, el desarrollo de la trama desmiente esta suposición: el aparente equilibrio de vida en la isla se rompe cuando una noche llega un barco con el cadáver de una joven encontrado en el mar. Este episodio provoca que la doctora Gracia recupere la conciencia de la necesidad de enfrentar los conflictos de los que ha intentado escapar. El temor de que se trate de su hija, a quien nunca ha vuelto a ver desde que la muchacha huyó de su casa, la lleva a cuestionarse la posibilidad de vivir en un microcosmos donde no existen el dolor o la memoria.

Por otro lado, a través de los personajes del arqueólogo, el militar y la doctora, la novela explora los conflictos entre las necesidades humanas y la implementación de tecnologías que protegen el medio ambiente. Un ejemplo es la discusión acerca del grupo electrógeno que proporciona el alumbrado en la isla:

> El arqueólogo se quejó una vez, ante el Apuesto Oficial que manda el destacamento militar, de esa contaminación permanente, que parece una burla al paraje natural protegido por tantas leyes y ordenanzas. Pero ese equipo electrógeno es el que instaló en su día la Autoridad competente, recordó el teniente, y además todos ustedes dependen de él para el consumo eléctrico de sus lámparas y laboratorios [...], si ustedes quieren mando parar el motor, y el arqueólogo mostró el gesto fastidiado de quien no tenía argumentos... (2007: 31)

---

[26] A Murray Bookchin (1921-2006) se lo considera el fundador de la ecocrítica social. Tanto en *The Modern Crisis* (1986) como en otros textos suyos plantea una crítica de las posiciones esencialistas que ignoran las causas sociales de la crisis ecológica. Andrew Ross (1956) también representa la ecología social, y en *The Chicago Gangster Theory of Life* (1994) critica de manera radical la desigual distribución de riesgo ecológico y la evasión de cierto pastoralismo que ignora los mecanismos económicos subyacentes al fenómeno. Luego de presentarse como «a city dweller who does not regard himself as much of nature-lover», señala que en el SoHo «Gourmet Green is the flavor of every month», para continuar con sarcasmo: «If Mother Earth shops anywhere, it's here. But she better have good credit —nontoxic things have other ways of burning a hole in your pocket. [...] For one thing, their low cost depends upon heavily subsidized energy drawn from nonrenewable resources. As long as the true costs of production are externalized, consumer markets will continue to inflate the price of sustainable commerce while maintaining the depressed costs of the daily poison sold to lower-income consumers» (1996: 1-2).

El arqueólogo, «el Hombre de los Tesoros», el militar, el «Apuesto Oficial», y la doctora, representan las instituciones humanas que han influido en el medioambiente de la isla. A través de ellos se introducen en el texto las reflexiones sobre la historia y los modos en que las acciones de los seres humanos tienen repercusiones en los espacios naturales. Este es, además, uno de los medios que utiliza el narrador para revelar las interacciones entre los conflictos individuales, las decisiones contingentes y las transformaciones que estos ocasionan a largo plazo. El teniente, en este caso, explica cómo factores políticos influyeron en el destino de la isla como espacio natural:

> Sin el ejército, que expropió la isla con motivo de la Gran Guerra y que mantiene en ella un destacamento, ni las focas ni los arqueólogos tendrían nada que hacer. Sobre todo, los arqueólogos. La isla volvería a manos de los descendientes de los antiguos propietarios, que en los tiempos que corren no iban a dejar este terreno sin explotar, construirían aquí un complejo turístico de lujo, llenarían este lugar de hoteles y viviendas de recreo, pues menudo sitio es el de las ruinas paleocristianas para instalar un restaurante. (2007: 40)

Mientras tanto, el arqueólogo explica cómo ni siquiera el estatus «protegido» de la isla ha sido suficiente para impedir el deterioro de su ecosistema:

> El ecosistema de las focas desapareció de estos terrenos hace siglos, y la isla no está lo suficientemente alejada de la isla mayor, de las rutas habituales de pesca y ocio, como para garantizar su supervivencia; incluso, si sobreviven, habría que controlar su reproducción, tampoco esto es el reino de la abundancia piscícola. Y yo estoy muy agradecido a la subvención que me permite llevar adelante las excavaciones, pero a lo largo de los años esas ruinas han sido escudriñadas hasta que no han dejado prácticamente nada. (2007: 41)

Los dos personajes hacen referencia a problemas críticos relacionados con la realidad presente: el efecto negativo del turismo y la sobreexplotación de los recursos naturales, y en general la actitud pragmática que pone siempre en primer lugar el beneficio económico sin considerar las consecuencias, entre ellas, la del «efecto bumerán» que señalan tanto Ulrich Beck como Jorge Riechmann, en *Risk Society* y «¿Cómo cambiar hacia sociedades sostenibles?», respectivamente. Un estudio del año 2011 que evalúa la problemática medioambiental en Europa señala los conflictos de interés entre el desarrollo del turismo como fuente importante de ingreso y el daño que este ocasiona en el ecosistema marino. El efecto bumerán tan mencionado se revela en el hecho de que la industria se ve perjudicada cuando escasean los turistas, quienes acuden justamente en busca de playas no contaminadas:

> The coast is an important and dynamic environment for many reasons, the most obvious being tourism development. The urban sprawl across southern France, Mediterranean Spain and Portugal and associated islands produces an intriguing conflict of interests. People have developed the coast largely because of the quality of the sea. Unfortunately, the developments themselves produce waste, erosion and sewage. Some of this material has ended up in the sea, damaging the water quality of the bathing waters that people came to enjoy. Important research, notably in the 1990s, demonstrated that there was a strong link between bathing water quality and ill health. These scientific findings, together with the impact of pressure groups, produced: (i) revised bathing water requirements (the BWD); and (ii) the Blue Flag categorization of beaches, which looks beyond water quality to include an assessment of facilities, communication and management. Within Europe, the largest numbers of Blue Flags awarded are, in order, to Spain, Greece, France, Denmark and Italy[27]. (McDonald 2012: en línea)

La incorporación de la historia y de cuestiones urgentes de la realidad exterior al texto, como las que se detallan en la cita anterior, constituyen

---

[27] El sitio oficial de Blue Flag en su sección de Historia (<http://www.blueflag.org/Menu/History>) señala el origen y los objetivos del programa: «The concept of the Blue Flag was born in France. In 1985, French coastal municipalities were awarded with the Blue Flag for complying with sewage treatment and bathing water quality criteria. In 1987, the «European Year of the Environment», the Foundation for Environmental Education in Europe (FEEE) presented the French concept to the European Commission, and the Blue Flag Programme was launched as one of the year's community activities».

una de las formas en las que se articula el código realista en *El lugar sin culpa*. A esto se añade la valoración de la experiencia como argumento de autenticidad en el discurso narrativo del autor. En la citada entrevista de octubre de 2011, Merino afirma: «Para mí la isla tenía sentido, primero porque fue una isla que yo conocí. Muchas de las cosas que cuento en la novela las viví». Es decir, en sus comentarios sobre el texto el autor integra el discurso histórico y el discurso de la experiencia como formas de legitimar la validez de su ficción. Son estos mismos discursos los que incorporan en la novela tanto el cuestionamiento existencial y la dimensión humana, individual, como la perspectiva crítica que reescribe lo pastoral y desmonta el discurso del *beatus ille*. En su análisis acerca de la persistencia del motivo pastoral en la interpretación de las relaciones humanas con el medioambiente, Terry Gifford explica cómo esa recurrencia se debe a su versatilidad, en el sentido de que proporciona un modo de reflexionar acerca de los problemas de cada época, desde diferentes posiciones estéticas o ideológicas, ya sea desde una perspectiva social o individual, pero siempre respondiendo a los propios conflictos y tensiones del momento particular en que se sitúa quien elabora el discurso:

> So the pastoral can be a mode of political critique of present society, or it can be a dramatic form of unresolved dialogue about the tensions in that society, or it can be a retreat from politics into an apparently aesthetic landscape that is devoid of conflict and tension. It is this very versatility of the pastoral to both contain and appear to evade tensions and contradictions –between country and city, art and nature, the human and the non-human, our social and our inner selves, our masculine and feminine selves– that made the form so durable and so fascinating. (Gifford 1999: 11)

La reescritura de lo pastoral en la novela de Merino establece conexiones entre los ámbitos de lo personal, lo cotidiano y el carácter tanto simbólico como físico de lo natural. Su econarrativa de lo agrario responde a cuestionamientos de tipo existencial, y a problemas como la incomunicación y la soledad, la falta de relaciones interpersonales auténticas, el carácter fugaz de la existencia humana y la búsqueda de la felicidad. En otras palabras, a diferencia de lo «pastoral sentimental», «is able to explore the present, or imagine an alternative future». Y a continuación Giffords señala cómo: «It is because retreat is a device for reflecting upon the present that the pastoral is able to "glance at greater matters", as George Puttenham, writing in 1589, put it» (Gifford 1999: 46). Resulta significativo el hecho de que Merino, en un volumen de cuentos como *Las puertas de lo posible*, publicado en el 2008, desarrolle una perspectiva más cercana a lo apocalíptico y a un tipo de imaginación distópica, en la que los conflictos de los personajes –nuevamente de tipo íntimo o familiar– se desarrollan en un futuro en el que ya no existen los ríos, donde las playas han sido sustituidas por imágenes virtuales y donde la capacidad de manipular genéticamente el cuerpo humano va pareja con la infelicidad y el vacío existencial. El futuro que se vislumbra en *Las puertas de lo posible* no sólo cuestiona la posibilidad de la existencia en armonía con la naturaleza, sino que anula esa posibilidad misma.

Sin dudas, la perspectiva de Merino en *El lugar sin culpa* responde a un contexto muy diferente del que se ha analizado con respecto a las econarrativas urbanas de Julio Ramón Ribeyro y Rubem Fonseca. Después del fin de la dictadura de Franco, como ya se ha dicho, España comienza su transición hacia la democracia no sin conflictos y tensiones; no obstante, se abre un período de apertura y recuperación económica. A partir de 1986, cuando el país se incorpora a la Comunidad Económica Europea, el proceso de estabilización se hace más notable, en particular en lo que respecta a la economía, con el desarrollo del turismo como actividad fundamental. En 1992, las celebraciones por «el encuentro de las culturas» y de los Juegos Olímpicos en Barcelona marcan el nuevo estatus de España dentro del ámbito internacional, después del aislamiento que experimentara durante los años de la dictadura franquista. Ciudades como Madrid y Barcelona, así como las Islas Canarias y las Baleares, se convierten en sitios privilegiados del turismo internacional. La relativa estabilidad de la sociedad española, dentro de un proceso de «modernización» capitalista, alcanzado luego de décadas de ajustes y negociaciones tanto políticas como económicas, influye de manera favorable en el desarrollo de una clase media de la que forma parte Merino. No significa que no existan tensiones entre el creador y el sistema: entre estas, un sentimiento de decepción con respecto al estado actual de la civilización humana que incluye no sólo la crisis medioambiental, sino lo que el autor percibe como una crisis de los valores democráticos en la sociedad española actual; a ello se suma el fracaso de las revoluciones rusa y cubana, y sobre todo, la sensación de que no hay salida: es lo que lleva al autor a afirmar, en la ya mencionada entrevista inédita, que «vivimos en un mundo oscuro».

Situado dentro de una tradición humanista, Merino vincula la actual crisis ecológica con el desarrollo tecnológico disociado de las necesidades básicas de los seres humanos –tanto materiales como espirituales–; el microcosmos de lo familiar constituye, en esta perspectiva, el lugar desde donde se manifiestan las conexiones entre el ser interior y la sociedad, la naturaleza y la época en que se vive. El personaje de Ángela Gracia revela esta conexión en la evolución que experimenta. Las páginas finales de *El lugar sin culpa* retoman las palabras con que se inicia la novela: «Hay una lagartija sobre el alféizar», pero sólo para indicar que se ha producido una transformación, y es que Ángela se reconoce como entidad capaz de cambiar su entorno a través de la comunicación: «Estoy despierta y soy otra vez tiempo, y dolor del tiempo, piensa, y estoy de nuevo en mi casa...» (2007: 166). Esta transformación conlleva una opción, que es la de asumir la realidad con todos sus conflictos. Lejos de querer anularse en la identificación con lo natural, la doctora piensa: «esa lagartija soy yo, era yo, empezaba a ser yo en esta isla que me recibió sin rechazo ni amor, en este lugar sin culpa donde debería haber acabado disolviéndome» (2007: 166).

Lo anterior no se contradice con el protagonismo –también de relieve en las descripciones detalladas de la geografía o la utilización de los nombres precisos de las plantas– de lo natural en la novela; en esta reescritura de lo pastoral más bien se expresa el sentido de maravilla ante la capacidad de regeneración de la naturaleza y la conciencia de que existe una relación interdependiente entre los seres humanos como agentes de transformación de lo natural y como parte integrante del entorno. Es por eso que el personaje de Ángela, al conocer la historia de la isla, concluye que «... la piel de la isla acabará recubriendo todas las pieles que el artificio humano pueda ponerle encima, por muchas que puedan ser y muy sólidas que parezcan» (2007: 41). Según Gifford, este es uno de los elementos que identifican la literatura post-pastoral: «Fundamental to post-pastoral literature is an awe in attention to the natural world. Such a respect derives not just from a naturalist's intimate knowledge or a modern ecologist's observation of the dynamic of relationships, but from a deep sense of the immanence in all natural things» (1999: 152).

Más importante si cabe, sin embargo, es cómo la ficción de Merino, al tiempo que presenta lo pastoral como evasión, deconstruye el canon a partir de la evolución de su protagonista, al mostrar las complejas relaciones entre la visión de la naturaleza como cultura (la isla como refugio de conflictos existenciales) y de la cultura como resultado de la relación con lo natural: sólo a través de la experiencia del aislamiento Ángela se reconcilia consigo misma y con su familia[28].

A los registros de lo pastoral[29] y lo realista se suman otros que la crítica ha señalado como característicos de la ficción de José María Merino: la creación de un mundo narrativo en el que lo onírico, lo fantástico y lo mítico se integran a la realidad cotidiana es uno de ellos. Irene Andrés-Suárez y Ana Casas señalan que: «José María Merino ha sabido crear un mundo de ficción en el que la realidad cotidiana convive junto al

---

[28] Al respecto, véase Gifford: «the fourth quality of post-pastoral literature is to convey an awareness of both nature as culture and culture as nature» (1999: 162).

[29] El diálogo con la tradición que supone el discurso pastoral se amplía con la inclusión de referencias y comentarios sobre la literatura y sus géneros; por ejemplo, cuando el arqueólogo dice que la isla es: «Un escenario ideal para una novela con un crimen enigmático, difícil de desentrañar...» (2007: 54). La referencia podría sugerir un homenaje a *La invención de Morel*, publicada en 1940 por Bioy Casares: también en ella se crea un ambiente enigmático, misterioso, que mantiene la tensión dramática; sin embargo, algo más adelante el narrador se vale de la alusión para expresar un juicio de valor acerca de las novelas policíacas: «lo policíaco, la mayoría de las veces, es un truco para mantener el interés de una ficción que no se sabe defender dignamente de otro modo» (2007: 54). En *Las puertas de lo posible* se incluye un relato titulado «En la isla de Moró» que dialoga, desde luego, con *The Island of doctor Moreau* (1896), la novela de ciencia ficción de H. G. Wells. En el relato de Merino el doctor Moró es un empresario sin escrúpulos, que considera que «Toda catástrofe [natural] es anuncio de negocios» (2007: 154). El doctor muere a manos de uno de los robots que tiene a su servicio, de modo que las propias maquinarias que le han servido para ejercer el poder le acarrean la muerte.

universo misterioso de la imaginación. La endeble frontera que separa ambos espacios –el real y el fantástico– y las inagotables sugerencias que se derivan de dicho contraste impiden cualquier tipo de interpretación unívoca» (Andrés-Suárez & Casas 2005: 7). Por ejemplo, entre las leyendas relacionadas con la Isla de Cabrera se cuenta la del fantasma del piloto alemán que se estrelló y fue enterrado allí, en el mismo lugar en que recibió sepultura un ahogado; se dice que la familia del aviador se llevó a Hamburgo el cadáver del ahogado en lugar del suyo. Merino se vale de esa leyenda para crear el consabido sentimiento de duda entre lo real y lo imaginario que plantara Tzvetan Todorov en su *Introducción a la literatura fantástica*, de 1970; en la novela, cuando se cuenta el descubrimiento del cadáver de la muchacha, y la doctora regresa a su casa en la noche, le parece ver al fantasma en la entrada. Esta experiencia desencadena el recuerdo del anillo que ha visto en la mano de la joven ahogada y que la lleva a suponer que es su hija. El narrador insinúa que la visión pudo ser el resultado del cansancio o la sugestión por el contacto reciente con la muerte, pero es en este momento que se inicia la recuperación por parte de Ángela de su pasado y de su memoria. También se produce una mudanza en la manera en que se percibe el paisaje, que de entidad protectora pasa a ser amenazante: «el aullido del viento representa el eco del bosque solitario, de los escollos desnudos, de los acantilados inhóspitos» (2007: 80).

Entre el realismo y la alegoría:
modos de narrar la crisis ecológica

Se ha visto cómo Julio Ramón Ribeyro emplea tanto el código realista como el alegórico: describe de manera realista la manera en que los dos niños de la historia hurgan en los latones de basura para subsistir, sufren la tiranía del abuelo y la miseria de su condición social; y al mismo tiempo, el título del relato alegoriza la condición de los muchachos, manifestando su animalización por parte de una sociedad excluyente que propicia la pérdida de la humanidad: «Pronto formaron parte de la extraña fauna de esos lugares y los gallinazos, acostumbrados a su presencia, laboraban a su lado, graznando, aleteando, escarbando con sus picos amarillos, como ayudándolos a descubrir la pista de la preciosa suciedad» (1994: 23).

Ribeyro no deja de sugerir que la deshumanización alcanza tanto a los reprimidos como a los represores cuando en la escena final sugiere que el abuelo es devorado por el cerdo, él mismo convertido en desechos. De esta manera, dentro de una narración considerada típicamente «realista», Ribeyro asigna un valor simbólico a la basura, efectuando lo que Buell (2001: 52-53) llama «metaphorization of waste». El discurso narrativo del autor peruano genera una concentración de imágenes en torno a lo desechable que aluden no sólo a su materialidad, sino también a su condición de símbolo de la sociedad moderna.

Como ya se ha analizado, a esta posición marginal y al mundo degradado del basurero Ribeyro contrapone la imaginación y la fantasía infantil; en cualquier caso, los tropos de la basura y lo animal tienen un carácter negativo, que llega hasta lo grotesco cuando el narrador dice que «Al comenzar el invierno, el cerdo estaba convertido en un monstruo insaciable» (1994: 23). El cuento de Ribeyro refleja la permanencia de modos de vida agrarios en el espacio urbano y la necesidad de asimilar tanto esa convivencia como sus resultados alienantes. De ahí que represente al cerdo como un «monstruo» pero que también le otorgue un nombre, Pascual. El animal es una presencia que, como la ciudad, asume características humanas cuando se le personifica y una apariencia monstruosa cuando se transforma no ya en un ser vivo, en una entidad natural, sino en una «cosa» que produce dinero, en una mercancía. En el texto de Fonseca se representa a los animales como víctimas de una sociedad industrializada que se ha separado totalmente de la naturaleza. La nostalgia ribeyriana ha sido sustituida por la visión descarnada del escritor brasileño acerca de la «modernización» periférica[30].

---

[30] Esta perspectiva de Fonseca coincide con la del documental *Food Inc.*, del año 2008, dirigido por el norteamericano Robert Kenner. Ejemplo típico del «discurso tóxico» que acude al «moral melodrama» (2001: 47), el trabajo de Kenner muestra la industrialización de la agricultura norteamericana, abusiva tanto con los animales como con los trabajadores, y los convierte a ambos en víctimas; son tratados como mecanismos de un engranaje que tiene como único objetivo el beneficio económico. El filme hace énfasis en cómo se distorsiona la realidad de la producción de alimentos

Julia Kristeva, en *Los poderes de la perversión*, señala cómo el rechazo a lo inmundo, a los desechos, al cadáver, forma parte de la necesidad de afirmación como ser vivo del individuo, que incluye el establecimiento de límites entre la vida y la muerte, entre lo sano y lo enfermo: «No es por tanto la ausencia de limpieza o de salud lo que vuelve abyecto, sino aquello que perturba una identidad, un sistema, un orden. Aquello que no respeta los límites, los lugares, las reglas. La complicidad, lo ambiguo, lo mixto» (1988: 11). La presencia de la basura en el texto ribeyriano, en su dimensión alegórica, alude a la parte «enferma» de la ciudad, a lo que contamina el mundo de la niñez con la crueldad y la deshumanización[31]. Esta es la parte que Ribeyro rechaza en su visión de la Lima moderna: lo que la ciudad tiene de «abyecto», de perturbador e incomprensible. A ello se debe el deseo de ocultar a los ojos de la parte «sana» de la sociedad esta impureza, esta «enfermedad». En «Los gallinazos», Ribeyro describe la represión ejercida sobre los niños cuando revelan el escándalo de la suciedad en el espacio de la ciudad ocupado por los estratos sociales «nobles»:

> Después de una rigurosa selección regresan la basura al cubo y se lanzan sobre el próximo. No conviene demorarse mucho porque el enemigo siempre está al acecho. A veces son sorprendidos por las sirvientas y tienen que huir dejando regado su botín. Pero, con más frecuencia, es el carro de la Baja Policía el que aparece y entonces la jornada está perdida. (Ribeyro 1994: 22)

---

a través de imágenes idílicas, «pastorales», de los agricultores en los Estados Unidos, mientras se oculta que esta imagen responde a los intereses de grandes corporaciones que controlan la industria. El peligro de la utilización de químicos en el procesamiento de los alimentos, que escapa a la percepción del consumidor medio, es uno de los motivos recurrentes del discurso tóxico desde *Silent Spring* (1962), de Rachel Carson.

[31] Roberto Segre se refiere a la «configuración viscosa» de las ciudades latinoamericanas, en tanto en ellas se combina modos de vida agrarios con los nuevos modos urbanos, los espacios marginales de las ciudadelas con los barrios exclusivos de la burguesía: «A lo largo del siglo XX, la política seguida en relación con los asentamientos espontáneos de los estratos de escasos recursos, especialmente en la proximidad de las áreas "nobles", fue la de intentar extirparlos y expulsarlos hacia la suburbia. El cuerpo "sano" de la ciudad "formal" no asimilaba la existencia de células cancerígenas ni de *ghettos* sociales...» (Segre 2001: 45).

Años más tarde, en 1994, aún se hace evidente en el narrador peruano una concepción de la representación que se remite a la autenticidad y a la necesidad de «comprender» el mundo representado, cuando afirma que él ya «no vive la ciudad» y que por tanto no está capacitado para escribir sobre ella. Esa tarea es de los «escritores actuales», señala: «Escribir sobre la ciudad que han vivido, sufrido, y que conocen mejor que yo» (Minardi 1995: 476).

No obstante, el tópico de la basura y los desechos asume en años posteriores una connotación positiva y contestataria, cuando Fonseca presenta al cuerpo humano y sus funciones naturales como expresión de la resistencia a la regimentalización y el control dictatorial:

> A pornografia está ligada aos órgãos de excreção e de reprodução, à vida, às funções que caracterizam a resistência à morte –alimentação e amor, es seus exercícios e resultados: excremento, cópula, esperma, gravidez, parto, crescimento. Esta é a nossa velha amiga, a pornografia da vida. (Fonseca 1989: 171)

Lo que el gesto crítico de Ribeyro alegoriza como degradación se convierte en una tradición de representación que asume los desechos y lo marginal como *locus* de resistencia y de creatividad. Es lo que ocurre con las ecopoéticas comunitarias que se estudiarán en el capítulo final: la obra de Vik Muniz (São Paulo, 1961), recogida en el documental *Waste Land* (2010), y la de Héctor Gallo Portieles (Cuba, 1924) y su proyecto de arte comunitario con materiales de desecho.

El cineasta peruano Francisco Lombardi retoma el legado crítico de Ribeyro cuando, en diálogo con «Los gallinazos sin plumas» y con la tradición del neorrealismo latinoamericano, realiza *Caídos del cielo*, que se estrena en 1990. La película cuenta tres historias entrelazadas entre sí. En la primera, una pareja de ancianos tiene como meta la construcción de un mausoleo donde los entierren cerca de su hijo; esto los lleva a vender todo cuanto poseen, pues la crisis inflacionaria ha disminuido el valor de su dinero, al punto que terminan por vender su casa y se van a vivir sus últimos años en un asilo; mientras tanto, el programa de radio más popular del momento arenga a los ciudadanos con un discurso típico de las telenovelas: «¡Ustedes controlan su propio destino!», «¡Pueden convertir la basura en oro!». Al mismo tiempo, Lombardi incorpora la historia de amor entre el locutor radial, que tiene la cara deformada por las cicatrices que le dejó un accidente, y una muchacha a quien salva del suicidio. El hombre pierde la capacidad de engañar a la audiencia con su retórica de optimismo falso cuando descubre que la joven esconde bajo una normalidad aparente unas llagas purulentas que nunca ha podido curarse, y termina suicidándose. La tercera historia, basada en el relato de Ribeyro, tiene como protagonista a una abuela ciega que obliga a sus nietos a recorrer los basureros para alimentar al cerdo que cría, con la esperanza de venderlo y salir de la miseria. Lombardi consigue poner en escena la decadencia de las clases altas peruanas en la pareja de ancianos que lo invierte todo en un monumento a la muerte al tiempo que incorpora el conflicto de las clases medias, que necesitan vender su talento al mejor postor aun cuando sacrifiquen sus ideales, y la miseria urbana sin esperanza que encarnan la abuela y sus nietos. Además, retoma el contraste entre la realidad degradada y los deseos y la imaginación de los personajes, tan característico de Ribeyro, para reflejar la misma frustración y esperanzas fallidas, en medio de la omnipresencia de la basura y los desechos.

En *El lugar sin culpa* (2007) José María Merino incorpora también los dos registros, el realista y el alegórico, al integrar las referencias históricas a la trama de la novela, introduciendo en la ficción datos provenientes de «la realidad». Sin embargo, aun cuando se trata de un suceso histórico como la suerte de los soldados franceses atrapados en la isla, el narrador se vale de un registro alegórico y enuncia el reverso del tópico del espacio paradisíaco: la imposibilidad de escapar, el Infierno del encierro, tal como lo había hecho, por ejemplo, el cubano Virgilio Piñera en su poema «La isla en peso», de 1943: «La maldita circunstancia del agua por todas partes / me obliga a sentarme en la mesa del café. / Si no pensara que el agua me rodea como un cáncer / hubiera podido dormir a pierna suelta» (1998: 33).

De esta manera, la novela de Merino se suma a una larga tradición de representación de lo insular. Este espacio ha sido identificado tradicionalmente con la Utopía (social), partiendo del texto de Thomas More del mismo nombre, publicado en 1516; además, con la armonía natural y con el espacio virgen e intocado del Paraíso, como señala Ileana Rodríguez en *Transatlantic Topographies* (2004: xv); sin embargo, también se le ha relacionado con la incomunicación, con la batalla del hombre por imponerse a un medio hostil a través de la ciencia y el desarrollo tecnológico, y con la refundación de la civilización —como en *Robinson Crusoe*, de Daniel Defoe.

En *El lugar sin culpa* la isla es la alegoría del anhelo de evasión ante los problemas urgentes que la vida le plantea al personaje de Ángela, pero la novela hace evidente que ese anhelo es un imposible, y que es necesario enfrentar los conflictos desde la comunicación y no desde el aislamiento. La novela desarma así el tópico del Paraíso perdido: no existe el Edén intocado por la muerte y los conflictos, parece decir el regreso del personaje a la ciudad, a través de una travesía por mar que podría leerse como el camino de retorno, lleno de obstáculos, hacia la realidad.

De esta manera, las econarrativas estudiadas en este capítulo muestran la combinación de elementos de representación realista con un registro alegórico que dialoga con lo pastoral, para reescribirlo en función de la presente crisis medioambiental; este discurso pastoral sirve, además, como un medio de reflexión y crítica acerca de las sociedades humanas que no han sabido construir una relación armónica con el medioambiente. El tópico de la basura y de lo desechable se revela como central en las econarrativas urbanas de Julio Ramón Ribeyro y Rubem Fonseca, quienes lo manejan tanto desde su perspectiva material y concreta como desde su significación simbólica, y señalan su presencia insoslayable en la configuración de la imaginación ecológica del siglo xx. Los autores revelan, por otra parte, la persistencia de una tradición que hace de lo urbano y lo agrario modos fundamentales de representar el lugar de los seres humanos en el planeta. El diálogo transatlántico que se inicia en 1492 y los modelos civilizatorios que se han desarrollado como consecuencia, tanto en España como en América Latina, muestran hasta qué punto la relación entre naturaleza y cultura constituye un elemento central en la configuración de esos espacios urbanos y agrarios y en los modos de representarlos, así como su repercusión en polémicas como la identidad, la nacionalidad, los discursos de género, la civilización y la barbarie, lo moderno y lo retrógrado.

Al igual que en las obras de Jaime Quezada y Jorge Riechmann, las ecopoéticas de Ribeyro, Fonseca y Merino expresan las tensiones e interacciones de los autores con sus contextos y tradiciones culturales. En el caso de Julio Ramón Ribeyro, la transformación del espacio urbano en su país en los años cincuenta del siglo xx, y de los modos de relación del artista con su medio, se manifiestan en una visión nostálgica de la infancia como Edad dorada, en contraste con la realidad degradada de la miseria y los desechos, que sitúa como elementos predominantes en la ciudad. Rubem Fonseca registra las consecuencias adversas de la modernización y la urbanización acelerada de Brasil a través de una crítica a la represión dictatorial y la censura. En esta econarrativa urbana de lo violento la nostalgia cede el paso a una descripción descarnada de la crisis social y medioambiental en el espacio urbano de Río de Janeiro, donde se sitúa el escenario de sus cuentos.

Por su parte, José María Merino construye una visión igualmente crítica del estado actual de la civilización humana desde el espacio aparentemente idílico de la Isla de Cabrera. A través del diálogo con la tradición de lo pastoral y la visión romántica del paisaje, Merino incorpora sin embargo una reflexión acerca de las dificultades para reconciliar las aspiraciones individuales de su personaje, la doctora Gracia, con un entorno donde la incomunicación, la soledad y el aislamiento son el resultado del desbalance entre el nivel de desarrollo material y lo espiritual. Situado en un contexto postdictatorial, de apertura y estabilidad social y económica, la econarrativa del autor español no deja de señalar el impacto negativo que la crisis civilizatoria actual tiene sobre los seres humanos y sobre el planeta mismo.

III.

Ecosecuencialidades gráficas de lo urbano y lo agrario, entre lo utópico y lo apocalíptico

El cómic, como forma particular de imagen visual, tiene antecedentes en las ilustraciones de los viajeros y científicos del siglo XIX que buscaban representar el paisaje y las costumbres de los lugares que visitaban[1]. Por ejemplo, en Cuba, la tradición del cómic autóctono se remonta a los cuadros costumbristas de Víctor Patricio Landaluze (1830-1889), quien reflejó en su obra personajes y lugares de la isla (las plantaciones de azúcar, el trabajo de los esclavos, las señoras ricas con sus mucamas, etcétera). Las litografías que adornaban las cajas de tabaco, muchas veces con motivos caricaturescos, pueden considerarse como parte de esa tradición de la ilustración en la que se inserta el cómic. Este legado se retoma a principios del siglo XX por artistas como el pintor Eduardo Abela (1888-1965) con su personaje de El Bobo. El Bobo comienza con un tipo de humor que se apoyaba en alusiones sexuales y de doble sentido, típicas del humor popular cubano, y termina convirtiéndose en un icono de la caricatura política, en especial por su crítica a la dictadura de Gerardo Machado, instalado en el poder entre 1925 y 1933.

Conviene, sin embargo, destacar que las ilustraciones de viajeros y científicos (escritores, pintores, geógrafos, botánicos) del siglo XIX buscaban reproducir con realismo el objeto de su estudio, ya fuese un pai-

---

[1] Ana Merino (2003: 27) se refiere a estos orígenes del cómic y a su relación con la narrativa popular de los siglos XVIII y XIX, que tuvo un papel fundamental en el desarrollo de la historieta, como prueban la literatura de cordel y las viñetas costumbristas en su gusto por la creación de personajes típicos.

saje o una planta o cualquier otro elemento novedoso o exótico que les interesara dar a conocer. Los ilustradores viajeros o científicos también se proponían captar el «espíritu» del paisaje y su influencia en la constitución de la región que visitaban y en su propio ánimo y percepción. En cualquier caso, lo importante es que estas obras establecían un espacio descriptivo que se convertía en garantía de autenticidad a los ojos de los lectores y creaba, de esta manera, imágenes «típicas» y estables del objeto representado. La figura de Alejandro de Humbolt (1769-1859) sirve como paradigma del viajero y científico que ha trascendido como creador de conocimiento y de imágenes de los paisajes americanos, del mismo modo que a Víctor Patricio Landaluze, nacido en Bilbao, se le reconoce por ser el iniciador de una visión *cubana* del paisaje. El cómic, en cambio, construye, a partir de una secuencia de imágenes relacionadas entre sí, una historia, y en esa medida es una especie de ficción donde lo visual y lo verbal se integran en un lenguaje propio. El cómic, además, ha evolucionado en su intercambio con otras formas artísticas como la fotografía, la pintura y el cine. En el lenguaje del cómic el movimiento, la sucesión de acciones, el paso del tiempo, se representan a través de la concatenación de imágenes visuales yuxtapuestas en un espacio: cada viñeta en un cómic ocupa un espacio diferente, mientras que en el cine, por ejemplo, cada imagen se proyecta en el mismo espacio de la pantalla, pero en una secuencia temporal.

En este capítulo presento varios ejemplos de historietas y novelas gráficas españolas y latinoamericanas que demuestran la variedad de perspectivas y motivos que estas comparten con las obras literarias analizadas en los capítulos precedentes. También en estas manifestaciones, que denomino ecosecuencialidades gráficas, lo urbano y lo agrario, lo utópico y lo apocalíptico, el realismo y lo fantástico constituyen modos de abordar y representar la crisis ecológica.

Scott McCloud, en *Understanding Comics*, destaca la importancia de la definición de Will Eisner del cómic como «arte secuencial», es decir, la combinación de imágenes individuales (viñetas) dispuestas en cierto orden para contar una historia (1993: 5). La combinación entre lo visual y la palabra escrita en el cómic, así como el mayor o menor grado de interdependencia entre estos elementos, es uno de los aspectos más señalados en cuanto a las posibilidades expresivas que este ofrece. Algunas historietas prescinden totalmente del texto, mientras que en otras este asume un papel protagónico; en algunos casos la relación entre lo visual y lo escrito es tan estrecha que no se concibe lo uno sin lo otro. Ana Merino cita la definición de Santos Zunzunegui del cómic como «una estructura narrativa integrada por una secuencia de pictogramas susceptibles de incluir en su interior elementos de escritura fonética». Añade Merino que Zunzunegui llama la atención acerca de la «armonía entre la estructura narrativa y las secuencias de pictogramas» (Merino 2003: 33). Por su parte, Stephen E. Tabachnick ofrece una excelente definición de la novela gráfica en *Teaching the Graphic Novel*:

> The graphic novel is an extended comic book that treats nonfictional as well as fictional plots and themes with the depth and subtlety that we have come to expect of traditional novels and extended nonfictional texts. The term graphic novel seems to have stuck despite the fact that graphic novels are often compelling nonfictional works, such as biographies, autobiographies, histories, reportage, and travelogues. (2009: 2)

Es importante destacar, como hace Ana Merino, el papel del cómic autóctono latinoamericano en el desarrollo de la novela gráfica. Merino señala el aporte de Héctor Germán Oesterheld (Argentina, 1919-1977) en la «invención» de la novela gráfica, una forma de la narración secuencial que se considera oriunda de los Estados Unidos. Oesterheld llamó a la novela gráfica «el cómic nuevo», y algunos de sus trabajos más valiosos, como *El eternauta* (1957) y *Mort Cinder* (1962), constituyen un aporte de alta calidad artística, comparable por su originalidad y simbolismo con los mundos literarios de Borges o Cortázar. Como muchos otros intelectuales argentinos, entre ellos Rodolfo Walsh (1927-1977), Oesterheld fue desaparecido por la dictadura militar argentina junto con sus cuatro hijas[2].

---

[2] Walsh había publicado en 1957 *Operación masacre*, novela testimonial que aparece varios años antes que *In Cold Blood*, de Truman Capote, publicada en 1966. De esta manera, dos de los más originales intentos por expandir las fronteras de lo literario, al combinarlo con el reportaje periodístico y la ilustración, se vieron frustradas por la represión de la Junta Militar. Véase Merino 2009: 271-280.

En lo que sigue me interesa explorar las ecosecuencialidades gráficas como espacios de interacción entre múltiples discursos culturales, y en los que se formulan diversas perspectivas ecocríticas. Los creadores que estudio en este capítulo articulan, no obstante, imágenes y preocupaciones comunes: la amenaza nuclear, lo urbano como caos, lo agrario como espacio de refugio y fantasía, un futuro apocalíptico en un planeta Tierra devastado... Sin embargo, a diferencia de la ilustración científica de los siglos XVIII y XIX, o incluso de la ilustración literaria que acompañaba ciertos textos, las ecosecuencialidades que aquí se tratan suponen una autonomía mayor de la imagen y también un mayor desarrollo de la narración.

El papel de las ilustraciones científicas y literarias era en lo fundamental apoyar la descripción del paisaje, la vegetación, o la arquitectura de las ciudades que se encontraba elaborada a través de la escritura. El cómic, en cambio, supone el desarrollo de imágenes yuxtapuestas que pueden incluir texto o no, pero que cuentan una historia en orden secuencial. Como ejemplos de ecopoéticas gráficas que ilustran esta dinámica creativa propongo los siguientes: *Gustavo* (1981), de Max (Barcelona, 1956); *El Santos* (1989-1999), de los artistas mexicanos Jis y Trino (Guadalajara, 1963 y 1961, respectivamente); *Trazo de tiza* (1993), de Miguelanxo Prado (La Coruña, 1958); y *Operación Bolívar* (1995), del también mexicano Edgar Clément (Ciudad México, 1967).

Estas cuatro propuestas pueden resultar especialmente productivas en la medida en que ponen de manifiesto la diversidad de las ecosecuencialidades gráficas en términos de estilo, diálogo con la tradición, contexto en que se producen y modos de tratar el imaginario ecológico. Las relaciones de intertextualidad[3] que se observan en ellas abarcan no sólo

---

[3] Prefiero utilizar el término *intertextualidad* porque es el más extendido y utilizado, aun cuando *interdiscursividad* podría ser más apropiado aquí, sobre todo en el caso particular del cómic como espacio donde se cruzan múltiples influencias. El término *interdiscursividad* no se refiere sólo a las relaciones entre textos, sino también al diálogo con otros códigos y expresiones artísticas. En este sentido, algunos autores como Cesare Segre defienden que «Puesto que la palabra *intertextualidad* contiene *texto*, opino que esta debe ser empleada con mayor precisión para designar las relaciones entre texto y texto (escrito, y particularmente literario). Por el contrario, para las relaciones que cualquier texto, oral o escrito, mantiene con todos los enunciados (o discursos)

textos literarios sino también la pintura, la fotografía y el cine, además de códigos provenientes de lo oral y performativo, como refranes y chistes, o la música popular y sus letras. A ello se suman alusiones a la actualidad política, el uso de estereotipos de género, raza o clase con función crítica o paródica, y la autorreflexión acerca del medio, las posibilidades expresivas que ofrece y su relación con los lectores y la crítica. Es a causa de esta multiplicidad de elementos constitutivos del cómic que García Canclini lo define como un «género impuro» o «híbrido», que transita los territorios de lo culto, lo masivo y lo popular en todas direcciones[4], y cuyo espacio de lectura abarca desde el transporte colectivo a la exhibición en una sala de museo (1989: 314).

Por su parte, en *El cómic hispánico* Ana Merino define a los historietistas como intelectuales «masivos y populares», puesto que su obra se difunde en el contexto de la cultura de masas y depende de sus mecanismos y medios técnicos. Por otro lado, durante la mayor parte de su existencia, el cómic ha sido un producto artesanal, en el que se han empleado materiales tradicionales como el papel, la tinta y el lápiz (Merino 2003: 13). Como

---

registrados en la correspondiente cultura y ordenados ideológicamente… propondría hablar de *interdiscursividad*» (Marchese & Forradellas 2000: 218).

[4] Las definiciones de culto, masivo o popular ocupan, como es sabido, un espacio casi infinito en las discusiones entre teóricos literarios, antropólogos y sociólogos. Me ciño aquí a las distinciones que establece García Canclini entre el repertorio establecido por saberes como la ciencia, la historia del arte y la literatura como «culto», mientras las prácticas tradicionales y el folclor constituyen lo «popular». Lo masivo, entretanto, correspondería a los canales de comunicación establecidos por las industrias culturales, estudiados por comunicólogos y semiólogos (García Canclini 1989: 16-17). Sobre el grafiti y el cómic en particular señala Canclini que son «Lugares de intersección entre lo visual y lo literario, lo culto y lo popular, acercan lo artesanal a la producción industrial y la circulación masiva» (1989: 314). Umberto Eco había señalado en *Apocalípticos e integrados* (1964) la diferencia de posturas entre aquellos intelectuales para quienes los medios de comunicación masiva conducen a la pérdida de la cultura «auténtica» (apocalípticos) y aquellos otros que consideran que su presencia en la sociedad es «natural, deseable y beneficiosa» (integrados). Eco defendía allí una posición intermedia con el argumento de que la importancia de los *mass media* en la sociedad moderna es tan determinante que no pueden ser ignorados por los intelectuales, y ofrecía él mismo un modelo de análisis que intentaba comprender y valorar la significación de estos medios en la cultura contemporánea.

las prácticas culturales asociadas a lo oral, a lo performativo y perecedero, el cómic configura un espacio alternativo que permite la incorporación de registros, lenguajes y códigos diversos. Los autores que estudio son conscientes de que, en su momento, abrieron este espacio como un discurso contracultural y debieron enfrentarse a la posición «apocalíptica», que consideraba la historieta sólo como una forma de entretenimiento, dirigida a un público infantil o intelectualmente limitado. Como se verá, estos artistas son fundadores y protagonistas de la legitimación del cómic como espacio cultural para adultos y evidencian que la historieta constituye un arte que dialoga con otras formas «canónicas» al tiempo que desarrolla sus propios códigos y concibe imágenes duraderas sobre los conflictos y tensiones de su época, incluyendo la crisis medioambiental.

Del modelo subversivo a lo fantástico: el discurso urbano y contracultural en Gustavo frente al lirismo intimista de lo insular en Trazo de tiza

It's better to burn out than it is to rust

Neil Young

Viejas como el miedo, las ficciones fantásticas son anteriores a las letras.

Adolfo Bioy Casares

El cómix[5] *Gustavo*, creado por el artista español Max[6], es un ejemplo clásico del género *underground*. El *underground* se caracteriza por tratar

---

[5] Como se mencionó en la Introducción, La X de *cómix* se utiliza para distinguir el cómic *underground* de la historieta tradicional.

[6] Max es el nombre artístico de Francesc Capdevila (Barcelona, 1956), una de las figuras más reconocidas de la historieta española, creador de personajes como Peter Pank y Bardín. Uno sus trabajos más recientes, *Hechos, dichos, ocurrencias y andanzas de Bardín el Superrealista*, obtuvo en el 2007 el Premio Nacional del Cómic otorgado por el Ministerio de Cultura de España. Otras obras suyas son *Vapor* (2007),

de manera explícita imágenes y temas controvertidos como el sexo, las drogas y la violencia, y asume a menudo una óptica de crítica social, empleando el humor, la sátira y la ironía como recursos expresivos. El *underground*, surgido en los Estados Unidos en los años sesenta del siglo XX, constituye una expresión más de la corriente antisistema que en aquellos años protagonizaron los *hippies*, el movimiento por los derechos civiles, contra la guerra en Vietnam y contra el modelo de familia tradicional. El primer *comix*, *All New Zap Comix*, fue publicado por Robert Crumb (1943) en San Francisco, en 1968 (Dopico 2005: 13).

En *Gustavo*, reconocido como el primer tebeo de temática ecológica aparecido en España, se hace evidente la influencia de Crumb y del género *underground* estadounidense. Max, a través de las aventuras de Gustavo y sus amigos, narra la oposición a la instalación de plantas nucleares en España como parte de una cultura que reacciona ante el clima de censura y represión de los años del franquismo: el rock, las películas de Almodóvar y el cómic *underground* son algunas de las manifestaciones de esta

---

Conversación de sombras en la villa de los papiros (2013) y *¡Oh diabólica ficción!* (2015). Max se dio conocer en la revista *El Víbora*, de la que fue fundador, y donde ganó popularidad el personaje de Gustavo; también en *El Víbora* se publicó por entregas *El prolongado sueño del Sr. T.* Esta novela gráfica, la primera de Max, apareció más tarde en la colección Todo Max con el número 12, y obtuvo en 1998 el Premio al Mejor Guión en el Salón Internacional del Cómic en Barcelona. En 1983 aparece *Peter Pank*, eco de la cultura punk de los ochenta y parodia de Disney. Otros trabajos suyos son *Mujeres fatales* (1989) y el fanzine *Nosotros somos los muertos* (1993), una historieta sobre la guerra en los Balcanes. Más tarde, junto con Pere Joan, Max funda la publicación del mismo nombre, que da cabida al cómic alternativo, tanto español como extranjero. El dibujo de *Nosotros somos los muertos*, en blanco y negro y con líneas más «duras» y angulosas de las que se observan en *Gustavo*, resulta coherente con la denuncia descarnada de la guerra y de la indiferencia de nuestras sociedades ante la muerte y la destrucción de otros seres humanos y de su entorno. Max ha ilustrado una serie titulada «Filosofía para profanos» que incluye, entre otros textos, *El deseo según Gilles Deleuze* y *La sexualidad según Michel Foucault* (ambos en 2001). El 21 de febrero de 2012 se inauguró en el Instituto Cervantes de Madrid la exposición «Max. Panóptica 1973-2011», que recorre los casi 40 años de creación del artista, no sólo en la historieta sino también en la ilustración y el diseño gráfico. La muestra se presentó con anterioridad en el Museu Valencià de la Illustració i de la Modernitat (MuVIM), entre mayo y agosto de 2011, y en el Centro Cultural de España en México D.F. entre noviembre y diciembre de ese año.

«movida». Ana Merino incorpora el cómix al panorama cultural de los ochenta en España, al relacionarlo con los nuevos modos de expresión de los jóvenes en esa etapa:

> En los años 80 se produce una gran efervescencia cultural que abarca todos los ámbitos culturales y sociales. Surgen las llamadas tribus urbanas, que representan los diferentes movimientos juveniles asociados a corrientes musicales e ideológicas, los rockers, los punkies, los heavies, los modernos, los siniestros, los mods y los hippies van decorando el panorama urbano. Inspiradores o inspirados por los cómics *underground* irán desfilando por las viñetas de los tres álbumes del *Peter Pank* creado por Max... (2003: 142-143)

Así, Max configura la imagen de una época marcada en España por un clima postdictatorial, en el que el cómix asume un papel protagónico en cuanto al tratamiento de temas considerados tabú en el período anterior. Esto demuestra la mayoría de edad de un medio asociado a los lectores niños o adolescentes, puesto que es capaz de suscitar polémicas centrales en la sociedad española de entonces. Las protestas antinucleares y de rechazo al ingreso de España en la OTAN marcan[7], por otra parte, la creciente concientización ecológica, de la cual intelectuales como Jorge Riechmann son participantes activos. *Gustavo* pertenece a una tendencia dentro del cómic español (y en general de la cultura española) en la que emergen aspectos de la realidad y modos de expresarla censurados durante los años de la dictadura. Así lo señala Ana Merino en *El cómic hispánico*, al recordar cómo revistas para adultos, como *El Víbora*, que aparece en 1979, representan un espacio para esta «línea chunga» (el *underground* español) y para el cuestionamiento de las prohibiciones y la moral conservadora del franquismo (2003: 42).

---

[7] El ingreso de España en la Organización del Tratado del Atlántico Norte (OTAN) se produce el 30 de mayo de 1982. El gobierno de Felipe González llama a un referéndum, el 12 de marzo de 1986, sobre la permanencia del país en la organización. Este referéndum resultó muy polémico, entre otras causas, porque el presidente español contradijo su anterior posición, en la que se oponía a la entrada de España en el bloque militar.

Un elemento fundamental que diferencia al cómix del *mainstream* cómic es la mayor complejidad de los personajes. Por ejemplo, Eco (1995: 230) analiza a Superman, prototipo de este último, como un héroe «sin posibilidad de desarrollo» narrativo; esto es, un personaje que se mantiene igual a sí mismo en sus acciones, en sus motivaciones y en su representación gráfica. Su invencibilidad, su amor por Lois Lane o su vulnerabilidad a la kriptonita son atributos que lo hacen reconocible pero que se mantienen inmutables. La creación de una trama narrativa donde Superman debe superar obstáculos cada vez más increíbles responde a la necesidad de satisfacer la demanda de los lectores por nuevas aventuras, y al mismo tiempo, evitar cualquier cambio trascendental en el *status quo*. De esta manera, la trama en realidad se mantiene estática, en un esquema iterativo en el que al nuevo reto le sucede una nueva victoria del héroe. Gustavo, en cambio, es un personaje complejo y que se encuentra en cambio constante; responde a motivaciones también cambiantes y provoca en el lector reflexiones que trascienden su actuación: cuestionamientos de tipo ético, por ejemplo, cuando Gustavo pasa por diferentes etapas en su proceso de madurez, desde el pacifismo ingenuo del comienzo a la crisis que lo lleva a convertirse en drogadicto. Lejos de presentar a su antihéroe como una entidad inmutable, Max lo hace enfrentar conflictos sentimentales, como cuando Luisa, su novia, lo deja por otro(s) en la comunidad *hippie* que Gustavo funda. Por otra parte, la imagen gráfica muestra también las transformaciones del personaje desde su niñez, su adolescencia y su adultez. La decepción y el fracaso como parte de su inadaptación social constituyen rasgos de Gustavo que lo alejan de manera radical del típico héroe del cómic que representa Superman.

Si bien la imagen gráfica de Gustavo se mantiene estable en sus rasgos fundamentales, la representación de su manera informal de vestir, de sus emociones y de su interacción con otros personajes tiene un trasfondo histórico y una motivación definida: Gustavo se hace eco del espíritu contestatario de la época posfranquista y constituye un prototipo de la juventud inconformista de aquellos años. Es posible observar el cambio que experimenta, por ejemplo, cuando la trama se encarga de agregar decepciones y escepticismo al idealismo ingenuo del Gustavo que participa en el «Verano de las Flores» en San Francisco. El lector asiste a la evolución de Gustavo, en un recorrido que va del niño soñador y despreocupado al adolescente rebelde, y de ahí al adulto inestable y cuestionador del *status quo*. Gustavo es el tipo de personaje antisistema por excelencia, que se opone a la policía y a los soplones y que participa activamente en la lucha contra el orden impuesto, pero eso no lo convierte en un arquetipo inmutable.

Max emplea procedimientos realistas en la caracterización de Gustavo y en el dibujo del contexto urbano donde este tiene su origen, que es el popular barrio de Sants en Barcelona. En la representación de la escenografía el artista sigue la estética de la línea clara franco-belga, mientras emplea elementos caricaturescos en el dibujo de los personajes –más adelante se verá cómo la nariz exageradamente grande de Gustavo cumple otras funciones significativas en la historieta–. Es importante destacar también la influencia del personaje de Mr. Natural, creado por Robert Crumb, en la apariencia de Gustavo. Mr. Natural, el personaje de Crumb, es una especie de gurú que critica la civilización moderna y que supuestamente renuncia a ella para vivir en armonía con la naturaleza. Sin embargo, está obsesionado con el sexo y con otros placeres materiales, además de ser irreverente hasta el límite[8].

---

[8] Resulta irónico –y desde luego ya no sorprende a nadie– que el personaje subversivo de Crumb haya sido asimilado por el *status quo* y convertido en otro producto para el consumo: el sitio Keep On Truckin' Apparel (<http://www.kotapparel.com/index.php?main_page=index&cPath=2&page=1>) vende camisetas con imágenes de Mr. Natural. El nombre mismo del sitio está tomado de una de las frases más famosas del personaje. Se saca partido también de la postura mística y de acercamiento a la naturaleza de Mr. Natural, con lo que se busca atraer a consumidores de productos orgánicos: «Keep On Truckin' Apparel's Mr. Natural Organics Collection combines iconic imagery of Robert Crumb's Mr. Natural with modern day's best organic t-shirt brands. Our organic cotton t-shirt options are, as Mr. Natural says, 'the right tool for the job.' You won't find these R. Crumb t-shirt combinations anywhere else».

Ecosecuencialidades gráficas de lo urbano y lo agrario 135

Figura 1. Mr. Natural, el personaje de Robert Crumb en el que se inspira Max para crear a Gustavo.

La línea clara franco-belga se caracteriza, como bien indica su nombre, por la definición cuidadosa de la línea, que busca delimitar las figuras con precisión. Algunos autores reconocidos de la línea clara franco-belga son Hergé (su verdadero nombre era Georges Prosper Remi, 1907-1983) con *Les aventures de Tintin et Milou*, y René Goscinny (1926-1977) y Albert Uderzo (1927), con *Les aventures d'Astérix*. Estos son los tebeos que Max recuerda como decisivos para sus años de formación como historietista (Dopico 2005: 374). Los personajes creados por estos artistas se dirigen a un público de todas las edades y siguen la tradición del álbum de historieta –de carácter monográfico y por lo general con formato e impresión (que incluye tapas duras y papel de alta calidad) más lujosos que la revista de historietas–. Por otro lado, la tradición franco-belga se diferencia del cómic estadounidense por sus tramas complejas, más densas, y personajes igualmente más matizados. Michael D. Picone habla de «almost Balzac-like creation of a detailed and complex world peopled with recurrent characters» (2009: 303).

En este capítulo me ocupo de *Gustavo contra la actividad del radio* (1981)[9] y de *Gustavo en: Comecocometrón* (1994). En el primero

---

[9] El primer boceto de Gustavo data de 1976 y su primera aparición en una historieta, de 1978 (en «Cuentos boreales», *Muérdago*). La edición de que se dispone carece de numeración en las páginas, por lo que para simplificar las referencias, se ha decidido adjudicar a los dos prólogos e imágenes preliminares números romanos (I-X) y números arábigos para la historieta propiamente dicha, empezando por 1. Los dos libros pertenecen a la serie «Todo Max», que publica la editorial La cúpula, de Barcelona, a partir de 1993. *Gustavo contra la actividad del radio* incluye las siguientes historias: «¿Qué pasa con Gustavo?» (1-9); «La actividad del radio» (10-16); «Marcha en la nuclear» (17-24); «La banda se dispersa» (25-32); «No me gustan los lunes»

se presentan los orígenes del personaje como si se escribiera un *Bildungsroman*, con una viñeta inicial que muestra en plano general a un muchacho caminando bajo la lluvia con las manos en los bolsillos. La imagen informal, ya desde este primer momento, de Gustavo, se refuerza con un breve texto que se refiere a su nacimiento de manera ambigua («Parece ser que nació en Barcelona») y que lo describe como un «somiatruites»[10]. Max agrega, por otra parte, elementos contextuales: el padre de Gustavo era «conductor de la línea 59 del tranvía (Les Corts-Barceloneta), hasta el año 51 en que fue despedido durante la famosa huelga de tranvías» (1).

El paisaje en que se inserta la figura es evidentemente urbano, con chimeneas de fábricas que despiden humo negro al fondo, postes eléctricos y bloques de edificios. Estos elementos crean la sensación de un entorno industrial, con las asociaciones consiguientes de sobrepoblación y polución del entorno. La referencia a la huelga de los tranvías de 1951 —una de las primeras manifestaciones masivas contra el franquismo— en el despido del padre de Gustavo apunta tanto a una ascendencia de clase trabajadora como a la posición antifranquista del personaje. Se observa en un cartel pintado en un muro la efigie de un personaje público —tal vez la del Gobernador de Barcelona cuando se produce la huelga, Eduardo Baeza Alegría— con una leyenda que dice: «Prohibido fijar carteles», un detalle ironiza la inoperancia de una autoridad que rompe sus propias reglas para intentar imponer el orden. El texto añade a la información visual otros elementos que la complementan y ayudan a ubicar al lector en la «biografía» de Gustavo: el barrio de Sants en Barcelona, uno de los más tradicionales de la ciudad, conocido por sus orígenes industriales y población obrera. Sants constituye además un centro fundamental del

---

(33-40); y «¡Atope!» (41-52). *Gustavo en: Comecocometrón* incluye: «Preludio» (5-13); «¡Abigarrados!» (14-19); «¡Fiasco!» (20-29); «¡Jodido!» (30-35); «Masacre» (36-43); «Pacto con el diablo» (44-49); «En la boca del lobo» (50-55); «Pájaros descontrolados» (56-63) y «Epílogo» (64-65). En este segundo libro sí figuran los números de página.

[10] Se aclara en nota al pie que «somiatruites» quiere decir «estar soñando despierto en otras cosas». La viñeta a la que me he referido antes aparece a la izquierda de la página (muestra a un jovencito), mientras que el texto citado aparece precedido por una «foto» tipo medallón en la que se puede ver a un Gustavo niño.

transporte en la ciudad, con varias líneas de tranvías que permanecieron activas hasta 1969, y actualmente de metro.

En cuanto a la caracterización individual, la imagen de alguien que camina de manera despreocupada bajo la lluvia concuerda con la descripción de soñador, solitario e introvertido con que Max decidió representar a Gustavo. La expresión de duda con que se inicia el texto añade un componente de misterio y cierta ambigüedad a la historia. Lo mismo ocurre con el modo en que se concibe la imagen de Gustavo, sobre lo que comenta Antonio Martín en su prólogo a la primera edición: «Gustavo ofrece otra vía, hacia el absurdo, que también debe valorarse a la hora de contar su popularidad, ya que su aire de medio hombre medio pájaro –pese a que Max me asegura de que se trata simplemente de un hombre con una nariz "así"– introduce un elemento peculiar, fantástico, en las imágenes» (1993: i-x).

Figura 2. Gustavo tiene un «aire de medio hombre medio pájaro».

Ya había destacado cómo la enorme nariz le da al personaje una apariencia caricaturesca, a la que se añaden los elementos de lo absurdo y lo fantástico que señala Martín. Ese contraste que establece Max entre el dibujo realista del medio urbano y el rostro de caricatura del personaje, más la similitud con el Mr. Natural de Crumb –tanto en el contenido adulto de la historia como en elementos externos: la narizota, los zapatos desproporcionadamente grandes–, agregan nueva complejidad a la trama y a la imagen visual y, desde luego, a las posibilidades de interpretación por parte del lector.

Como parte fundamental de la actividad subversiva de Gustavo se encuentra su enfrentamiento a la instalación de plantas nucleares y fábricas que vierten desechos tóxicos. La imagen del hongo atómico se había convertido ya, después de los bombardeos de Hiroshima y Nagasaki, en el símbolo del peligro de vivir en un mundo al borde de la destrucción, y la existencia de sustancias químicas contaminantes iba siendo también una preocupación cada vez más extendida.

Junto a estas imágenes, el tema de la opresión hegemónica planteado por Buell (2001), ya mencionado como una de las modalidades del discurso tóxico, aparece en *Gustavo* tratado tanto desde lo personal como desde la relación con la comunidad que se opone a la central nuclear. Como se recordará, Buell destaca la oposición entre los intereses de los grupos de poder que sacan provecho de la existencia de fábricas, vertederos químicos, etcétera, y los de la comunidad que se ve afectada por ellos. La primera vez que Gustavo toma conciencia del peligro de la radiación es cuando un amigo suyo llamado Luis muere a causa de su exposición a las emisiones radiactivas –véase la figura 5– en su lugar de trabajo, una planta nuclear; mayor repercusión tiene, sin embargo, el accidente nuclear en Torranaps (17), pues sus efectos negativos alcanzan a toda una región. Es entonces que Max representa con claridad esa oposición de intereses entre los propietarios de la fábrica y las personas afectadas: no sólo se organizan manifestaciones sino que, en el caso de Gustavo y sus amigos, un sabotaje abierto. Max señala con ironía, al mismo tiempo que la represión, el pensamiento de uno de los ejecutivos: «¿Por qué serán tan malos los jóvenes? ¿Qué les habremos hecho?» (19).

Más tarde, Gustavo decide acabar con la fábrica Plásticos del Pirineo, que contamina a la comunidad con sus residuos tóxicos; participa luego en la destrucción del «comecocometrón», un dispositivo diseñado para vigilar a los obreros de las fábricas y obligarlos a trabajar sin descanso. En todas estas situaciones Gustavo interviene de manera directa, y no siempre con métodos muy pacíficos, oponiendo la acción a la violencia de las clases en el poder.

Ecosecuencialidades gráficas de lo urbano y lo agrario   139

Figura 3. Max se burla de los propietarios de la fábrica al tiempo que muestra la represión contra los manifestantes antinucleares.

En el episodio del «comecocometrón» Max introduce, en la tecnología que permite controlar las acciones y la voluntad de los operarios, elementos de ciencia ficción. Pese a que la representación del paisaje tiende a ser realista y a que Max incorpora hechos y personajes históricos a la trama, se permite a la vez introducir estos elementos que juegan con los códigos de la ciencia ficción y del género de aventuras. Sin embargo, estos mismos ingredientes le sirven para ejercer la crítica contra la represión y el sistema disciplinario que describe Foucault en *Vigilar y castigar*, de 1975.

Si en *Vigilar y castigar* Foucault utiliza el motivo del panóptico como alegoría de la sociedad de la vigilancia, en el discurso de Max la planta nuclear, la fábrica y los desechos químicos se convierten en un símbolo de destrucción que también alcanza a la colectividad. El «comecocometrón», además, cumple la función de controlar no sólo el cuerpo de los trabajadores, sino también su «alma»: los obliga, a través del control de su mente, a no realizar ninguna función que sea ajena a la producción. Impone un tipo de disciplina que concierne a la eficiencia, y permite identificar a aquellos que se proponen infringir el orden, dejar de producir.

La «utopía» de monitorear las acciones de empleados, obreros o simples ciudadanos a través de tecnologías de rastreo, escucha, circuitos cerrados de vigilancia, etcétera, constituye en la actualidad una realidad cotidiana. La necesidad de prevenir el crimen, los actos terroristas y las conductas «antisociales» sigue siendo el motivo principal que se invoca para la implementación de estas formas de vigilancia y control. En su historieta, Max representa el espacio de la planta nuclear como paradigma de control social y de riesgo ecológico. Como se observa en la figura 4, se vale de ciertos estereotipos que funcionan como parodia. Uno de ellos es el del «científico malvado» que se ha vendido por dinero, sin que le falte la ominosa bola de cristal de las brujas —y con ella añade también un elemento característico de las historias de hadas, en clave de futurismo distópico–. Otro, el del burgués gordo y enriquecido gracias a la explotación de otros, rodeado de servidores igualmente sin escrúpulos. Puede verse cómo aparece un motivo recurrente de la ciencia ficción y lo fantástico que he venido mencionando en este trabajo: la perversión del saber humano y del conocimiento científico, utilizados no para el bien colectivo sino para satisfacer ambiciones personales o para producir ganancias a cualquier costo.

El recurso del humor a través del léxico es muy evidente en «Comecocometrón», y se obtiene a partir de la mezcla del lenguaje popular y del registro científico: «comerle el coco» a alguien significa manipularlo, convencerlo de hacer algo contra su voluntad, en tanto que la desinencia es la misma de términos como electrón y positrón, componentes del átomo.

De esta manera, Max incorpora en *Gustavo* tanto aspectos de crítica social como motivos de la ciencia ficción y lo fantástico, que se aúnan a la parodia y el humor como recursos de comunicación con el lector. El aspecto caricaturesco del personaje, que se inserta en un paisaje urbano representado de manera realista, muestra el modo en que Max aprovecha los recursos expresivos del cómic y sus diversas tendencias: tanto la tradición de la línea clara franco-belga en el dibujo y la complejidad de la trama, como la tendencia *underground* estadounidense, que trata temas sociales con una perspectiva crítica, humorística y paródica, que busca constantemente provocar al lector y que es políticamente incorrecta a propósito.

Figura 4. El «comecocometrón» sirve para controlar la disciplina de los obreros en la fábrica.

Cuando se trata de reflejar los efectos tóxicos de la radiación, Max utiliza líneas cinéticas para indicar los temblores provocados por la radiactividad en el personaje de Luis (el amigo de Gustavo que trabaja en la planta nuclear). De esta manera, el artista simplifica el fenómeno al tiempo que lo hace perceptible al lector, de manera que este puede imaginar la gravedad de la situación únicamente a través de la imagen visual. A partir de un mecanismo propio del medio, la visualización de la metáfora (Eco 1995: 155), que posee un repertorio iconográfico ya establecido («ver las estrellas», «tener el corazón saliéndose del pecho», etcétera), Max introduce un nuevo código para significar «envenenamiento por radiación» a través de las líneas cinéticas, como se observa en la figura 5.

Junto a esta manipulación de la ciencia para el mal, se presenta por otro lado cómo se articulan la acción social y el conocimiento necesario para hallar la manera de paralizar la central nuclear. Así, se ve a Gustavo en «No me gustan los lunes» (33) conspirando con un «científico bueno», el doctor Zap, acerca de la mejor manera de detener el funcionamiento de la planta. Además de citar otra vez a *Zap Comix*, una referencia constante, donde apareciera por primera vez el personaje de Mr. Natural, es interesante señalar que Max revierte el carácter negativo de un personaje como el Doctor Fumanchú, quien apoya a la banda de Gustavo en la voladura de la central nuclear. El Fumanchú original es un personaje

Figura 5. Efectos de la radiación en el personaje de Luis. Las líneas cinéticas, sumamente marcadas, indican los temblores como resultado de la radiación.

Figura 6. Absurdo, lenguaje popular y humor en los personajes de *Gustavo*. Aparece en estas viñetas Makoki, referencia intertextual de Max a otros creadores del *underground* español, como Miguel Gallardo y Juan Mediavilla.

creado por el británico Sax Rohmer (1883-1959) en los años veinte del siglo pasado. Fumanchú, prototipo del científico malvado y del «peligro amarillo», se valía de armas químicas y de serpientes, arañas venenosas y otros animales para causar el mal. Es un arquetipo que se perpetúa en personajes como el Emperador Ming, el archienemigo del rubio Flash Gordon; estos villanos, armados del poder de la ciencia y la tecnología, encarnan el Mal en una figura de ojos rasgados, piel amarilla y un bigote «oriental» que terminó por tomar el nombre de bigote Fu Manchú. En *Gustavo*, Fumanchú y su guardaespaldas Moskito (cinturón negro de Kung Fu) se incorporan al grupo que participa en el ataque a la planta nuclear. Además, la «vía hacia el absurdo» de la que habla Antonio Martín en su prólogo se evidencia en el diseño de los otros personajes que ayudan a Gustavo en sus aventuras. Este grupo de personajes marginales, camorristas y mal hablados constituyen el medio perfecto para incorporar el lenguaje popular, el humor y las situaciones absurdas, como se aprecia en la figura 6.

Vale detenerse en el personaje de Makoki, creado por Miguel Ángel Gallardo (1955) con la colaboración de Juan Mediavilla. Makoki es el paradigma del cómic *underground* español. Según Pablo Dopico, es el «símbolo de una época, estandarte de la llamada línea chunga e icono de los ambientes más cutres de la Barcelona libertaria y caótica de finales de los años setenta» (2005: 355). El personaje, loco, lumpen, con un lenguaje caracterizado por el uso del habla popular y vulgar y con frases inventadas que el lector tiene que descodificar, se incorpora a los tipos de la picaresca española en código *underground*. Su origen resulta ser también una historia de rebeldía ante los intentos de la sociedad por separar los comportamientos considerados «normales» de los «anormales»: los cables que lleva el personaje en la cabeza son el resultado de un electroshock en un hospital siquiátrico. Makoki consigue escapar de la camilla en que lo tenían atado, libera a los otros pacientes del manicomio y juntos organizan una orgía con los medicamentos que roban de la enfermería.

Este primer episodio en que aparece el personaje se titula «Revuelta en el frenopático» y se publica en 1976 en la revista *Disco-Exprés*. De esta experiencia Makoki conserva el casco del electroshock con los cables, y supuestamente se conecta a la electricidad para obtener energía; por ello se explica que quiera probar «la radiastividaz» –nótese cómo Max intenta reproducir la norma del habla popular–. Otros recursos que buscan el mismo efecto son las faltas de ortografía intencionales y los neologismos, así como el uso de palabras y frases contextuales (como la de «el abuelo» para referirse a Franco).

Gallardo se basa en un relato de Felipe Borrallo del mismo título, «Revuelta en el frenopático», para crear a Makoki. Me parece significativa la similitud entre el personaje de Gallardo y el Randle McMurphy de *One Flew Over the Cuckoo's Nest*, el filme de 1975 dirigido por Miloš Forman y protagonizado por Jack Nicholson. También en la película se cuestionan las nociones de locura y sanidad, en tanto McMurphy termina siendo una víctima de la autoridad del hospital siquiátrico, la enfermera Mildred Ratched, que representa el poder de la institución médica para controlar y humillar a los pacientes. El largometraje de Forman está basado en la novela homónima de Ken Kesey, publicada en 1962.

Por otra parte, el cuestionamiento de las bases científicas de las nociones de «razón» y «demencia», sexualidad «normal» o «pervertida», comportamiento sociales aceptados o no, etcétera, constituyen el centro de atención de las humanidades en los sesenta y deben verse en relación con el clima contracultural de la época. Los locos, los homosexuales, los criminales, los grupos marginados por la sociedad ocupan el pensamiento historicista de Foucault, quien en 1961 publica su *Historia de la locura en la época clásica*, donde estudiará a profundidad las concepciones médicas, legales y clínicas de la locura a partir de la Edad Media. Uno de los argumentos centrales de Foucault es que el tratamiento y las teorías médicas modernas sobre la locura, lejos de constituir un conocimiento neutral, funcionan como otras formas de control y disciplina, además de estar fuertemente enraizadas en ciertos criterios morales y de conducta social «adecuada». Curiosamente, Foucault señala cómo esta moralidad y actitudes «sanas» se relacionan con virtudes como la contención, la sobriedad, la capacidad de raciocinio y el vínculo armónico con la naturaleza –es decir, con el campo y el cultivo de la tierra– (Foucault 2010: 526-527). La concepción de lo «natural» como lo «sano» y de los comportamientos «desviados» como resultado de lo «artificial» apuntan a la vieja oposición entre lo rural y lo urbano como depositarios de valores antagónicos y cargados de significación moral. La idea de un «hombre natural», libre de los vicios de la civilización, refuerza, en la concepción y la práctica médica modernas, el enfrentamiento entre naturaleza y cultura, razón y sinrazón. De esta concepción, señala Foucault, proviene la idea de que «El mundo inmediato del labrador es, pues, un mundo dotado de sabiduría y mesura, y que es capaz de curar la locura en la medida en que hace inútil el deseo y los movimiento de la pasión que este suscita...» (2010: 523). Así, semejantes oposiciones revelan la conexión entre la distribución y manejo de los espacios y el funcionamiento de la «sociedad de la vigilancia». La otra cara de esta idea de la naturaleza como forma de curación vendría a ser el uso de duchas frías, electroshocks y camisas de fuerza como métodos curativos, puestos en práctica desde el siglo XIX.

La reivindicación de la locura como una forma otra de razón y de comprensión del mundo, o incluso como una forma de rebelión ante el control totalitario, encarna en el personaje de Makoki y en las conductas desprejuiciadas e «irracionales» de los personajes de *Gustavo*. A través de la reivindicación del deseo sexual, de lo no convencional y de la locura como manera de trascender los límites impuestos por la norma social, y al mismo tiempo, de la voluntad de cambiar el estado de cosas, Max expone su conexión con la corriente contracultural y con la España de la «movida». El gesto intertextual del artista al incorporar a Makoki dentro de la trama de su historieta rinde además homenaje a Gallardo y Mediavilla, y establece un diálogo entre los creadores que legitima la línea chunga como una forma artística válida.

Lo absurdo y lo irracional en Gustavo también proviene de su cuestionamiento del «orden», y resulta una manera de abordar la alteridad que se resiste a ser reducida a una identidad homogénea. Víctor Bravo ha señalado cómo «el drama de toda cultura» es querer reducir la alteridad hacia las formas de «lo Mismo» (1993: 16). Es en esta línea de pensamiento que Bravo concluye más adelante que el género fantástico es una de las formas del discurso en que se cuestionan los límites de lo real, de lo racional y de lo aceptable, y que constituye por tanto una expresión de la alteridad y de la capacidad de lo artístico para explorarla.

Me interesa revisar qué vínculos se establecen entre la postura anarquista del personaje de Gustavo y su visión ecologista. Vale anotar lo señalado por Antonio Martín en su prólogo, cuando contrasta la suavidad de la línea y la simpatía que inspira Gustavo con las acciones violentas que realiza y en las que se involucran sus amigos:

> Max [...] define a sus personajes mediante un dibujo agradable, redondeado, suave, que les hace parecer muñequitos de goma o protagonistas de un *cartoon* americano. La amabilidad del trazo, la simpatía de los personajes [...] y la fantasía y la gracia de ciertas situaciones, contrastan con la dureza y violencia de las propuestas ideológicas que Max nos hace. (1993: V)

Y es que apenas a dos páginas del comienzo y en sólo siete viñetas ya se muestra el tránsito de Gustavo hacia el personaje radical y antisistema que con su grupo de amigos vuela centrales nucleares y participa en enfrentamientos directos con la policía. Max emplea las cartelas para ofrecer información contextual y para introducir al lector en las motivaciones de Gustavo, mientras reserva los globos para el diálogo y la interacción entre personajes. En la página 2 se puede ver a un Gustavo adolescente que descubre el sexo, el rock y la actividad política además de la cárcel, de donde consigue escapar. Aparecen tres viñetas pequeñas intercaladas en medio de la página que muestran las portadas de tres discos clásicos de Elvis Presley, *The Beatles* y *The Rolling Stones*, acompañadas por una cartela que explica cómo siendo adolescente Gustavo ya tuvo que trabajar para salir adelante debido a las privaciones que pasaba su familia. La independencia económica le obliga a madurar pronto: tiene su primera relación con una prostituta, consume discos de rock y asiste a un concierto emblemático de *The Beatles*:

> A los catorce años tuvo que ponerse a currar en un garaje, porque en casa ya no había pasta para seguir en el cole. La primera paga se la gastó en el primer polvo, la segunda, la tercera y la cuarta en un tocata y en discos de Elvis Presley y Gene Vincent, y la quinta en el concierto de Los Beatles en la plaza de toros y en el «Satisfaction». Así fue como jamás logró ahorrar un duro. (1993: 2)

En la página 3 lo encontramos en «San Francisco, en pleno Verano de las Flores, con una amiguita rubia, Alice». Esta experiencia de amor libre, drogas y pacifismo termina con la primera gran decepción de Gustavo y un paso más hacia su radicalización, al comprobar que las manifestaciones pacíficas y de amor al prójimo no son suficientes para detener a las fuerzas represivas: «Aquel rollo era muy mono, pero en una marcha pacifista, la poli le rompe la cara a la Alice… El sueño ha terminado para Gustavo. Ni Paz, ni Love, ni ostias… Bueno, ostias sí». Quizás por ello una de las influencias más fuertes en *Gustavo* es Neil Young, de quien Max toma la frase «El moho nunca duerme» (*Rust Never Sleeps*) para indicar la persistencia de todo aquello contra lo que Gustavo lucha: los intereses de los dueños de empresas, de las centrales nucleares, la represión y la censura. Neil Young (1945), además de un ícono del *rock-and-roll* y de la contracultura de los sesenta y los setenta, es conocido por sus iniciativas ecologistas: el tema «After the Gold Rush», del disco del mismo nombre (1970), recoge en tono onírico varias referencias al desastre nuclear y la catástrofe ecológica, entre ellas la frase: «Look at Mother Nature on the run / In the nineteen seventies», que recientemente ha sustituido por «Look at Mother Nature on the run in the 21st Century».

Con anterioridad he señalado la influencia de la línea clara francesa en el dibujo de Gustavo y del cómix *underground* en la incorporación de elementos históricos y de crítica social. En esta dirección debe verse también el contraste señalado por Martín entre la representación gráfica del personaje y la trama de la historieta; mientras la primera es en efecto «amable» y «simpática», en la segunda se introducen hechos y figuras históricas controvertidos, además de elementos autobiográficos y referencias intertextuales como la del personaje de Makoki. Por ejemplo, en la página 7 se puede ver a Gustavo leyendo *El Rrollo Enmascarado*, mientras se cuenta que «conoce al Dr. Zap y a Max Fric en un antro comiquero».

El Rrollo enmascarado, que aparece en 1973, es la primera revista de tebeos *underground* en España. Max colabora en esta publicación, cuyo primer número se anunciaba en su portada como «Sólo para adultos progres». Este mensaje dejaba muy claro que *El Rrollo* se distanciaba de las historietas tradicionales dirigidas a un público infantil o juvenil y que su contenido apelaba a los sectores más abiertos a las imágenes e historias «escandalosas» que caracterizaban a la «línea chunga» (Dopico 2005: 54). No sorprende que, como también señala Dopico, la censura de aquella época secuestrara la revista y llevara a juicio a Miguel Farriol Vidal –quien aparecía como autor y editor de la publicación, aunque esta fuera el resultado del trabajo conjunto de los artistas de *El Rrollo*–, el 24 de mayo de 1974. La similitud de los cargos de «escándalo público» contra el tebeo español con los impuestos a *Feliz ano novo* de Rubem Fonseca por la censura brasileña no es una coincidencia. La inclusión del nombre artístico de Max como el de uno de los personajes que invita a Gustavo a formar parte del equipo «comiquero» es un guiño a la autobiografía del autor, quien forma parte de el *Rrollo* siendo muy joven.

Como parte de este proceso de radicalización del personaje, Gustavo regresa a Europa, donde participa en las protestas de mayo del 68 en París, pero como «la izquierda al final se rajó, se fue a Alemania a seguir la bronca» (1993: 4). Max introduce en la «biografía» de Gustavo personajes históricos como Ulrike Meinhoff, militante radical de la izquierda alemana que participó en numerosos atentados y acciones de sabotaje, conocida por su libro *El concepto de guerrilla urbana*, de 1971. Gustavo tampoco coincide con los métodos de Meinhoff y termina por irse a Bonn, «con una vasca de provos que después de hacer agitación callejera, montaba orgías» (1993: 49). Otro personaje histórico, el músico irlandés Rory Gallagher, enseña a Gustavo a tocar la guitarra. Gallagher es conocido por su fusión de blues y rock y por las giras con su grupo *Taste* en la década de los setenta, durante los años más duros del conflicto angloirlandés, cuando se aconsejaba a los artistas abstenerse de tocar en vivo a causa de la violencia.

Como una referencia oblicua, Max introduce la muerte de Franco: «Pero a todo en esta vida, hermanos, le llega su final, y aquel 20 de noviembre le tocó al abuelo» (1993: 7). Max crea, a través de las conexiones entre la «vida» de Gustavo y los hechos y personajes históricos que incorpora a la historieta, un discurso realista que integra tanto un contexto particular de la cultura española como un prototipo de personaje antisistema que pasa por diferentes etapas de radicalización ideológica. Estas etapas van del pacifismo y el amor libre o las drogas y el rock como catarsis a la acción directa y las protestas contra el poder. Es justo la acción contra el daño ecológico provocado por las plantas nucleares y la fábrica de plástico lo que muestra a un Gustavo más drástico en cuanto a sus métodos de lucha comunitaria e individual. Tales métodos incluyen la huelga, el enfrentamiento con la policía, el sabotaje y su relación con todo tipo de personajes marginales para lograr sus objetivos. Al mismo tiempo se le muestra capaz de acciones típicas de un héroe, como cuando salva a unas muchachas en peligro arriesgando su vida. Tratándose de un cómic con rasgos *underground*, rara vez estas aventuras terminan sin escenas explícitas de sexo con la nada inocente chica, quien es además igual de radical, mal hablada y tan poco convencional como el resto de los personajes masculinos.

El humor constituye otro mecanismo paródico de las estructuras de control; así, por ejemplo, Gustavo logra librarse del servicio militar a causa de «una neurosis depresiva con trastorno de la personalidad y perturbación insocial de la conducta con fases transitorias de alucinaciones síquicas visuales y criptofobia intermitente» (1993: 8). En este caso la locura aparece como una estrategia para evadir la autoridad y canalizar la oposición a la guerra, otro tema privilegiado de los años sesenta y en particular relacionado con las protestas contra la intervención estadounidense en Vietnam.

Max no deja de introducir en su código realista –además de elementos fantásticos y alegóricos, como se ha visto– la ambigüedad y la autorreflexión sobre su discurso gráfico y ecologista. Lo primero se logra a través de la creación de puntos de vista diferentes sobre las acciones de Gustavo. Después de escaparse del alistamiento, por ejemplo, se proponen tres versiones de su posible destino: una de ellas lo sitúa en el Tíbet, buscando crecimiento espiritual; otra, en Sudamérica, participando en las guerrillas; una tercera lo coloca a bordo de un pesquero, en una aventura marinera. En otra ocasión y después de escuchar el disco de Neil Young *Rust never sleeps*, Gustavo desaparece antes de regresar para su próximo episodio en «La actividad del radio». El narrador sugiere que Gustavo se ha cansado de todo y que se ha ido a disfrutar de las playas griegas, pero concluye la página con un texto que contradice esta posibilidad: «...Pero yo, de vosotros, no me lo creería!!» (1993: 9).

Siguiendo esta línea de análisis es posible detectar en *Gustavo* una reflexión acerca de la muerte como experiencia individual puesta en relación con la suerte del planeta y de las sociedades humanas, que coincide con la expresada por Riechmann en *Cuaderno de Berlín*; ante la posibilidad de una catástrofe nuclear y ecológica, la idea de la solidaridad y de la acción conjunta, de la interdependencia entre lo individual y lo colectivo, constituyen núcleos significativos tanto en el discurso ecopoético de Riechmann como en las ecosecuencialidades gráficas de Max. Como Rachel Carson evidencia en *Silent Spring*, de 1962, la conciencia del riesgo de sustancias o elementos invisibles que pueden ser letales para la vida humana y para el medio ambiente deja de ser un tema restringido y de especialistas para convertirse en un tópico de alcance masivo. Es por ello que el tratamiento del tema ecológico y en particular de su relación con problemáticas sociales es tan significativo en un medio como el cómic y en el contexto en que aparece en España, cuando se da una apertura de opciones en cuanto a la creación artística. La elección por parte de Max del cómic como medio de expresión tiene que ver con esta necesidad del artista de entablar un canal masivo de comunicación con su público acerca de problemas que le preocupan. Así lo señala en la entrevista que se le hace con motivo de la inauguración de la exposición *Panóptica: 1973-2011*, donde habla de sus comienzos como historietista. Max hace énfasis en cómo el cómic fue para él una elección consciente, al considerar el medio sobre todo por su capacidad para entablar una relación dinámica con los lectores, y cómo esa influencia recíproca es parte de su proceso creativo:

> Estaba en el sitio correcto para darme cuenta de qué significaba intentar emprender una carrera como pintor o artista plástico, y qué significaba hacer cómics, porque ya había publicado cosas. [...] Vi claro que si me dedicaba a pintar iba a ser una cosa muy solitaria y muy de darse cabezazos contra la pared de la incomunicación. Es cierto que el trabajo como autor de cómic también es muy solitario, pero tiene a cambio esa recompensa como es el *feedback* del lector. Es solitario mientras lo realizas, pero después no tanto... Y entonces no había mucho, pero ahora los *feedback* son brutales. Y eso se agradece mucho: yo necesito realmente saber qué piensa la gente de lo que he hecho, cómo se recibe. (Fernández & Boix: en línea)

En *Gustavo* Max incorpora la amenaza nuclear como parte del «discurso tóxico» que ejemplifica Carson y que constituye ya desde entonces una constante de nuestra percepción del mundo. Según Buell este tipo de discurso se hizo mucho más evidente, intenso y generalizado en el siglo XX, y lo define como la ansiedad que se deriva de la conciencia de la amenaza latente en la producción por el ser humano de productos químicos que modifican el medioambiente. Como señala Buell, el discurso tóxico,

> can be sweepingly defined as expressed anxiety rising from perceived threat of environmental hazard due to chemical modification by human agency. As such, it is by no means unique to the present day, but never before the late twentieth century has it been so vocal, so intense, so pandemic, and so evidentially grounded. (2001: 30-31)

Las consecuencias de la contaminación no son siempre visibles a corto plazo, como es el caso de las malformaciones congénitas o el aumento de los casos de distintos tipos de cáncer en las víctimas de Hiroshima y Nagasaki; tampoco los agentes causantes son visibles, como hace evidente Carson en su campaña contra el DDT y sus altos niveles de toxicidad. En términos de representación de esta oposición normalidad / peligro oculto, visible / invisible, Buell señala cómo en el primer ejemplo de comunidad amenazada por contaminación tóxica en Estados Unidos, después de publicarse el libro de Carson, los medios de comunicación se apoyaron en imágenes que remitían a una normalidad aparente, mientras el narrador revelaba la amenaza que subyacía sin que se pudiera percibir a simple vista: «visuals that seemed to signify "normalcy" but [revealing] the opposite, through voice-over narration... A boy bicycles along a quiet suburban street while the narrator says, "There have been instances of birth defects and miscarriages among families"» (Buell 2001: 35).

Ahora bien, cuando se trata de reflejar esta oposición en el cómic es necesario mostrar lo invisible a fin de que las imágenes comuniquen con la adecuada inmediatez los efectos de la contaminación. Max lo resuelve en *Gustavo*, como se ha visto, a través del dibujo de líneas cinéticas alrededor del cuerpo de los personajes para mostrar temblores. El efecto se intensifica en la casi disolución de la figura en estas líneas irregulares. Sin tener el recurso de explicar en detalle los síntomas y consecuencias de la contaminación con uranio, Max echa mano de un recurso que si bien simplifica el fenómeno consigue hacerlo perceptible al lector. Es uno de los mecanismos de que se vale un medio masivo como el cómic para comunicar con efectividad cierto tipo de temáticas que no son en absoluto de fácil articulación o explicación, pero que ya forman parte del imaginario colectivo.

La autorreflexión de Max acerca de la propuesta ideológica de Gustavo y la evolución del personaje se evidencia no sólo en esta variedad de soluciones argumentales, sino en el hecho de que, como ente de ficción, Gustavo no está nunca conforme con el resultado de sus acciones: aparece siempre decepcionado y listo para encontrar nuevas formas de interacción social o personal, sin que nunca se llegue en la historieta a una solución definitiva. En el «Epílogo» de *Comecocometrón* (1994: 65) se le ve caminando solo, con su característica pose de las manos en los bolsillos, en medio de un bosque, en una imagen que sugiere la búsqueda de vías existenciales a su conflicto permanente de inadaptación social. Max propone una indagación sobre los modos de encontrar una conciliación entre la felicidad individual y las aspiraciones de justicia social, pero no ofrece, con *Gustavo*, ninguna respuesta concluyente.

Si el ambiente de cambio y efervescencia que se produce en España después de la muerte de Franco fue un factor importante en la creación de *Gustavo* y con él de un arquetipo de personaje antisistema, cuando Miguelanxo Prado publica su novela gráfica *Trazo de tiza* en 1993 el país se encuentra en un momento de relativa estabilidad económica y social. Ya he aludido a este contexto al analizar *El lugar sin culpa*, de José María Merino. Aun sin establecer un condicionamiento directo entre esos contextos tan diferentes y las obras de Max y Miguelanxo Prado, resulta significativo el hecho de que se registre en la historieta una tendencia a las historias de tipo íntimo, a los conflictos privados, y que se dé primacía al mundo de la imaginación y de la fantasía en esos años noventa. El mismo Max –alejado del radical *Gustavo* aunque no haya dejado de interesarse por los temas sociales, como demuestra con *Nosotros somos los muertos*, de 1993– publica a partir de 1997 sus historietas de *Bardín el Superrealista*, que se caracterizan sobre todo por su atmósfera onírica y que se proponen, según el autor, hablar de la realidad «pero de manera no realista, pues trata de temas que afectan a la gente corriente trasladados a escenarios inverosímiles y fantásticos» (Agencia EFE 1997: en línea). Incluso Miguel Ángel Gallardo, el creador de Makoki, ese personaje icónico de la línea chunga española, comienza a publicar historietas de corte intimista y familiar. La primera de ellas, una novela gráfica titulada *Un largo silencio*, es un testimonio donde se incluyen las memorias de su padre, Francisco Gallardo Sarmiento. El autor explica en el prólogo que su novela es «un homenaje a la hazaña de su padre de sobrevivir» los años de la guerra, la carestía y la censura, y aun así fundar una familia y salir adelante «en una época donde la memoria de todo su sufrimiento debía ocultarse detrás del silencio», como señala Ana Merino (2008: 134-135). La segunda es una historieta que crea Gallardo en colaboración con su hija María, una niña autista, y en la que se cuentan las experiencias de ambos durante unas vacaciones[11].

En *Trazo de tiza* Miguelanxo Prado[12] también cultiva esta tendencia hacia el microcosmos de lo privado en un entorno fantástico, haciendo

---

[11] *María y yo* se publicó en el 2007, con un epílogo escrito por un psiquiatra. Véase Merino 2008: 135.

[12] Miguelanxo Prado (La Coruña, 1958) abandona su carrera de arquitectura para dedicarse a la historieta. Se inicia en ella en los años setenta, y durante los ochenta publica en las revistas *Zona 84*, *Comix Internacional*, *1984*, *Cairo* y *Cimoc*. También colabora en *El Jueves*, semanario de cómic de humor, con la serie *Quotidianía Delirante*, por la que recibe el Premio a la Mejor Obra en el Salón del Cómic de Barcelona de 1989. Desde 1998 es director de Viñetas desde el Atlántico, el Salón del Cómic que se celebra cada verano en La Coruña. En la década de los noventa se dedica más a la ilustración y el diseño de personajes para la televisión (en España, para el programa infantil gallego *Club Xabarín*, y en Estados Unidos para la serie de animación de *Men in Black*, producida por Steven Spielberg). Es en esta época, en 1993, cuando aparece *Trazo de tiza*, su obra más conocida, por la que Prado recibe múltiples premios: el de Mejor libro de la Asociación de libreros especializados de Francia (1993), el de Mejor obra en el Saló Internacional del Còmic de Barcelona (1994), el Alph-art al Mejor álbum extranjero en el Festival del Cómic de Angoulême (1994), el Premio de la crítica al mejor libro del año en Austria (1994), el Premio de honor del Festival de Amadora en Portugal (1994) y las nominaciones a los premios estadounidenses Eisner (en la categoría de Mejor Pintor) y Harvey (Mejor Obra extranjera), ambas en 1995. Entre otras obras suyan figuran también *Fragmentos de la enciclopedia délfica* (1982-1983), *Stratos* (1984-1985), *Crónicas Incongruentes* (1985-1986), *Páxinas crepusculares: Historias inducidas en gallego* (1993), *Tangencias* (1987-1996), *Pedro y el lobo* (1997,

del espacio de la isla un protagonista más. Si en *Gustavo* lo urbano, lo industrial, el humo de las fábricas es el escenario de las protestas antinucleares, en *Trazo de tiza* la isla se convierte, al igual que en la novela de José María Merino, en el territorio ideal para explorar los temas de la incomunicación, la soledad y los conflictos sentimentales. Prado narra la llegada de un joven, Raúl, a una isla que no aparece en los mapas y que tiene la forma de un trazo de tiza en medio del mar. Allí conoce a Ana, una muchacha que escribe un diario y que espera a un amigo que le ha prometido volver; conoce también a Sara, la dueña del único hostal de la isla, y a su hijo Dimas. Un faro que no funciona y un muro lleno de inscripciones de viajeros que han visitado la isla constituyen indicios que Prado va creando para superponer al primer nivel de la narración, el de la historia de amor entre Raúl y Ana, otros niveles de lectura; estos implican la existencia de distintas dimensiones temporales en las que los personajes se desencuentran o cambian su manera de actuar. El lector que accede sólo al primer nivel de la narración no advierte la dimensión fantástica de *Trazo de tiza*, sino algunas incongruencias y detalles que no encajan en una historia de amor frustrada.

La historieta se divide en siete capítulos, una introducción que muestra imágenes de un barco en medio de la tormenta (3), una página de ilus-

---

basado en el cuento popular ruso), *The Sandman. Noches eternas* (2004, antología, con guión de Neil Gaiman, el historietista británico nacido en 1960), *La Mansión de los Pampín* (2005), *Belo Horizonte* (2006), *Los compañeros. La orden de la piedra* (2009) y *Papeles dispersos*, también de 2009. Ese mismo año Prado ingresa en la Academia Gallega de Bellas Artes. Sus obras se han traducido al inglés, francés, portugués y otras lenguas. Su novela gráfica *Ardalén*, publicada por Norma Editorial en 2013, se describe como «su obra más extensa y ambiciosa hasta la fecha» (<http://www.normaeditorial.com/ficha/012059015/ardalen/>). Sobre ella señala Miguelanxo Prado en su propio sitio web: «Es una historia en torno a la memoria personal. La memoria como esencia de nuestra existencia, de la percepción de nuestra propia vida. Puede sonar filosófico pero, al final, se trata de un puñado de seres humanos que se ayudan y se hacen daño unos a otros, algunos llegan a quererse y todos se aferran a sus recuerdos para intentar evitar el naufragio» (<http://www.miguelanxoprado.com/index.php?s=25&cat=su&PHPSESSID=27ca0f36bcf166df8403299e0a1f025c&su=63>). En el mismo sitio, el autor habla de sus dos proyectos más recientes, las novelas gráficas «Presas fáciles» e «Islas»: «un libro con estructura de cuaderno de viaje sobre las islas gallegas».

tración llamada «Incógnita natura» (85), una «Anotación final» (87) y un «Homenaje a Hugo Pratt» (89-91). Cada una de estas secciones cumple una función dentro de la historia, ya sea a modo de anticipación (como es el caso de las ilustraciones de la página 3), a modo de narración propiamente dicha, de reflexión metatextual dirigida al lector en «Anotación final», y desde luego de explícito homenaje al historietista italiano Hugo Pratt (1927-1995) y a su personaje Corto Maltese[13].

La página 3, que se sitúa antes del primer capítulo y de las citas que lo anteceden, presenta cinco viñetas sin texto que muestran un barco en medio de la tormenta. La primera viñeta es un plano general que dirige la mirada del lector al barco, mientras que la última muestra en primer plano una enorme ola que parece sumergirlo. Las viñetas intermedias muestran detalles del mástil y de la cubierta del barco azotados por las olas. Sin ninguna explicación adicional, la narración continúa en la página 9, donde comienza el capítulo I con nuevas combinaciones de planos generales y de detalles que permiten ver a un hombre en un barco que se aproxima a una isla. Este comienzo, en el que se intercalan citas que sugieren interpretaciones diversas, obliga al lector a llenar los vacíos de la historia únicamente con la información que proporcionan las imágenes.

La página 85, por su parte, sigue a la conclusión de la historia, después que Raúl (ya sabemos su nombre) se aleja de la isla en su barco. Dos ilustraciones sobre fondo negro muestran un dibujo minucioso, con explicaciones sobre la flora y la fauna de la isla. Por el detalle con que se representan las dos especies (una es la gaviota y la otra es una encina propia de la costa atlántica), la caligrafía y el uso del latín, se puede adivinar el guiño de Prado a las ilustraciones de tipo científico de los viajeros y exploradores del siglo XIX. La inclusión de este elemento «realista» dentro de la obra añade otro estrato a la significación de la isla en la ecosecuencialidad gráfica que es la novela de Prado: como espacio real, «auténtico» y como espacio donde tiene lugar lo fantástico. En cualquiera

---

[13] *Trazo de tiza* se publicó originalmente en la revista de historieta española *Cimoc* (números 134-141) entre 1992 y 1993, en ocho entregas. Como destaca Antía Marante Arias, los paratextos no se incluyen en esta publicación original, sino que se agregan cuando Prado publica *Trazo de tiza* en forma de álbum (véase Marante Arias 2009).

de los dos casos las ilustraciones sugieren una «documentación» de los elementos naturales que conforman ambas dimensiones.

La «Anotación final» de la página 87 es particularmente importante; se trata de un texto firmado por el autor, Miguelanxo Prado, y fechado en «Lubre, noviembre de 1992». En este epílogo, dirigido al lector de *Trazo de tiza* y al lector de cómic en general, se explicita la intención de construir una narración de final abierto. El autor declara la sospecha de que el lector de historietas «no suele adentrarse profundamente en la obra; más bien la sobrevuela». *Trazo de tiza* es un intento de «cambiar ese hábito» y de obligar a ese lector medio a incorporar una actitud de curiosidad intelectual y creatividad en su experiencia de lectura. Esta «narración abierta» tiene su complemento en la viñeta de la página anterior, donde aparece Sara sentada a la mesa mirando el paisaje desde una ventana abierta, a la espera de la llegada de otro barco (y del comienzo de una nueva historia).

Finalmente, en el «Homenaje a Hugo Pratt» se incorpora al personaje de Corto Maltese creado por el historietista italiano, cuya influencia en la novela gráfica europea es de sobra conocida. Corto Maltese es un navegante y aventurero que prefiere la libertad antes que una vida tradicional. En *Trazo de tiza* el personaje, supuestamente desaparecido durante la Guerra Civil española, planea quizás establecerse en la isla. Se sugiere una relación anterior con Sara, la dueña del hostal, y también que tal vez este sea el destino final del personaje, cuando Maltese dice que hará su última travesía a Venecia y luego que le gustará «ser farero en un faro olvidado» (89). De esta manera, Miguelanxo Prado continúa la narración iniciada por Hugo Pratt y señala la posibilidad de construir un mundo autónomo a partir de la imaginación.

Prado construye una trama fantástica que es además una reflexión acerca de la incomunicación y la incapacidad humana para expresar afecto y comprender al otro. La historia de amor entre los protagonistas, Raúl y Ana, es sobre todo una historia de desencuentros. Raúl no entiende por qué Ana lo evita cuando se conocen, y cuando el personaje femenino se decide a iniciar un acercamiento y va a visitarlo a su barco, lo que ocurre es que se tropieza con que él ha invitado a Sara a su camarote y está teniendo un encuentro sexual con ella (65). Esta

Ecosecuencialidades gráficas de lo urbano y lo agrario 157

escena es la culminación de una serie de malentendidos entre los dos personajes.

Sara representa al ser femenino ligado a lo natural, a lo instintivo, mientras Ana es la figura de la intelectual que intenta aprehender el secreto de la isla a través de la escritura y la reflexión. No obstante, a pesar de su capacidad de observación y de lo que intuye oculto en la isla, no logra descifrar el enigma ni superar las diferencias que la separan de Raúl. Sara conoce los secretos de la isla y cree, por ejemplo, que la presencia simultánea de tres barcos en el muelle es un mal presagio. Tanto Ana como Raúl se muestran incrédulos ante esta superstición; sin embargo, es justamente cuando se da esta coincidencia que aparecen Berto y Tato, los dos hombres que intentan forzar sexualmente a Ana y que logran su propósito con la indefensa Sara, luego de que Ana se defiende con un arma de fuego (48).

El autor ha confirmado su interés en explorar las consecuencias de la imperfección del lenguaje para expresar ideas y sentimientos. Prado destaca su intención de construir en *Trazo de tiza* una historia que le permitiera indagar en este aspecto de las relaciones humanas:

> I've always been interested –and by this fact it plays a part in many of my stories– in a system of limited communication, particularly the unsuccessful vein that is the human language. We can never be certain of having expressed exactly and perfectly what we think or what we feel. Our lives are full of misunderstandings. That difficulty in communication, obviously, conditions human relationships. In *Streak of Chalk* I wanted to construct a trauma that unravels around this imperfect communication and see up to what point the lives of these characters were conditioned by these limitations. (Khoury 2009: en línea)

Ninguno de los dos protagonistas de la historia (ni el lector) sabe que han coincidido antes en la isla y que Raúl es la misma persona que Ana espera inútilmente. Este escamoteo de información es parte clave de la estructura narrativa de la obra. Mario Vargas Llosa llama a este recurso el «dato escondido», que consistiría en «Narrar callando, mediante alusiones que convierten el escamoteo en expectativa y fuerzan al lector a intervenir activamente en la elaboración de la historia con conjeturas y suposiciones»

(1997: 127). Es por esta razón que para Ricardo Piglia «todo escritor está siempre escribiendo, en algún sentido, una novela policial» (Fornet 2000: 33), puesto que debe decidir qué información oculta, qué calla, en qué momento debe revelar el secreto que se esconde en la trama. Esto convierte al crítico –y en este caso, al lector– en un detective que debe descifrar el enigma que esconde el relato. En *Trazo de tiza* Miguelanxo Prado hace de este procedimiento un aspecto central para la creación de varios niveles de lectura. En el lenguaje ecosecuencial de Prado, desde luego, se utiliza el montaje de las imágenes en vez de la narración textual para ocultar o revelar la información que el lector recibe. Un ejemplo de cómo el autor utiliza esta técnica con efectividad puede encontrarse cuando, al llegar Raúl a la isla, el lector sólo tiene acceso a una imagen parcial del muro donde los viajeros dejan sus inscripciones (11). Al final de la historia (83) se puede ver el mensaje completo de Raúl para Ana y comprobar que es él mismo quien lo ha escrito, como se observa al comparar las dos ilustraciones:

Figura 7. La imagen de la izquierda muestra la inscripción que el personaje de Raúl lee al llegar a la isla, de la que el lector puede ver sólo una parte (11). Al final de la historia, se revela que es el mismo Raúl quien ha escrito el mensaje para Ana en el muro (83).

Las dos citas que preceden *Trazo de tiza* apuntan al género fantástico como tradición en la que se inserta Prado, al tiempo que señalan su homenaje a *La invención de Morel* (1940), de Adolfo Bioy Casares, y a

Jorge Luis Borges. La novela de Bioy, donde se desarrolla una historia de amor imposible en una isla perdida y que revela una trama fantástica, es un intertexto explícito en la trama narrativa de *Trazo de tiza*: en el primer diálogo que sostienen Ana y Raúl él le pregunta si conoce *La invención de Morel*. La influencia de la obra de Bioy Casares en la literatura sobre el espacio insular escrita en el siglo XX, que ya se había constatado en *El lugar sin culpa*, atraviesa de esta manera el espacio de lo literario para inscribirse en el territorio híbrido del cómic.

La primera cita que encuentra el lector en *Trazo de tiza* proviene de *El caso del secuestro* (*The Kidnap Murder Case*, 1936), de S. S. Van Dine, y alude a la variedad de interpretaciones que puede tener un mismo texto: «Tú has visto y oído lo mismo que yo, únicamente que interpretamos los hechos de modo diferente» (6). Aquí Prado ofrece un indicio de que el lector debe asumir la actitud de un detective para poder acceder a todos los niveles de lectura de su obra. La segunda cita procede de «Tlön, Uqbar, Orbis Tertius», el relato de Jorge Luis Borges publicado originalmente en *Sur* en 1940 y luego como parte de *Ficciones* en 1944. Se refiere a la conversación que cuenta Borges sostuvo con Bioy Casares acerca de la «ejecución de una novela en primera persona» que «incurriera en diversas contradicciones, que permitieran a unos pocos lectores [...] la adivinación de una realidad atroz o banal» (6). No sólo es esta justamente la intención de *Trazo de tiza*, sino que el lector avisado puede relacionar el propósito de la historieta con la creación de un mundo total a partir de la invención intelectual, como sugiere Borges en el cuento, uno de sus textos fantástico-filosóficos más conocidos. La capacidad de la imaginación para crear mundos, premisa del relato de Borges, debe alertar además a quien descubre *Trazo de tiza* acerca de la aparente «banalidad» de la historia, bajo la que se adivina una trama fantástica que divide el universo entre «lo tangible y lo posible» (30).

Otro intertexto importante es *Dama de Porto Pim*, del escritor italiano Antonio Tabucchi (1943-2012). Se trata de un texto breve que combina literatura de viajes, memorias, biografía (pues en la parte I se habla de la vida de Antero de Quental), ficción y realidad. Y sobre todo, es un texto sobre el mar y las ballenas, sobre las islas Azores y su geografía, que según palabras de Tabucchi en su prólogo, lo inspiraron para escribir *Dama de Porto Pim*:

> este librito procede, más allá de mi disponibilidad hacia la mentira, de un período de tiempo transcurrido en las islas Azores. Sus temas son fundamentalmente las ballenas, que más que animales parecerían metáforas; y con ellas los naufragios, que en su acepción de actos fallidos y de desastres, parecerían asimismo metafóricos. (1996: 5-6)

El carácter a la vez físico y metafórico del espacio insular, del mar y de las ballenas es un tema frecuente en Miguelanxo Prado, que se encuentra de manera notable no sólo en *Trazo de tiza*, sino también en su ficción animada *De profundis* (2007). En esta última el artista crea cada cuadro de la película como una obra pictórica, más preocupado por la belleza de las imágenes que por mantener un tempo o un modo de narrar convencionales. *De profundis* cuenta además la historia de un naufragio, del viaje imaginario de un pintor por el fondo del mar, de ballenas y delfines, y de una mujer que espera al pintor mientras toca el violoncelo[14].

Hay una referencia explícita en *Trazo de tiza* a la obra de Tabucchi cuando Raúl y Ana conversan acerca de los misterios de la isla en el capítulo II. Raúl cita una frase: «Inutile fare de la nuit», y Ana le pregunta si ha leído a Chateaubriand. Raúl contesta que ha leído la frase en un libro de Antonio Tabucchi, y esto da pie para que ella le diga: «Es una frívola temeridad citar sin conocer las fuentes» (23). Se trata de una de las numerosas ocasiones en las que el autor se vale de los comentarios de Ana para introducir reflexiones acerca de la literatura y los modos de relacionarse con ella, sobre los modos de leer y, desde luego, acerca de la relación entre la historieta y lo literario.

El diario que escribe Ana, un texto dentro del texto, se suma a la complejidad de niveles de significación de la obra de Prado. El diario es un espacio textual que ofrece claves para la lectura y además constituye un dispositivo autorreferencial y metafictivo. Es en el diario donde se menciona varias veces la condición de la isla como «límite entre lo real y lo

---

[14] El filme estuvo nominado a los premios Goya 2006 en la categoría de Mejor película de animación.

intangible», y se revelan los pensamientos del personaje, que a menudo contrastan con la línea principal del relato. También permite cuestionar desde otro ángulo las relaciones entre lo artístico y el mundo de las editoriales y medios masivos: el editor al que Ana envía una novela le contesta que su texto adolece de ser demasiado «reflexivo» e «introspectivo», y que por tanto no «tiene un gran público». Le aconseja, en cambio, escribir una novela completamente nueva en la que incluya «alguna pincelada de erotismo y algo de acción», y no dejar «que los personajes piensen tanto», pues esto «ayudaría a vender el libro» (76). Del mismo modo en que se cuestionan los hábitos de lectura y la recepción habitual del cómic como un entretenimiento intrascendente, el texto dentro del texto deviene un lugar de discusión acerca de la relación entre esos mismos hábitos y la industria del entretenimiento masivo[15].

Me he referido a la inclusión de *Trazo de tiza* en la tradición de lo fantástico. El estudio de Tzvetan Todorov sobre el género ofrece una de las definiciones más instrumentales sobre el elusivo mundo de la ficción fantástica, al situarlo en el espacio de incertidumbre: «En un mundo que es el nuestro, el que conocemos, sin diablos, sílfides, ni vampiros, se produce un acontecimiento imposible de explicar por las leyes de ese mismo mundo familiar» (1987: 24). El lector vacila entre explicar racionalmente lo sobrenatural o aceptarlo como parte de la realidad. Esta duda constituye, según Todorov, el espacio de lo fantástico. Este procedimiento es de vital importancia para la creación del efecto de lo fantástico, que se realiza en el lenguaje y a través de la creación de «núcleos de significación». Por ejemplo, en *Trazo de tiza* ciertos elementos aparentemente triviales (el muelle, el muro, el faro) sugieren la existencia de otra dimensión, que cuestiona la interpretación «racional» de la historia y que es responsable

---

[15] Con anterioridad, se había incluido un fragmento de una novela erótica al final del capítulo 5, luego del encuentro sexual entre Sara y Raúl (68). Su título, *La luz del deseo*, y su autor son apócrifos, así como la crítica que señala que el único interés de la novela de Silas es el morbo de venderse como «autobiografía». Esta novela inexistente comparte varios elementos con *Trazo de tiza*: una isla deshabitada, unos personajes similares, un faro que no funciona. Es evidente la intención autoparódica y crítica de este tipo de intertexto que, intercalado en la narración, no cumple ninguna función en su desarrollo, sino que sirve para cuestionar los límites de la ficción.

por la creación del efecto de «duda» que llevaría a lo fantástico. Las lecturas posibles que resultan (y por tanto el efecto mismo de lo fantástico) no se revelan sino a lectores capaces de descifrar las claves que ofrece la novela. Lo fantástico funciona como un espacio de alteridad, al abrir la posibilidad de un mundo regido por otras leyes, otros valores, con frecuencia opuestos a lo normativo. Es precisamente lo que señala Noé Jitrik en un controvertido ensayo sobre *Ficciones*, de Jorge Luis Borges:

> Lo fantástico reside, antes que nada, en el lenguaje: hay un modo de tratar la palabra que favorece un cambio de plano, la aparición de una nueva dimensión de lo real. Pero la palabra no tiene ese poder en sí sino a partir de los actos o situaciones que refiere. Lo fantástico se centra, entonces, en ciertos núcleos del relato y es allí donde tiene un sentido. Digamos, para abreviar, ámbitos, objetos, personajes que parcialmente siguen manejándose de acuerdo con normas universales y establecidas (lo previsible) pero que proponen una fuga respecto de tales normas (lo inasible). (1978: 151)

Esa capacidad de crear «otros mundos» es lo que define el hecho artístico, y lo fantástico, al poner en primer plano los mecanismos que producen la alteridad, constituye un género que, como el policial, como el de aventuras, revela su «laboratorio», la autorreflexión acerca los modos en que se produce el hecho literario o la obra de arte. En palabras de Víctor Bravo:

> El drama que vive el acontecimiento literario –y que vive como conciencia sobre todo a partir del romanticismo– es justamente esa tensión entre lo Mismo y la alteridad, entre subordinarse al peso de los referentes del mundo, o hacer sentir su respiración y sus territorios como otro de los horizontes de ese mundo. Para decirlo en términos de Julia Kristeva, el drama entre su verosimilitud y su productividad. [...] La verosimilitud es el intento de alcanzar la semejanza respecto a los referentes del mundo; la productividad, al poner en escena la «máquina textual», los mecanismos discursivos que hacen posible el hecho estético, hace del referente un elemento del propio universo literario y se aparta de la verosimilitud. (1993: 21-22)

La dialéctica entre la verosimilitud y la productividad se revela de manera particular en *Trazo de tiza*, donde hay muchos indicios que crean las múltiples interpretaciones posibles a partir de una estructura narrativa que cuestiona, ella misma, lo verosímil o lo increíble de la historia. El carácter fantástico del relato –que reside en la posibilidad de la existencia de otras dimensiones– se construye sobre el escamoteo de información al lector y la sugerencia. Los ámbitos que produce lo fantástico dan entrada, por otra parte, al Mal, a lo pulsional y a la expresión del deseo. En *Trazo de tiza* la irrupción del Mal se concreta en los dos hombres que violan a Sara y también en el hijo de ella, que atraviesa a las gaviotas con sus flechas. La expresión del Mal, sin embargo, como una fuerza que se opone a lo normativo, es también una forma de libertad, como señalara George Bataille en *La literatura y el Mal*. En *Trazo de tiza* el personaje de Sara aparece ligado a lo natural por su capacidad de intuir el peligro y por su comprensión ingenua de los ciclos de la isla. Es la figura maternal, la que provee alimento y techo a los viajeros extraviados; pero es también la madre de Dimas, quien manifiesta su fuerza destructiva cuando le da muerte a las gaviotas con sus flechas. Esa capacidad destructiva carente de «razón» lleva a Dimas a asesinar a los agresores de Sara. Cuando se rompe el equilibrio de la isla, también se quiebra la armonía entre los seres que la habitan. Esa quiebra da paso al crimen, la venganza y la muerte. La amistad de Raúl con una de las gaviotas de la isla, y al mismo tiempo la crueldad de Dimas, que las atraviesa con sus flechas, muestran actitudes contrapuestas ante el medio natural. Todos estos elementos clave se anuncian ya desde la cubierta de la obra, como se observa en la figura 8: el faro, una gaviota atravesada por una flecha, la figura de Ana y el paisaje marino de fondo.

    Puede verse también que la imagen de la isla como lugar de la utopía y lo maravilloso se realiza en esta obra de Prado mediante un dibujo de intensa belleza plástica, en el que los tonos del mar varían del verde oscuro en la tormenta a diversos azules durante la calma y violetas en la noche, y crean una atmósfera lírica e inquietante. El artista concibe las viñetas como cuadros pictóricos, prestando atención a la composición, la textura y el color. Asimismo, los textos no se encierran en globos, sino que se incorporan como cartelas, de manera difuminada, lo que refuerza su percepción como texto literario. La isla como «trazo de tiza» alude al carácter de elaboración cultural al que el ser humano somete la naturaleza cuando construye asociaciones abstractas a partir de ella; también, a la relación entre escritura y creación, como el diario que escribe Ana o las palabras en el muro que sólo al final descubrimos que pertenecen al propio Raúl, en su visita a la isla en otra dimensión espacio-temporal. Puede observarse en la figura 9 cómo el ángulo de visión en picado (de arriba hacia abajo) ofrece una perspectiva panorámica que permite esta construcción de la isla como idea abstracta. Prado alterna con frecuencia este tipo de mirada con la de contrapicado (de abajo hacia arriba); con esto sugiere visualmente la multiplicidad de interpretaciones posibles de la historia. También juega con los enfoques diferentes que cada personaje expresa acerca de lo que ocurre: por ejemplo, cuando Ana en su diario señala el carácter inquietante del conjunto que forman Sara, su hijo y el faro que no funciona (36), o cuando apunta al espacio de la isla como una divisoria entre dos mundos.

Figura 8. Cubierta de la edición de *Trazo de tiza* de Norma Editorial, 2003.

Ecosecuencialidades gráficas de lo urbano y lo agrario 165

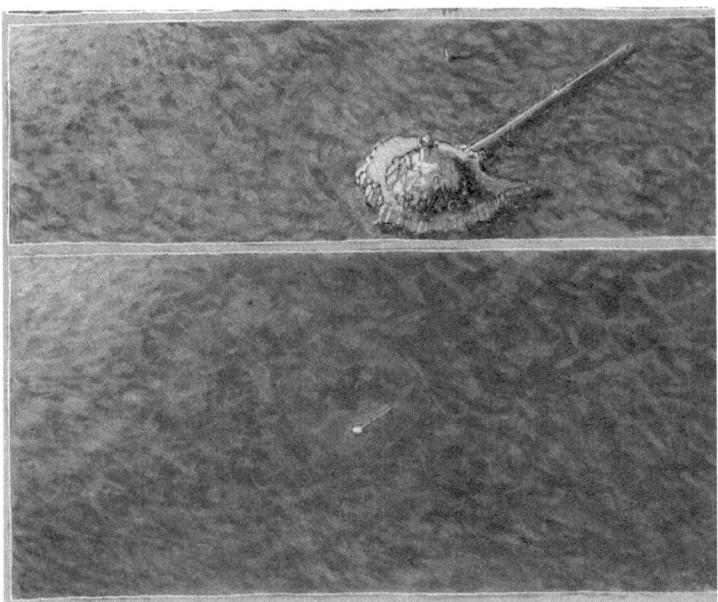

Figura 9. El personaje de Ana señala en su diario: «La isla resulta ser, de esta forma, un límite blanco e incierto entre lo tangible y lo posible» (30).

La noción de límite resulta ser, precisamente, una pieza central en las narraciones fantásticas: la puerta, el muro, el espejo, funcionan como la frontera entre el mundo ordinario y el de lo sobrenatural. La isla, que separa estos dos mundo en *Trazo de tiza*, se convierte así en el espacio de lo «otro», en ese territorio de alteridad al que se refiere Bravo; es el universo donde se transgrede el límite, donde se produce la irrupción de lo «intangible» y se abre la posibilidad de alterar las normas, de imponer otra racionalidad, otro sistema de valores. Lo «otro» en la narrativa fantástica constituye el equivalente de lo «abyecto» en Kristeva: es eso que provoca la desestabilización de la norma cuando lo desordenado, lo impuro, lo irracional, se introducen en el ámbito de lo ordenado, lo posible, lo racional. En *Trazo de tiza* esos límites inciertos se materializan en la isla, donde es posible alcanzar, como dejó dicho Julio Cortázar, esa «hora en la que se anhela ser uno mismo y lo inesperado, uno mismo y el momento en que la puerta que antes y después da al zaguán se entorna lentamente para dejarnos ver el prado donde relincha el unicornio» (Cortázar 2004: 79).

Las ecosecuencialidades gráficas de Max y de Miguelanxo Prado coinciden, en su representación de lo urbano y lo agrario, con la tradición narrativa analizada en el capítulo anterior. El espacio industrial de la ciudad es el escenario del enfrentamiento entre los intereses de las compañías que producen contaminantes en *Gustavo*, y la isla es el lugar donde los límites entre lo posible y lo sobrenatural se superponen. También, la aspiración utópica a la armonía entre el ser humano y la naturaleza constituye una noción que se mantiene como tópico constante tanto en los géneros literarios canónicos como en el espacio heterogéneo del cómic. Del mismo modo, lo urbano, aun más con la modernización que ocurre tanto en España como en Hispanoamérica a partir de los años cincuenta del siglo XX, se configura en la imaginación medioambiental como un territorio distópico, en el que los motivos del discurso tóxico adquieren formas diversas: desde los desechos y la contaminación con químicos hasta la posibilidad del desastre nuclear.

Las diferencias entre las ecopoéticas de Max y Miguelanxo Prado responden a la evolución gradual de España hacia un clima democrático, siendo Max quien registra la actitud de rebeldía y protesta ante la represión y la censura, que canaliza mediante los códigos del *underground*, mientras que Prado evidencia una atmósfera de estabilidad en la que el artista puede dedicarse a reevaluar y establecer un diálogo creador con su tradición. Si en *Gustavo* los conflictos sociales son el centro de la trama, en la historieta de Prado el conflicto es de índole privada y es la reflexión metapoética y el diálogo con la literatura lo que ocupa la atención del creador.

De la desintegración social al futurismo gótico: dos visiones de la Ciudad de México en *El Santos* y *Operación Bolívar*

Si en *Gustavo* se asiste a la crítica social y a la creación de un personaje subversivo y antisistema, en las historietas de *El Santos* (1989-1999), de Jis y Trino, se fuerzan los límites de la parodia y de la crítica para generar un universo de personajes absurdos que revelan el caos de la sociedad mexicana a través de lo escatológico, lo vulgar y la violencia caricaturizada.

El Santos de Jis y Trino[16] tiene su origen en el luchador enmascarado que en los años cincuenta del siglo XX se convierte en un ícono y en un rito de la cultura popular mexicana. Carlos Monsiváis reúne en su caracterización del personaje histórico varios elementos clave: la migración de las familias pobres del campo a la ciudad, la necesidad de abrirse paso en la

---

[16] Al igual que otras historietas, las de *El Santos* se han publicado en una colección de tapa dura, en este caso por la Editorial B de México, en 2003, en una compilación de lo publicado por Jis y Trino en *La Jornada* durante diez años. Los volúmenes están organizados por número y título y son los siguientes: *El Santos 1: En un principio era El santos…*; *El Santos 2: El regreso de los zombies de Sahuayo*; *El Santos 3: Godzilla contraataca*; *El Santos 4: El Santos y el Peyote en la Atlántida*; *El Santos 5: Somos las Poquianchis del espacio*; *El Santos 6: ¿Quién demonios es el Diablo Zepeda?*; *El Santos 7: Forjadores de la patria*; *El Santos 8: Embajadores de Vulgaria* y *El Santos 9: Eso es todo, amigos. El Epílogo*. En este libro se cita el material de Editorial B por el número del volumen junto con la paginación correspondiente. En cuanto a sus autores, José Ignacio Solórzano Pérez (Jis) nace en Guadalajara, México, en 1963. Abandona la carrera de Ciencias de la Comunicación para dedicarse a la historieta. Funda las revistas *Galimatías* y *La Mano*, y los suplementos humorísticos *La mamá del Abulón*, *Tu hermana la gordota* y *Uno Chango pa el Chamuco*. Es autor además de las historietas *Los manuscritos del Fongus* (1983), *La croqueta: humor perro* (1987), *Sepa la bola* (2003), de la serie *Otro día* (en cuatro volúmenes, 2003), *Mucho cerdo sabroso (y puerquita sexy)* (2006) y *Asuntos moneros. Cartas 1997-2009*, en coautoría con Trino (2009). José Trinidad Camacho Orozco (Trino) nace en Guadalajara, México, en 1961; también estudia Licenciatura en Ciencias de la Comunicación y comienza a publicar sus primeros dibujos en *La mamá del Abulón*. En el año 2000 recibió el Premio Nacional de Periodismo y en 2006 el premio Pagés Llergo al mejor caricaturista de ese año. Tiene otras facetas creativas, de tipo más didáctico, como su texto ilustrado *La Constitución Mexicana* (2005) e *Historias desconocidas de la Independencia y la Revolución* (2010). Con la Secretaría de Educación Pública (SEP) participó en el proyecto de Rincón de Lectura *¿Qué te gusta más?*, y realizó los dibujos de los libros de texto de la SEP de primero y quinto de primaria. Ha ilustrado otros libros infantiles, como *El Enmascarado de Lata* (2004) y *Fuiste tú* (2006), con textos de Vivian Manzur; *Por un tornillo* (2009) y *Todos los osos son zurdos* (2010), de Ignacio Padilla. En 2006 realiza el libro sobre prevención e información de adicciones *De la ficción a la adicción*, con texto de H. Brocca. Actualmente publica en los diarios del grupo Reforma sus tiras *Crónicas marcianas*, *Fábulas de policías y ladrones*, *El rey Chiquito*, *Pipo y don Calvino* y *Ruleteros y don Taquero*. La colaboración entre los dos artistas comenzó desde sus primeros pasos en la historieta, en el diario *UnomásUno*, en los años ochenta. Juntos han participado en el programa de radio «La chora interminable», transmitido por Radio Universidad de Guadalajara. Su trabajo conjunto más conocido son las historietas de *El Santos*.

urbe con los recursos a mano (es decir, los del propio talento e inventiva personal), y el ascenso a la categoría de mito de la cultura popular a partir de la representación de un personaje que es mezcla de héroe humano y divino, fuerza y espíritu:

> Rodolfo Guzmán Huerta, El Santo, nace el 23 de septiembre de 1915 en Tulacingo, Hidalgo, y muere en 1984 en la Ciudad de México. En 1920 su familia se traslada a la capital, por el rumbo de El Carmen, y allí Rodolfo opta por el gran recurso de los niños sin recursos: el triunfo deportivo. Juega futbol y béisbol, aprende lucha olímpica y, finalmente (el argumento económico es la vocación más personal), Rudy y sus hermanos se dedican a la lucha libre en las arenas chicas… (Monsiváis 1995: 125)

Figura 10. Rodolfo Guzmán Huerta, El Santo.

Santiago Vaquera-Vásquez resume así la trayectoria del personaje de la historieta creada por Jis y Trino, desde su aparición hasta su retirada:

> El Santos entró al ring a mitad de los '80 en *La croqueta* y luego obtuvo fama al debutar formalmente en las páginas de las «Histerietas» de *La Jornada* a finales de los '80. Después de varios años allí, lo trasladaron a la revista *El Chamuco*, donde siguió hasta 1999 cuando se retiró de las aventuras en la prensa mexicana. (Vaquera-Vásquez 2011: 165)

Ecosecuencialidades gráficas de lo urbano y lo agrario 169

Figura 11. El Santos, personaje de la historieta de Jis y Trino. En esta viñeta aparecen los artistas, en una autorrepresentación en la que el personaje tiene vida propia y ha decidido filmar su propia película sin autorización de sus creadores[17].

Se pueden mencionar varios elementos que separan al Santo «original» del personaje de cómic creado por los moneros mexicanos. El primero y más evidente es que el luchador enmascarado a quien representa Rodolfo Guzmán Huerta es un héroe que lucha contra el Mal y que gana por eso el fervor del público que acude a la arena para verlo. El Santo de los años de oro del cine mexicano es un superhéroe de carne y hueso de la cultura popular. Mientras tanto, el protagonista de las historietas de Jis y Trino es un antihéroe de tinta y papel marcado por el fracaso; ha perdido el aura de misterio, poder y fuerza sobrenatural que acompañaba al héroe para convertirse en un ser ridículo cuyas aventuras terminan siempre en la frustración y que, además, para vergüenza del estereotipo de masculinidad ejemplificado por su predecesor, sufre de un amor sin esperanza por la Tetona Mendoza, quien se burla de él, le es infiel y lo somete a humillaciones de todo tipo.

---

[17] Realizar una película basada en el personaje fue un proyecto que Jis y Trino quisieron concretar durante mucho tiempo. Finalmente, la película animada *El Santos vs La Tetona Mendoza* se estrenó en México el 30 de noviembre de 2012. El filme, dirigido a un público adulto, cuenta con la dirección de Alejandro Lozano y Andrés Couturier, bajo la firma de los estudios Peyote Films y Átomo Films. Intervienen en el doblaje actores muy conocidos en México: Daniel Giménez Cacho (como El Santos); Regina Orozco (como la Tetona Mendoza) y el director, guionista y productor de cine Guillermo del Toro como el Gamborimbo Ponx. La película se estrenó en los Estados Unidos en el 2013.

La crítica ha señalado que esta pérdida del aura heroica del personaje señala la crisis de valores y la fragmentación social en el México de los años ochenta y noventa del siglo xx. Por ejemplo, Vaquera-Vásquez establece una relación directa entre la «desmadredad» y el caos que escenifica *El Santos* y el contexto histórico-político de esas décadas que cierran el siglo, cuando habla de «la pérdida de la fe en las instituciones; las crisis económicas; la mentalidad posapocalíptica urbana; la política neoliberal y sus resultados desastrosos para la sociedad» (2011: 165). Me interesa detenerme en los aspectos que señala Vaquera-Vásquez porque las tiras de *El Santos* se alimentan del contexto producido por ellos, aun cuando personajes como Godzilla, los Zombies de Sahuayo, la Rata Maruca, la Caperucita Roja o los tres cerdos Gutiérrez hagan referencia al mundo de los cuentos infantiles.

No es fortuito que en el repertorio de El Santos el abuso de poder y la banalización de temas políticos y sociales de gran impacto en México aparezcan con frecuencia. Tales temas vienen acompañados de lo escatológico, lo satírico y lo irreverente, e incluso del mal gusto: las heces y los fluidos corporales, la masturbación y todo lo relativo a las funciones naturales del cuerpo humano aparecen en las historietas y a veces constituyen el eje temático de estas. En este sentido, la comparación con los cuentos de Rubem Fonseca incluidos en *Feliz ano novo*, y en particular «Intestino grosso», es inevitable: en este texto, el autor brasileño se vale de motivos como los desechos y las funciones corporales para subvertir la «buena moral» del gobierno dictatorial de los setenta en Brasil. Como se recordará, los problemas con la censura confirmaron que Fonseca no se había equivocado con respecto al carácter «maldito» de sus personajes sin dientes (una nueva forma de pornografía, relacionada con las funciones naturales del cuerpo y no sólo con el sexo). Sin embargo, mientras Fonseca utiliza el discurso científico para parodiar la tradición racionalista de ese mismo discurso, Jis y Trino se valen del repertorio humorístico popular, del «choteo» o del «relajo» para desafiar la censura. Con frecuencia, los artistas utilizan lo escatológico para hacer burla de lo considerado «bello» tradicionalmente, como cuando el Santos se dedica a moldear heces y otros personajes las usan como obras decorativas: el Peyote Asesino, por ejemplo, las usa como pisapapeles. Vaquera-Vásquez coincide con el juicio de José Homero, a quien cita en su trabajo sobre *El Santos*; Homero destaca la coincidencia entre la narrativa mexicana de los noventa y las historietas de Jis y Trino, en tanto las dos formas de creación incorporan lo sórdido, la violencia y lo obsceno como «provocación, síntoma y denuncia de la decadencia» o «como una vivisección de la sociedad y un planteamiento de superación de sus términos» (Vaquera-Vásquez 2011: 167).

En las ecosecuencialidades gráficas de Jis y Trino la farsa, la parodia y lo carnavalesco (*à la* Bajtin) desenmascaran la corrupción y el caos institucional. En particular, el caos urbano y «el desmadre» que caracterizan a la capital del país, la Ciudad de México. Un caso ilustrativo es la historia que comienza «Estaba un día El Santos leyendo el periódico...»; en esta aventura, del 23 de agosto de 1992, la primera viñeta ofrece un guiño autorreferencial, pues el diario que lee El Santos es *La Jornada*, donde se publica la historieta. El segundo elemento notable es el texto: «Boznia [sic] Herzegovina quieren [sic] firmar tratado de libre comercio con México» (*Santos* 4, 28). El Tratado de Libre Comercio con los Estados Unidos y Canadá (TLCAN o NAFTA), firmado el 17 de diciembre de 1992 bajo el gobierno de Carlos Salinas de Gortari (1988-1994, sucesor de Miguel de la Madrid) fue y sigue siendo un tema controvertido en México, y ya había estado presente en el debate público por varios años.

El Tratado, que entró en vigor a partir de 1994, polarizó a la sociedad mexicana, en la cual la alianza con el vecino del norte ha sido desde siempre un tema problemático. Aunque inicialmente el gobierno de Salinas de Gortari, mediante una bien planeada campaña mediática, logró el voto a favor del TLCAN, la crisis económica de 1995, que devaluó el peso mexicano y perjudicó sobre todo a los trabajadores y las clases medias, hizo que la brecha entre las clases altas y «los de abajo» se profundizara y que el rechazo al convenio creciera de manera radical[18].

---

[18] En su ensayo «NAFTA and the Political Economy of Mexico's External Relations», Ricardo Grinspun y Maxwell Cameron argumentan que el Tratado no sólo fue un fracaso en términos de desarrollo económico, sino que influyó de manera negativa en la calidad de vida. Los autores señalan que, desde la implementación del acuerdo en enero de 1994, México vio un incremento de los niveles de pobreza, con un creciente descontento social y división interna, insurrecciones en las zonas rurales, escándalos

El Tratado incluye un acuerdo sobre medioambiente y una «Comisión para la cooperación ambiental», en cuyo sitio web (www.cec.org) puede leerse: «Tres países unidos en la protección del medio ambiente que compartimos». Sin embargo, en un informe del 2008 sobre el impacto del TLCAN en materias de equilibrio ecológico, titulado «Environmental Assessment of NAFTA: Lessons Learned from CEC's Trade and Environment Symposia»[19], se pone en evidencia tanto la escasa consideración que se le da al asunto como la ausencia de un análisis integral de los factores que inciden en la desigual distribución de riesgo ecológico entre México y los Estados Unidos. El informe señala que existían expectativas de que la liberalización de los mercados favoreciera mejores prácticas de protección medioambiental, mediante el incremento del nivel de vida y de las inversiones en tecnologías «limpias»; esto se lograría (ya se ve cuán hipotéticamente) a través de una mayor demanda pública por mejores condiciones medioambientales y de mayores inversiones en la protección de los recursos naturales. Como si el optimismo infundado de estas expectativas no fuera ya lo suficientemente desalentador, el texto reconoce que desde luego, estas no se materializaron, «especialmente en el contexto

---

de corrupción y asesinatos de candidatos políticos (Grinspun & Cameron 1996: 163). Por su parte, Stephen D. Morris y John Passé-Smith, en «What a Difference a Crisis Makes: NAFTA, Mexico, and the United States», confirman con datos los efectos indeseados del TLCAN para ambos países: «The U.S. Department of Labor certified the loss of more than 98 000 jobs from the beginning of NAFTA to 1996 (cited in *Public Citizen*, 1996: 4). Of course, this loss of jobs was particularly sobering when compared with the number of new jobs promised by the proponents of NAFTA. Beyond trade and jobs, the crisis also found Mexico in a deep financial bind, unable to pay off the almost US $29 billion in treasury bonds (*tesebonos*) coming due during 1995 and therefore leaving many U.S. investors facing the prospect of huge financial losses. Finally, the economic crisis increased the number of illegal entrants into the United States, further sharpening already intense anti-immigrant sentiments. One report noted that detentions of illegals were up 26 percent in the first quarter of 1995 compared with the same time during the previous year, while in 1996 1.6 million Mexicans were deported, the largest number in seven years (Lobe, 1995: 7; *InterPress Services*, 1997)» (Morris & Passé Smith 2001: 128).

[19] En línea en <http://www.cec.org/sites/default/files/related_documents/green_economy/2598_Lessons_Learned_from_CECs_Trade_and_Environment_Symposia.pdf>.

mexicano», y concluye lo siguiente, después de haber transcurrido más de diez años de la implementación del TLCAN:

> Trade liberalization does not automatically lead to the elaboration of mutually supportive trade, environmental and economic policies at the continental level. This is true especially in a context where policy decisions are made based on imperfect information. Furthermore, many dimensions of the trade and environment nexus, notably in the energy and services sectors, have yet to be documented and analyzed, thus making it impossible to draw an overall conclusion on the environmental impacts of NAFTA in North America.

Estas afirmaciones sobre las implicaciones del Tratado en el sitio web oficial de su política medioambiental contrastan con el análisis de Grinspun y Cameron, quienes apuntan la estrechez del enfoque tradicional sobre economía y riesgo ecológico, que sólo considera factores como la polución o la calidad del aire, dejando fuera aspectos como las políticas que regulan la explotación de los recursos naturales y las consecuencias de esas políticas, así como los desiguales niveles de poder que las afectan (1996: 176). Esas políticas dieron como resultado la proliferación de maquiladoras en el territorio mexicano, que combinan bajos salarios, gran productividad y pésimas condiciones de trabajo con bajos o inexistentes estándares de protección medioambiental. El fenómeno de las maquiladoras, calificado como «social dumping»[20], es una de las formas en que se manifiesta la relación entre poder político-económico y el medioambiente.

Por otro lado, este tipo de análisis reductor ignora las consecuencias del «efecto bumerán» que tanto Jorge Riechmann como Ulrich Beck analizan, y que se manifestó en la práctica en el derrame de petróleo del 20 de abril de 2010. Las consecuencias del derrame para la vida marina y para las industrias de la pesca y el turismo han sido igualmente devas-

---

[20] Grinspun y Cameron ofrecen la siguiente definición de «social dumping»: «[P]olicies that enhance international competitiveness by lowering social and environmental costs of production. Examples include occupational safety costs below reasonable international standards and policies that diminish firms' responsibilities for the pollution they create» (1996: 173).

tadoras para México y para los Estados Unidos, sin contar el alto coste ecológico a largo plazo y a nivel global.

Pero de todos estos problemas tan serios, y luego de leer la noticia sobre el posible acuerdo con Bosnia Herzegovina, al Santos sólo le interesa una cosa: el Tetona's Palace –propiedad de la Tetona Mendoza, contrincante del Santos en el ring y también su amor imposible– necesita un masajista. El carácter improbable de la firma del tratado con Bosnia Herzegovina inicia apenas la saga del absurdo: El Santos y El Cabo llegan al burdel y se encuentran una larga cola de aspirantes al puesto, y desde luego intentan hacer trampa y pasar primero. El Santos apela a la autoridad del Cabo «como representante de la ley», no para proteger el orden sino para defenderlo a él cuando uno de los candidatos al puesto, con un físico impresionante, lo amenaza. Al final, la Tetona Mendoza los expulsa a todos de una patada, en castigo por haberse aprovechado para recibir masajes encima de ella, todos desnudos (*Santos* 4, 28). El masajista pierde su oportunidad de empleo, y cuando El Cabo intenta consolarlo y ofrecerle trabajo, la reacción del Santos es típica: «¡Ah, no! Él nos quería mandar a la cola al principio» (*Santos* 4, 28). Lejos de ser un héroe generoso, preocupado por el bienestar del prójimo y la humanidad, el Santos es un ser mezquino, rencoroso y egoísta, para nada interesado en grandes temas o en causas justas, sólo en su provecho personal.

La «mentalidad post-apocalíptica urbana» de la que habla Vaquera-Vásquez había sido definida y analizada por Carlos Monsiváis, en especial en su recopilación de ensayos *Los rituales del caos* (1995). Monsiváis describe lo post-apocalíptico como la idea prevaleciente de que «lo peor ya ocurrió», y la esperanza injustificable de que ya nada puede superar el desastre; en ello radica la paradójica noción –y el paradójico orgullo– de que los habitantes de México D. F. son los sobrevivientes de un mundo que está más allá del Apocalipsis. «Lo peor» incluye el terremoto de 1985 que prácticamente destruyó la ciudad, la sobrepoblación, la falta de agua, las interminables líneas de automóviles, bicicletas, autobuses y todo tipo de inverosímiles medios de transporte que se amontonan cada día en los «tapones»; el abarrotamiento del metro y desde luego la contaminación. Esa mentalidad se ha convertido, según Monsiváis, en un «nuevo chovinismo» que transforma el caos urbano en un repertorio de anécdotas, chistes, predicciones, un rumor colectivo que «describe los paisajes urbanos con el entusiasmo de un testigo de primera fila del Juicio Final» (1995: 20). Por ejemplo, ya nadie duda que México D. F. es una de las ciudades más contaminadas del planeta, lo que «el chovinismo de la catástrofe» eleva a característica distintiva: «¡El laboratorio de la extinción de las especies!» (Monsiváis 1995: 19). El autor enumera los «encantos» de la megalópolis: «Quedarse en la capital de la república es afrontar los riesgos de la contaminación, el ozono, la inversión térmica, el plomo en la sangre, la violencia, la carrera de ratas, la falta de significación individual» (1995: 20). Sin embargo, en el repertorio popular se inscribe la fascinación del imaginario post-apocalíptico, que, con una mezcla de «irresponsabilidad, resignación y esperanza», concluye que vale la pena quedarse porque no hay otro lugar adonde ir, no hay cómo escapar al desastre y en última instancia, si lo peor llegara a ocurrir, algo se podrá hacer para evitarlo.

El imaginario popular de lo post-apocalíptico constituye una parte central del discurso de Monsiváis sobre la cultura urbana en México. En el discurso ecosecuencial de *El Santos*, este imaginario desafía las tipologías del «discurso tóxico» de Buell –sobre todo las relacionadas con la polución y la goticización de la crisis medioambiental– puesto que no funcionan como advertencias sobre un futuro posible de desastre ecológico, sino que se convierten en una tragicómica constatación de que «lo peor ya llegó». La cotidiana presencia de la contaminación pierde en *El Santos* su sentido trágico, del mismo modo en que las anécdotas e historias cotidianas acerca del tiempo pasado en un tapón se suman a las conversaciones que se comparten en el autobús o después del trabajo en cada casa; ocupan así el lugar de la crítica directa y de la advertencia moralizante, transformándose en un ritual de supervivencia. Por ejemplo, en la ilustración siguiente, luego de una narrativa en la que El Santos se roba un Porsche para reconquistar a la Tetona Mendoza y el Peyote Asesino se roba un OVNI, la posibilidad de que se roben también el metro de la ciudad no parece tan increíble (*Santos* 2, 12).

Figura 12. ¡Se robaron el Metro!

Existe una tradición que relaciones el humor y sus expresiones populares con la identidad nacional. Tania Gentic-Valencia, en «El relajo como redención social en *Los rituales del caos*» cita, entre otros ejemplos, la *Indagación del choteo* (1928) del cubano Jorge Mañach (1898-1961) y, para el caso mexicano, la *Fenomenología del relajo* (1966) de Jorge Portilla (1919-1963). Estos intentos se inscriben por derecho propio en la línea de ensayos que indagan en lo identitario, como *El laberinto de la soledad* (1950), de Octavio Paz. Ahora bien, en el texto de Monsiváis los que ocupan el centro del análisis son actores provenientes de grupos y expresiones culturales marginadas históricamente dentro de la construcción de «lo mexicano». El Santo, el emigrante pobre del campo que triunfa en la ciudad, revela su identidad a través de la máscara; la peculiaridad que le facilita el triunfo reside en esa máscara, que oculta su rostro verdadero. Otros actores invisibles del drama de la mexicanidad son los espectadores anónimos de fenómenos masivos como «Luismi», el popular cantante mexicano Luis Miguel. Despojados del privilegio de disfrutar de su ídolo en vivo, en el Estadio Azteca, esas masas invisibles se reúnen frente al televisor para delirar con (otra) interpretación de «México lindo y querido», la canción popularizada en los «años de oro» por Jorge Negrete. Esta indagación en lo mexicano a través de lo masivo y lo popular se construye, como los textos de Elena Poniatowska sobre la matanza de

Tlatelolco, a través de fragmentos, de retazos disímiles, de un protagonista colectivo que sufre la contaminación y el caos del D.F. Lo mismo ocurre en las historietas de *El Santos*: mediante la presencia de elementos visuales propios del paisaje urbano del Distrito Federal, como los típicos «vochos» que se usan como taxis, el metro o los vendedores ambulantes, se articula el espacio de la ciudad como lo familiar reconocible dentro del absurdo, como el vínculo que une las tramas disparatadas del Santos con la realidad nacional. El «¡Se robaron el metro!» de la historieta, después de que en el terremoto de 1985 el gobierno mexicano rechazara en un primer momento la ayuda internacional para los damnificados y los víveres y medicinas desaparecieran sin dejar rastro, sin llegar jamás a las víctimas, parece apenas un comentario sobre la vida cotidiana en la Ciudad de México.

Un ejemplo del carácter reflexivo, aunque desmadroso, de *El Santos*, y de su análisis de la tradición cultural mexicana y su actualidad, se encuentra en la historieta «Estaba un día El Santos en una mesa redonda sobre monumentos cívicos» (*El Santos* 2, 28). El Santos propone que se coloque su estatua en el Zócalo. Como se sabe, el Zócalo (formalmente, Plaza de la Constitución) es el centro de la vida política, cultural y religiosa de la Ciudad de México desde antes de la Conquista. En el Zócalo no sólo se encuentran edificaciones de profundo significado en la historia del país, como el Templo Mayor, la Catedral Metropolitana, el Palacio Nacional y el Edificio del Gobierno, sino que en este espacio se celebraban los ritos y ceremonias religiosas de los aztecas, las proclamaciones de virreyes en la época colonial, y en él han tenido lugar las protestas y congregaciones políticas más significativas del México moderno. Es este sitio donde El Santos propone que se erija una estatua que sea «un monumento a la lealtad, al orden y la moral, forjada de bronce, ónix y oro» (28). Dentro del público se encuentra Carlos Monsiváis, quien se opone a la idea del Santos, porque le parece «pésima y corrupta», y quien sugiere a su vez que el monumento debe estar dedicado a su persona. Entonces el Santos lo llama «pinche intelectual amargado» y comienzan a pelearse (28). Cuando «Monsi» y el Santos están en lo mejor de los puñetazos, llega el Cabo, y les pide que «ya no se pelien» [sic], porque están colocando el monumento «de otro cuate», «un cuate que se llama Octavio Paz». El

Santos y Monsiváis, de tan deprimidos, terminan en el Epílogo en «una clínica especializada», cada cual subido en una banqueta y en pose de ídolos abandonados, usando camisas de fuerza (29). A más de reunir en el espacio ficcional al personaje y a su crítico –Monsiváis dedicó numerosos ensayos al cómic mexicano y en particular al Santo como el héroe enmascarado y a su réplica antiheroica *El Santos* en la historieta–, se pone en juego una visión crítica de los límites entre la «alta» cultura y la cultura popular: ni el Santos, como personaje masivo y popular, ni Monsiváis, respetado sobre todo como intelectual estudioso de la cultura popular y urbana, merecen un monumento en el Zócalo; es Octavio Paz, considerado como un representante de la alta cultura, quien termina convertido en estatua. Sin embargo, lo que sí parece tener mucho éxito son los muñequitos de plástico que un vendedor ambulante le ofrece al mismo Santos en una de las «viñetas-glosa» que aparecen en la página siguiente –las llamo «viñetas-glosa» porque sirven para comentar y ofrecer las perspectivas de otros personajes acerca de la trama principal de la historieta–. En otra de estas viñetas aparece el Peyote Asesino esculpiendo un monumento a «la pachequez». En el habla popular mexicana, «pacheco» se refiere al alguien que está bajo los efectos de la marihuana, lo que le viene bien al personaje, quien además se burla de un ídolo de la canción popular mexicana, Manuel Mijares, cuando dice que es él quien debe inaugurar el monumento (29).

La visión de la capital mexicana como urbe post-apocalíptica tiene en el terremoto de 1985 una premisa sustancial[21]. Como señala Villagómez Castillo, el sismo del 19 de septiembre de 1985, que afectó principalmente al Distrito Federal, puso en evidencia la relación entre el ámbito de lo natural y los males de la sociedad mexicana: los edificios más dañados fueron escuelas y otras obras públicas, debido a que no cumplían con los requisitos estructurales adecuados; la corrupción de los funcionarios

---

[21] El terremoto, recordado como uno de los mayores eventos sísmicos de la historia de México, generó un *corpus* escrito que se conoce como «la literatura del temblor». Algunas de las obras más significativas incluidas en este ciclo son *Miro la tierra* (1986), de José Emilio Pacheco (1938), *Entrada libre, crónicas de la sociedad que se organiza* (1987), de Carlos Monsiváis (1938-2010) y *Nada. Nadie. Las voces del temblor* (1988), de Elena Poniatowska (1932).

públicos se manifestó en cómo se desviaron los víveres y otros recursos destinados a las víctimas, en la lentitud en la respuesta oficial y en el trabajo de rescate por parte del gobierno de Miguel de la Madrid –quien ocupó la Presidencia entre 1982 y 1988–. La Madrid y sus funcionarios intentaron minimizar el alcance del desastre; se ordenó la desaparición de cuerpos para ocultar el número de víctimas, y se intentó distraer la atención tanto nacional como internacional hacia la Copa Mundial de Fútbol que se celebraría en 1986 (Villagómez Castillo 2009: 16). Estos eventos provocaron una revisión de la memoria histórica mexicana, sobre todo en relación con la masacre de Tlatelolco del 2 de octubre de 1968. En aquel entonces, el gobierno (1964-1970) de Gustavo Díaz Ordaz, autor intelectual de la masacre[22], intentó ocultar el número real de personas asesinadas y además dirigir la atención de la opinión pública hacia la celebración de los Juegos Olímpicos de 1968. El terremoto de 1985 originó, como la masacre de Tlatelolco, una red de solidaridad popular y de denuncia de la corrupción gubernamental. La fisura entre las acciones solidarias de la población y la indiferencia y la represión desatadas por el gobierno y el ejército provocaron una crisis política sin precedentes para el Partido Revolucionario Institucional (PRI), que resultó un factor determinante en el fracaso electoral de 2001, cuando perdió el dominio mantenido por más de setenta años en la vida política mexicana (Villagómez Castillo 2009: 18). Daniel Ribot subraya la importancia del espacio cultural abierto por historietas como la de *El Santos* en diarios de gran circulación como *La Jornada* y *Unomásuno* en el debate político del México de los años ochenta y noventa, marcado por una creciente oposición al poder ilimitado del PRI. Estas historietas de carácter alternativo se diferencian en primer lugar del cómic *mainstream*, representado sobre todo por tiras que provienen de los Estados Unidos como *Prince Valiant* o *Garfield*, al presentar materiales de carácter autóctono, dirigidos a un público adulto y con una carga crítica y paródica muy fuerte (Ribot 2006: 54).

Es importante destacar que mientras intelectuales como Poniatowska y Monsiváis generaron discursos de reflexión acerca de la con-

---

[22] Se dice que cuando Gustavo Díaz Ordaz fue nombrado embajador de México en España, en 1977, se popularizó entre los mexicanos la frase «Al pueblo de España que no le manden esa araña».

figuración del tejido social en México que se centran en la solidaridad y en el surgimiento y fortalecimiento de la sociedad civil en el país, la estrategia del gobierno de Vicente Fox Quesada se basó sobre todo en la «despolitización de la tragedia» en los medios de comunicación «mediante el establecimiento del discurso de protección civil en México» (Villagómez Castillo 2009: 192). A través de este discurso se transfiere la responsabilidad de lo ocurrido únicamente al ciudadano individual, que debe estar preparado para responder adecuadamente ante los desastres naturales y que es el único encargado de su propia seguridad.

Como para reafirmar la idea de Monsiváis de que la cultura popular se organiza de manera ritual, las historias de *El Santos* siguen una estructura fija y siempre comienzan con la misma frase: «Estaba un día El Santos…». Luego de este comienzo ceremonial, Jis y Trino saben que pueden continuar con el repertorio de situaciones escatológicas, humorísticas y absurdas en las que la violencia gratuita y la crueldad son sólo manifestaciones mínimas de lo políticamente incorrecto. Para ello incluyen viñetas aparentemente desligadas de la acción principal, en las que otros personajes comentan sobre la trama, proponen soluciones alternativas, se burlan del Santos o realizan una acción en contra suya. Me he referido a ellas como «viñetas-glosa», y sirven para revelar nuevas perspectivas sobre el tema central de la historieta. En general, El Santos fracasa en todos sus intentos por remediar algo y la anarquía y la fragmentación son los elementos más visibles de la narrativa. Siempre hay un «Epílogo» (que consta de una viñeta), en el cual se deja al lector la tarea de atar los cabos y construir su propia versión de la historia.

Ana Merino inscribe la estética de *El Santos* en la tradición «del trazo feísta de Rius» (2011: 17). Eduardo del Río (Rius, nacido en 1934), es uno de los caricaturistas políticos más populares de México. Rius comienza a publicar sus historietas en los años sesenta, y también se involucra en la crítica al gobierno de Díaz Ordaz, y en particular de sus acciones antidemocráticas y de la matanza de Tlatelolco.

Figura 13. Los Supermachos, de Rius. En la viñeta aparece Calzonzín, el protagonista. Es un personaje que representa al indígena mexicano y su sabiduría. Se puede observar la estética «feísta» de Rius en los trazos simples de la figura humana y de los globos. También, el uso del lenguaje popular y de sus modalidades, como *pos* y *pior* en lugar de *pues* y *peor*.

Rius es conocido sobre todo por *Los Supermachos*, una serie que dura desde 1965 hasta 1967, cuando el autor pierde los derechos sobre su obra (Merino 2003: 215). *Los Supermachos*, al contrario de *El Santos*, ubica sus historias en el México rural, en un pueblo imaginario llamado San Garabato. La irrupción de objetos y tecnologías como la radio o la manta eléctrica de Calzonzín abren el espacio para la reflexión acerca del contradictorio proceso de modernización en México. También Rius es muy popular por su serie *Para principiantes*, que incluye títulos como *Filosofía para principiantes (desde Platón hasta hace rato)*, *Marx para principiantes* y *Cuba para principiantes*. Rius, simpatizante de la Revolución cubana en los sesenta, poco a poco se distancia de Cuba, al igual que otros intelectuales latinoamericanos y españoles, decepcionado ante la censura y la represión burocratizadas que caracterizan al gobierno de la isla. Por ello publica en 1994 su *Es una lástima, Cuba*. En enero de 2013 Rius anunció la publicación de su novela gráfica *El sexo de Rius*. Sobre esta novela, señala Rius que «es un libro para esta sociedad tan hipócrita en que vivimos, un libro que busca perderle el miedo a la verdad, a lo masculino y femenino» (Notimex 2013: en línea). La tradición de crítica política[23] en la que se inscribe Rius debe

---

[23] En una entrevista para *Cómic mexicano*, un blog online, Rius contesta así a la pregunta de por qué nadie se anima a hacer historieta política en México: «Nadie se anima hasta ahorita a arriesgar sus centavos patrocinando una historieta política.

mucho a artistas como José Guadalupe Posada y al muralismo mexicano, en especial a Diego Rivera[24].

Bruce Campbell cita a Armando Bartra y Juan Manuel Aurrecoechea, quienes llaman la atención hacia el hecho de que en los años veinte del siglo XX, cuando el muralismo mexicano está en su apogeo, también la industria doméstica del cómic despega por primera vez. Ahora bien, mientras el muralismo fue un movimiento cultural que se propuso de manera radical la búsqueda de lo nacional a través de la indagación en el pasado indígena, el cómic, como un medio más permeable y abierto a la hibridez, se debate entre la fuerte influencia de los modelos norteamericanos y la vocación nacionalista y autóctona (Campbell 2009: 3). Esta dinámica, compartida por la gran mayoría de los países latinoamericanos, convierte al cómic es un espacio privilegiado para el análisis de estereotipos culturales, la parodia y la crítica de los mitos constitutivos de la nación. La tradición que se inicia en el siglo XIX con la caricatura política de Posada y sus críticas del porfiriato continúa con el muralismo mexicano y su indagación en lo nacional, así como en el cómic autóctono. Jis y Trino incorporan a esa tradición la mirada posmoderna, transnacional y post apocalíptica urbana del México de finales del siglo XX. Ana Merino ha destacado cómo Jis y Trino se alejan de la «tradición política didacticista para adentrarse en una reinterpretación rompedora y contracultural de la mexicanidad», al desmontar el sistema «a golpizas satíricas que cuestionan el poder y [elaborar] con humor una reflexión sobre el sinsabor del fracaso» (Merino 2011: 17). Otro crítico que señala la importancia de *El Santos* en la apertura de espacios críticos en la sociedad mexicana es Daniel Ribot, quien se encarga de recordar que el cómic ocupa en ese país un lugar privilegiado porque históricamente ha sido

---

Creo que es culpa de ambos tres, que diría Fox: no hay moneros que la quieran hacer, ni editores que la quieran patrocinar» (Alva Marquina 2008: en línea).

[24] El nombre de José Guadalupe Posada (1852-1913) se relaciona siempre con la figura de La Catrina, la calavera que aparece en tantas celebraciones populares mexicanas. Diego Rivera (1886-1957) la convierte en una imagen protagónica en su mural de 1947 *Sueño de una tarde dominical en la Alameda Central*, junto con personajes históricos como Hernán Cortés y Sor Juana Inés de la Cruz, además de Frida Kahlo, y los propios Diego Rivera y Posada, quien aparece junto a La Catrina.

un espacio cuestionador de los elementos icónicos del paisaje cultural. Específicamente, apunta Ribot, *El Santos* apela a la sensibilidad de una cultura juvenil urbana que ve en el antihéroe la imagen de su propia desilusión con los valores de una sociedad cada vez más excluyente, con crecientes niveles de desigualdad, de violencia y crimen, y que además se siente distanciada de las repetidas acusaciones de «inautenticidad» con que la élite ha etiquetado sus prácticas culturales, sobre todo en comparación con aquella «Edad de oro» de la cultura mexicana a la cual pertenece El Santo original (2012: 50-51).

Me interesa analizar otros dos personajes centrales de *El Santos*, en la tónica de lo rompedor y lo contracultural: la Tetona Mendoza y el Peyote Asesino. La Tetona Mendoza es un personaje que contradice las normas de la construcción de la mujer como ser pasivo y dulce, para al frente de su burdel, el Tetona's Palace, utilizar el sexo como forma de manipular a los personajes masculinos. En especial, contradice una imagen muy arraigada en la cultura popular mexicana, la de la mujer como una criatura sufrida y vulnerable. En *El laberinto de la soledad*, Paz se refiere a la Malinche como el origen de la mexicanidad: en su doble articulación de traidora a su raza, por someterse a Hernán Cortés tanto sexual como culturalmente, y como creadora de una nueva cultura, la Malinche encarna el pecado de origen de la nación. La otra figura femenina idolatrada por los mexicanos es la Virgen de la Guadalupe. La virgen mestiza, que se inscribe en la tradición mariana, es la contraparte de la pecadora Malinche. Sus orígenes constituyen otro testimonio de la fusión de lo indígena y lo español. El libro *Nican mopohua*, escrito en náhuatl, cuenta la historia de la aparición de la Virgen al indio Juan Diego Cuauhtlatoatzin, chichimeca que había sido bautizado y que fue declarado santo de la Iglesia católica por Juan Pablo II en 1990. Según el relato, la Virgen le habría pedido a Juan Diego que se construyera un templo en su honor. Actualmente en el sitio donde se produjo la aparición de encuentra la Basílica de Santa María de Guadalupe, al norte de la Ciudad de México.

En la siguiente viñeta, además de observar un ejemplo de cómo el Epílogo con frecuencia es desfavorable para El Santos, quien sufre de celos de todo aquel que se acerque a su idolatrada y arisca Tetona, se puede comparar el contraste entre el arquetipo mariano y la feminidad desafiante de la Tetona Mendoza. Los contrates son evidentes entre la figura recatada, totalmente cubierta de la virgen, su pose humilde y su cabeza gacha, y los pechos expuestos del personaje del cómic, con frecuencia utilizados como arma de guerra en el ring y como dispositivos de seducción y dominio sobre El Santos. La iconografía y el imaginario popular de lo femenino, muy marcados en México por la devoción mariana y por el «pecado original» de la Malinche, tienen en la Tetona Mendoza su sagrario de lo «rompedor y lo contracultural».

Figura 14. La Tetona Mendoza.

Por otro lado, en el personaje de El Peyote Asesino se asiste a la personificación de la droga. Nada se salva de la mirada desmitificadora de los «moneros», que con esta figura dan corporeidad a una tradición precolombina sagrada, le añaden un par de espejuelos oscuros y lo suman a la lista de los oponentes de El Santos. El Peyote trae de nuevo al centro de atención la relación entre lo natural y lo social, al revelar tanto la criminalización de un culto sagrado de los habitantes originarios de México como la mercantilización de ese elemento natural y las graves consecuencias sociales para el país en la actualidad.

El peyote (*Lophophora williamsii*) es un cactus de propiedades alucinógenas que se encuentra sobre todo en México y en el sur de los

Estados Unidos. Su nombre proviene del náhuatl *peyotl*, y su utilización en prácticas religiosas y medicinales entre los habitantes autóctonos de México y los Estados Unidos está muy bien documentada (Schultes & Hoffmann, Dyck & Bradford, Quintero, Dombrowe y otros). Como bien señalan Schultes y Hoffman en *Plants of the Gods*, el peyote ha provocado controversia y persecución desde la llegada de los conquistadores al Nuevo Mundo. Los españoles prohibieron su uso porque lo consideraron una «práctica satánica». Sin embargo, el culto al peyote está estrechamente relacionado con las creencias y la cosmovisión de los indígenas del continente americano:

> Peyote eaten in ceremony has assumed the role of a sacrament in part because of its biological activity: the sense of well-being that it induces and the psychological effects (the chief of which is the kaleidoscopic play of richly colored visions) often experienced by those who indulge in its use. Peyote is considered sacred by Native Americans, a divine «messenger» enabling the individual to communicate with God without the medium of a priest. It is an earthly representative of God to many peyotists. «God told the Delawares to do good even before He sent Christ to the whites who killed him...» an Indian explained to an anthropologist. «God made Peyote. It is His power. It is the power of Jesus. Jesus came afterwards on this earth, after Peyote... God (through Peyote) told the Delawares the same things that Jesus told the whites». (Schultes & Hoffmann 1998: 154)

En El Peyote Asesino, en tanto naturaleza personificada, una entidad natural que se convierte en categoría de crítica social y en discusión ética, Jis y Trino muestran la evolución de lo que fueron prácticas sagradas relacionadas con lo espiritual y lo natural hacia un problema social asociado a la pobreza, la corrupción y la violencia que sufre el México contemporáneo. Stephen D. Morris ofrece un resumen de las complejas relaciones entre el tráfico de drogas y el desastre económico-social que atraviesa la sociedad mexicana:

> The linkages attending drug trafficking are many; their impacts hauntingly far reaching. The illicit trade in drugs has become an integral part of Mexico's economy. Operating through vast networks of street and prison gangs, police, customs officials, front companies, banks, and many others,

> Mexican cartels employ an estimated 450,000 people; have operations throughout the United States and in parts of Central and South America, as well as Europe; and take in between $25 billion and $30 billion a year. Robert J. Bunker and John Sullivan estimate that the livelihood of some 3.2 million people in Mexico depends on the illicit trade in narcotics, a figure that does not include the thousands of people and billions of dollars involved in combating it (Bunker, 41). Indeed, DTOs provide financial opportunities where few others exist and pump needed funds into local economies. Drug traffickers pay for «schools and hospitals, pouring money into churches and homes» (Beith, 87). They provide «gifts to children, assist victims of natural disasters, [and] generate employment in poor areas» (Grayson, 122). Overall, Charles Bowden estimates that between 30 percent and 60 percent of the Juárez economy runs on laundered drug money (45). (Morris 2012: 217)

No obstante, la articulación del elemento crítico en Jis y Trino no se produce, de nuevo, mediante un discurso apocalíptico, sino que en el diseño de El Peyote se asiste a la desmitificación, a la banalización del mito dentro de la tradición del «relajo» y el «choteo». De manera contraria a lo que ocurre en el cómic de *Superman*, por ejemplo, en el que se produce una idealización de las cualidades sobrehumanas del héroe para producir «una imagen mítica en la que se condensan aspiraciones y deseos» (Eco 1995: 222), en *El Santos* no se propone una solución del problema a través de la exaltación de un héroe o de la glorificación de las tradiciones precolombinas; en lugar de esto, construye una imagen gráfica que integra las cualidades físicas del cactus con los atributos urbanos y «modernos» del México contemporáneo: las gafas oscuras, y la capacidad muy humana de utilizar la palabra en función de la demagogia y de convertir la «picardía» en norma de conducta.

Si se compara la ecosecuencialidad gráfica de Jis y Trino con la novela de Homero Aridjis (1940) *¿En quién piensas cuando haces el amor?*, publicada en 1995, se puede apreciar mejor el contraste entre la visión apocalíptica de Aridjis y la mirada «desmadrosa», que parte de lo popular irreverente, del cómic. La novela de Aridjis, que aparece el mismo año en que se publican *Los rituales del caos* de Monsiváis, ofrece una crítica del fallido proyecto de modernización e industrialización de México, centrada en el espacio urbano del Distrito Federal. La econarrativa distópica

Figura 15. El Peyote Asesino: la banalización del mito y la vaciedad de los discursos políticos.

de Aridjis hace coincidir la contaminación, la extinción de las especies y el caos urbano con la degeneración de lo humano y de la capacidad de amar. La vida cotidiana en la ficticia Moctezuma City se presenta a través de la protagonista, Yo, como una sucesión de espacios oscuros, de ausencia de lo natural y de la memoria de un tiempo pasado en que todavía se veían mariposas y árboles en el paisaje citadino. Degradación ecológica y degradación de los valores humanos esenciales se presentan en relación de dependencia directa. Como bien señala Laura Barbas-Rhoden:

> One of the chief ecological contributions of the novel is its representation of complex webs of culpability for ecological degradation. Aridjis does not condemn technology so much as he denounces corrupt power brokers and lackadaisical citizens. In this brave new world of 2027, estrangement results when people lose their connection to one another, their history, and their place. Technology can be an alienating force and it can be a substitute for real pleasure, but responsibility for the catastrophe in Moctezuma City lies with many. (2011: 147)

Mucho más cercana a la ficción de Aridjis en su perspectiva futurista y apocalíptica se encuentra la novela gráfica *Operación Bolívar*, cuya primera parte fue publicada por Edgar Clément[25] también en 1995. Clément

---

[25] Edgar Clément nació en la Ciudad de México en 1967. Autodidacta, se inicia en la historieta a finales de los años ochenta. Según el *curriculum vitae* de su página

mezcla tradiciones católicas y precolombinas en un imaginario urbano que pone en escena las peores predicciones acerca del futuro del hombre y del planeta. Los actores son los ángeles, de un lado, y los cazadores de ángeles del otro, descendientes de los nahuales, sacerdotes de las religiones aztecas. El cazador Leonel Arcángel da comienzo a la narración cuando, tras asesinar a una de las criaturas sobrenaturales, explica cómo su oficio está determinado por la necesidad de sobrevivir: matar ángeles y destazarlos para venderlos en partes no es un trabajo «limpio»; tampoco es un oficio que puede ser realizado por cualquiera: sólo los descendientes de

---

web (<http://edgarclement.blogspot.mx/2010/02/curriculum-vitae-longa.html>), entre 1988 y 1995 Clément colabora como dibujante, ilustrador y retratista en diversas publicaciones, entre ellas el suplemento cultural *El Búho*, de *Excelsior*, la revista *La Pus Moderna*, *PC Magazine*, *Manufactura*, *QUO*, *Deporte Internacional*, *Switch* y *Cine Premiere*. Funda también por entonces Gallito Cómics, un referente indispensable del cómic alternativo mexicano, y recibe la beca a Jóvenes Creadores otorgada por el Fondo Nacional para la Cultura y las Artes en el área de pintura. En 1995 la editorial Planeta publica *Operación Bolívar* en una edición de dos volúmenes. Desde entonces, la obra ha sido reeditada varias veces. En 1996 forma parte de la exposición Intolerance, montada en la Walther Phillips Gallery, en Alberta, Canadá, donde expone al lado de Maris Bustamante, Juan Dávila, Bruce LaBruce, Matt Nolen, Jane Ash Poitras, John Scott y Art Spiegelman. En 1998 forma parte del colectivo Taller del Perro, donde con un grupo de dibujantes se dedica a la producción, promoción y divulgación de la historieta independiente en México. En 1999 coorganiza la CONQUE, convención de Cómics de la Ciudad de México, donde se encarga del área cultural: talleres, exposiciones y conferencias. También diseña e imparte talleres de historieta para niños en el Papalote, Museo del Niño. En el año 2000, bajo el sello del Taller del Perro, edita *Operación Bolívar* en versión íntegra y publica el cómic *Súcubus-Íncubus*. En 2001, en colaboración con el Gobierno del Distrito Federal, edita y coordina *Sensacional de Chilangos*, un breve compendio de narrativa gráfica contemporánea mexicana. En 2002 es invitado a residir por dos meses en París por la Cité des Arts, siendo así primer historietista acogido por esta institución; imparte talleres de historieta en el Lycée Paul Valery de París y actúa como coordinador y co-comisario en la exposición BDMex montada en el Centre Culturel du Mexique en París. En 2007 ilustra los libros *Sonríe*, *El hombre que se convirtió en toro* y *Querido Tigre Quezada* para la Editorial Castillo; también en 2007 aparece la tercera reedición de *Operación Bolívar*, y *Kerubim y otros cuentos*, bajo el sello Caligrama Editores. En el 2008 da a conocer la novela gráfica *Ohm Kemala*, para la Fundación para el Bienestar Natural, A.C. Actualmente participa en el web cómic colectivo *El cadáver Exquisito* y publica *Los Perros Salvajes*, que aparece diariamente en el sitio Producciones Balazo.

los nahuales poseen el don de dar caza y aniquilar a los seres celestiales. Juan Grande es el abuelo de todos los nahuales; se gana la vida tocando la trompeta a cambio de propinas en las calles de Angelópolis, la ciudad donde se enfrentan el pasado precolombino y el presente poscolonial. Sus manos tienen un gran valor para el gringo John Smith, quien las necesita para ejecutar sus planes de dominio imperial; por ello le encarga al Protector, un ángel caído, que le corte las manos a Juan Grande y lo secuestre. Leonel Arcángel tiene un amigo en la policía judicial, Román, con quien se pone de acuerdo para acechar a un grupo de ángeles, de quien el ignorante y corrupto Román sospecha que son «extraterrestres». Juntos, rescatan a Juan Grande y le devuelven sus manos. Sin embargo, la gran sorpresa sobreviene cuando descubren que entre los inofensivos seres celestiales se encuentra el Arcángel Miguel, aliado con la CIA y con la NASA en una empresa para dominar América Latina y el mundo a través del negocio exclusivo de la producción de la poderosa droga «polvo de ángel» y de armas muy avanzadas que sólo pueden ser manipuladas si se poseen las manos de un cazador de ángeles. El Arcángel Miguel está asociado con John Smith, el gringo, y resulta ser cualquier cosa menos etéreo: entre sus atributos se cuenta una visión multiplicada por miles de ojos, armamento sofisticado y una total ausencia de valores morales. Junto con John Smith, el plan es controlar la región mediante la manipulación del poder que adquirirán una vez que controlen el mercado de la droga y que tengan a su servicio a los nahuales para que los provean de suficientes ángeles asesinados –que son la nueva materia prima, la nueva mercancía por la que se enfrentan las potencias que buscan el control del planeta–. San Miguel representa la nueva empresa poscolonial, la alianza del conquistador europeo con el norteamericano para ejercer su dominio sobre México, Latinoamérica y el planeta en su totalidad. Es por ello que la «Introducción al profano lector» con que comienza la obra –con caracteres que reproducen la ortografía del latín, como los textos de la Conquista– se remonta a los orígenes, cuando con los españoles «vinieron sus dioses y sus ejércitos de ángeles armados»:

> Para nuestros ancestros indios los ángeles no fueron los actuales vendedores de incienso, fueron los emisarios de la destrucción. Entre la espada

de Cortés y la de San Miguel Arcángel no existía ninguna diferencia, y ninguna de las dos cortó de tajo las raíces. Los brujos resistieron. Los nahuales, los brujos más poderosos, se dieron a la tarea de combatir a los ángeles invasores.[26]

Operación Bolívar es el relato de las guerras entre los nahuales, los ángeles conquistadores y los nuevos poderes poscoloniales que luchan a su vez entre sí por el control de los mercados y de los recursos naturales. Para el narrador, la verdadera contienda es «la recuperación de la conciencia». El pronóstico, sin embargo, es sombrío: la sociedad del futuro se caracteriza por la corrupción, el tráfico de drogas y la conspiración de todos contra todos; uno de los hilos de la trama es el enfrentamiento entre Japón y los Estados Unidos por el control de la tecnología que permite sustituir la mano de obra de los nahuales por robots que sean capaces de localizar, exterminar y destazar a los ángeles. El eje fundamental de la narración es la penetración norteamericana en América Latina y la implementación de una «nueva unidad continental» basada en el comercio y la distribución de drogas: en ello consiste la «Operación Bolívar». Todo ello, en un ambiente urbano futurista en el que armas de alta tecnología conviven con ángeles diseccionados según el modelo anatómico de Da Vinci, para utilizar sus huesos en la producción del estupefaciente «polvo de ángel». La ironía de llamar Operación Bolívar a un proyecto norteamericano que reedita el Tratado de Libre Comercio y que pregona unificar América a partir de un nuevo orden comercial continental parece repetir un tiempo circular en el que un manual de torturas de la Inquisición se fecha en 1968, el año de la masacre de Tlatelolco, y en el que el futuro se parece demasiado al presente. Tanto, que los maleantes «pequeños» como Román sucumben en el combate, una víctima más de la conspiración mayor. Leonel Arcángel resurge, mediante la ingestión de peyote, convertido en El Jaguar (figura mítica de la religión azteca y portavoz de la identidad nacional) y, apoyado por el Protector, quien ha descubierto que el Arcángel Miguel pretendía excluirlo de las ganancias,

---

[26] *Operación Bolívar*, 3. La edición utilizada en este trabajo es la de Ediciones del Castor, de 1999. No tiene las páginas numeradas, por lo que empleo una numeración aproximada, que comienza con el número uno a partir de la portadilla del título.

logra obtener una victoria temporal. Efímera compensación por todo el sufrimiento y la pérdida es la victoria del nahual porque, mientras cae la noche sobre el Valle de México, todo se mantiene inalterado: a pesar de todo el sacrificio y la epopeya, los habitantes de Angelópolis continúan su vida aletargada por la droga y los espacios virtuales que sustituyen a la vida real.

Clément utiliza un dibujo en blanco y negro que cuida el detalle en extremo, y muestra una ciudad de altos edificios donde la catedral y los anuncios comerciales se superponen en una atmósfera oscura y opresiva, como se observa en la figura 16:

Figura 16. El dibujo en blanco y negro destaca la atmósfera oscura y opresiva de la imaginada ciudad de Angelópolis.

Ana Merino ha caracterizado la estética de Clément como «barroquismo violento», y ha analizado cómo se construye en la obra una «provocadora mexicanidad transnacional» (2011: 17). En efecto, la mezcla de códigos culturales y de elementos visuales en una especie de *horror vacui* caracteriza la compleja narrativa del artista mexicano. En la figura 17 se puede observar cómo la masacre de los ángeles –que no por casualidad tiene lugar en la Plaza de las Tres Culturas– se relaciona visualmente con la matanza de Tlatelolco y el holocausto de Guernica pintado por Picasso. Este *collage* evoca visualmente la fractura que todos esos hechos significaron en la historia de cada país, y al mismo tiempo reúne en el espacio de la página una visión global del sufrimiento ocasionado por las dictaduras y la represión. En otra página memorable, se insertan las figuras de los ángeles sobre la pintura de Goya *Los fusilamientos del 3 de mayo*, en el panel superior; en el inferior, se muestran las puertas de la Catedral Metropolitana cerradas, mientras los ángeles son exterminados, y se superponen a la escena fragmentos de *Guernica* (115). En cartelas que atraviesan la página en diagonal aparecen los siguientes textos: «La tropa no asesina / Sólo cumple órdenes / Los ángeles huyen… / buscan refugio…/ y la Iglesia CIERRA SUS PUERTAS». Se construye así una reflexión sobre la historia que trasciende las fronteras nacionales y que desafía la causalidad temporal, en función de focalizar la atención en la pérdida, en la sucesión de eventos de destrucción y la muerte que constituyen la historia humana. Resulta inevitable mencionar la relación con el «ángel de la historia» de Benjamin, que vuelto de espaldas al futuro, contempla el pasado como una única catástrofe que acumula ruina tras ruina en el devenir de la civilización: lo que se ha llamado «progreso».

Los mecanismos intertextuales de *Operación Bolívar* abarcan la literatura, películas de ciencia ficción como *Close Encounters of the Third Kind* (1977), la estética de los comerciales y los videojuegos, películas de acción, obras pictóricas como *Los fusilamientos del 3 de mayo* de Goya y *Guernica* de Picasso, fotografías de campos de concentración nazis, cintillos de periódicos… Hay un humor negro que juega con alusiones a mitos cristianos –como un anuncio que dice: «Tome CHÍNGUERE. La bebida del Diablo»–, así como con la mitología popular mexicana de la figura materna sagrada, que hace al personaje de Román transformarse en un monstruo cuando le «mientan la madre»: «el agravio a una madre no se perdona NUNCA», «Y si viene de un gringo: ¡JAMÁS!» (60). También hay una influencia muy clara de cómics como *Batman* y *Superman*, que se evidencia en el tratamiento de las figuras y en el carácter épico-heroico de la trama, aunque Clément funda él mismo una nueva mitología que vincula a los ángeles con la tecnología, la historia de México y un imaginario apocalíptico del futuro. Si bien se acude al repertorio icónico de los superhéroes, se destruyen las imágenes convencionales propagadas por la cultura de masas, al tiempo que se construye un modelo que se apodera de esos íconos para elaborar una crítica que alcanza tanto a las estructuras económicas como a la cultura masiva de la que se nutre. Lo que en *El Santos* se articula desde el absurdo como modo de revelar el sinsentido y el caos de la sociedad mexicana, en Clément se convierte en una crítica directa al modelo neoliberal y a los males históricos de la sociedad mexicana, proyectados en un futuro tenebroso, dominado por la tecnología y la violencia. También se puede observar en *Operación Bolívar* una relectura crítica de cierto pensamiento de izquierda latinoamericano –al estilo de *Para leer al Pato Donald* (1972), de Dorfman y Mattelart, que se concentraba sólo en el efecto de la dominación norteamericana y no en las relaciones de poder entre las élites latinoamericanas y las estadounidenses–. Hay un cuestionamiento profundo de la responsabilidad histórica de las élites del continente en la construcción de la «dependencia histórica» con respecto a los Estados Unidos; así, por ejemplo, en un diálogo entre «el gringo» John Smith y el protagonista, Leonel Arcángel, el primero le revela al nahual que todas las instancias oficiales están compradas, todas están de acuerdo en hacer lo necesario para participar de los beneficios económicos de la «América Unida». En la distribución de poderes, a los nahuales les sigue correspondiendo ser los que proporcionan mano de obra barata, mientras que el gringo controla los beneficios. La nueva materia prima son los ángeles, cuyos cuerpos se utilizan para producir la droga «polvo de ángel» y armas de última tecnología, productos de alto valor en el mercado mundial. El gringo afirma su superioridad con respecto a los nahuales porque él es «más apto» y los latinos «No entienden el valor del tiempo» (98). Cuando Leonel Arcángel argumenta que pronto «nos quedaremos sin ángeles. Como se quedaron sin búfalos, como nos quedamos sin coyotes», el gringo responde que eso no es asunto suyo, y la respuesta del nahual es sintomática: «¿Entonces qué es asunto mío? ¿Trabajar como bestia por dólares y quedarme callado para que no me mate el ejército por no colaborar en una AMÉRICA UNIDA?» (98). En este diálogo la crítica a la explotación irracional de los recursos naturales en función del consumismo, la desigual distribución de poder y la reiteración del orden global de dominio norteamericano se expone de manera directa. En la página anterior, un cintillo de periódico refuerza esta perspectiva sombría: «Para aprovechar el TLC, narcos de Ciudad Juárez y Torreón preparan maquiladoras, bodegas y terrenos fronterizos» (97).

La ciudad donde tiene lugar *Operación Bolívar* se llama Angelópolis, pero monedas con la leyenda «Imperio Mexicano» y referencias a *La Jornada* y al Ejército de ese país sitúan claramente la acción en México. No obstante, y en relación directa con la perspectiva poscolonial y transnacional de la obra, también este espacio imaginario parece aludir a los límites imprecisos entre lo mexicano y lo estadounidense, concretamente a una ciudad que constituye un paradigma del mestizaje: Los Ángeles, California. La ambigüedad que suscitan tanto el nombre de la urbe como los indicios que se despliegan en la trama sugieren que la hibridez, la mezcla y la imprecisión de los límites van más allá del barroquismo visual para adherirse a la visión de lo mexicano que expusiera Gloria Anzaldúa en 1987 con su *Borderlands / La Frontera: The New Mestiza*. El texto de Anzaldúa define la frontera entre México y los Estados Unidos como «una herida abierta» (2007: 25). Más que al límite artificial impuesto con la firma del Tratado de Guadalupe-Hidalgo el 2 de febrero de 1848 –que permitió a los Estados Unidos apropiarse de más de la mitad del territorio mexicano–, Anzaldúa se refiere a la frontera como «a constant state of transition», donde viven «los atravesados»: «the squint-eyed, the perverse, the queer, the troublesome, the mongrel, the mulato, the half-breed, the half-dead», «those who cross over, pass over, or go through the confines of the "normal"» (2007: 25). Los cazadores de ángeles de *Operación Bolívar*, descendientes de los aztecas, están a medio camino entre lo humano y lo angélico, tienen un don que es a la vez una maldición y un poder excepcional: son lo «otro», lo perverso, lo indefinible. Sin embargo, si para Anzaldúa y otras autoras latinas como Julia Álvarez la experiencia de la migración y del hiato es percibida como una oportunidad de crear un nuevo tipo de ser humano, un nuevo tipo de convivencia global, más tolerante e incluyente, en la novela gráfica de Clément esta posibilidad es aniquilada por el poder corrupto que también se ha globalizado.

Figura 17. La mezcla de códigos culturales provenientes del periodismo, de la pintura, de la ciencia ficción y del *mainstream* cómic conforman la estética del «barroquismo violento» en *Operación Bolívar*.

Por otra parte, la estética barroca de Clément se combina con lo gótico (o más bien con la versión romántica del arte gótico medieval) en el tono sombrío con que representa el espacio urbano, en los claroscuros que destacan las figuras etéreas de los ángeles en las calles sin luz de Angelópolis, y desde luego en la recreación, tanto visual como textual, del motivo de la goticización de la degradación medioambiental. En Angelópolis no queda un resquicio de flora o de fauna: en sus calles oscuras se superponen sin fin los anuncios lumínicos, los edificios en sombras, los carros blindados de la policía y los extraños seres mitad ángel mitad robot que exhiben ojos electrónicos y armas sofisticadas. Es una representación de la Ciudad de México que debe mucho a *Blade Runner*, la película dirigida por Ridley Scott en 1982, un clásico del género de la ciencia ficción en clave distópica. Al igual que en *Blade Runner*, cuya acción se desenvuelve en Los Ángeles, en *Operación Bolívar* lo humano y lo natural han sido reemplazados por la tecnología, en función de las megacorporaciones que controlan por igual las vidas de las personas y de los replicantes. La pesadilla del control total, vía medios tecnológicos, que en el *Gustavo* de Max aparece como un truco fantástico del científico malvado al servicio del burgués barrigón, se convierte en *Operación Bolívar* en una visión apocalíptica del futuro de la especie humana. La ciudad, que había sido celebrada por las vanguardias del siglo XX como el símbolo del progreso y la civilización, se convierte en el imaginario de Clément en el espacio de la degradación ecológica, la persecución y la muerte.

Las visiones de la Ciudad de México creadas por Jis y Trino y por Edgar Clément constituyen ecosecuencialidades gráficas que recrean el espacio urbano caótico y el fracaso del proyecto de modernización latinoamericano que evidencia la Ciudad de México. Ese fracaso se representa ya sea a través de la parodia y la irreverencia del repertorio humorístico popular de *El Santos* o de la compleja red intertextual y la sofisticada construcción visual de *Operación Bolívar* y su imaginación apocalíptica de un futuro dominado por la tecnología, la contaminación y la pérdida de valores humanos.

Los dos proyectos estéticos comparten el contexto de la crisis económica, política y ecológica que atraviesa la nación mexicana a partir de los años noventa del siglo XX, y elaboran miradas que difieren en los modos de representación y en las estrategias visuales, pero que apuntan a preocupaciones comunes. Entre ellas, la necesidad de reinventar los mitos fundacionales de lo nacional en función de la realidad impuesta por la crisis ecológica en la capital del país, la pérdida de independencia económica y política como resultado de la implantación de políticas neoliberales y en particular del Tratado de Libre Comercio de las Américas.

Tanto *El Santos* como *Operación Bolívar* realizan una relectura de motivos icónicos de la cultura popular —como la imagen de lo femenino en la Malinche y en la Virgen de la Guadalupe—, de la masculinidad y el «macho mexicano», de las tradiciones culturales provenientes de las civilizaciones precolombinas y su relación con la naturaleza, así como de una tradición de representación de lo nacional que descansa en la mezcla de lo autóctono con lo europeo y lo norteamericano, en constante tensión interpretativa. A estos elementos, parte de la herencia cultural mexicana, se suma la reflexión acerca de la crisis medioambiental: de la fascinación por el teléfono, la electricidad y los automóviles como paradigmas del progreso que caracterizaron las voces vanguardistas a principios del siglo, a finales del siglo XX la Ciudad de México se convierte en un arquetipo del caos, la violencia y lo post-apocalíptico.

IV.

Ecocreatividades comunitarias: la reformulación del canon desde lo marginal

Las ecopoéticas también pueden materializarse en un espacio concreto: este capítulo se ocupa de dos de esos espacios, el basurero Jardim Gramacho de Río de Janeiro y las calles del barrio de Alamar, situado al este de La Habana. El documental *Waste Land* (2010), de Lucy Walker, sobre la obra de Vik Muniz (São Paulo, 1961), y *El mundo de Gallo*, la obra de Héctor Gallo Portieles (Campo Florido, 1924) y su proyecto de arte comunitario con materiales de desecho, servirán de hilo conductor.

Estas expresiones creativas adquieren y producen significado a través de la interacción entre el artista y una comunidad de individuos que participa del hecho performativo. Según Diana Taylor, el *performance* incluye las prácticas y eventos que involucran comportamientos teatrales, ensayados o que siguen un patrón determinado, como es el caso de la danza, el teatro, ciertos rituales, manifestaciones políticas, funerales, etcétera (2003: 3). Pero el *performance* también constituye una perspectiva metodológica que permite analizar acontecimientos o eventos como performativos. Esta perspectiva relaciona esos eventos con prácticas de la vida diaria que reflejan especificidades culturales e históricas; por ejemplo, actos de obediencia cívica o de resistencia, que se relacionan con identidades de género, sexual, racial o nacional, se realizan y se «ensayan» a diario en la esfera pública. Por lo tanto, comprender estas prácticas como hechos «performativos» constituye una *episteme* y un modo de conocimiento: «Embodied practice, along with and bound up with other cultural practices, offers a way of knowing» (Taylor 2003: 3).

El carácter performativo de las obras que se estudian aquí reside sobre todo en su capacidad de transformar de manera efectiva el espacio en que se crean y la vida de los seres humanos que involucran en ellas. Se realiza una acción a través de una práctica artística que tiene consecuencias tanto para el espacio físico como para los seres humanos que pertenecen a este. La definición clásica de *performance* –«hacer cosas con palabras» (o con esculturas, instalaciones, obras de teatro, etcétera)– resulta de esta manera absolutamente pertinente en los dos ejemplos de los que se ocupa este capítulo[1].

El análisis de estas prácticas artísticas esencialmente performativas, que involucran comunidades específicas, busca responder qué tipo de conocimiento producen estas prácticas con respecto al tema de la crisis ecológica, y qué tipo de imaginación sobre el medioambiente proponen. En esa medida, me interesa mostrar cómo el folclor urbano, el humor y la tradición oral reformulan y exponen grandes temas y preguntas sobre nuestra civilización, a través de materiales marginales como la basura o los productos reciclables. Estos grandes temas van desde la incidencia de los desechos en el medioambiente, la marginalidad de seres humanos considerados como «basura» por una sociedad excluyente o la diferencia que el concepto de «reciclaje» adquiere en un país «en desarrollo» con respecto a las naciones «desarrolladas». Escribo entre comillas los términos porque estos se basan en un estándar que tiene en cuenta índices como la producción y el consumo de bienes materiales o el PIB, pero que ignora otros como la cantidad de desechos tóxicos que cada nación incorpora al medioambiente o el impacto negativo de sus industrias en la ecosfera.

Me parece también imprescindible apoyarme en la distinción que establece Diana Taylor entre *archivo* y *repertorio* para analizar las ecocreatividades comunitarias de Vik Muniz y de Héctor Gallo. El *archivo* está constituido por materiales supuestamente duraderos como textos, documentos, edificaciones y restos arqueológicos, mientras que el *repertorio* consiste en prácticas y conocimientos que se materializan en un

---

[1] Me refiero a la definición de *performance* que sigue J. L. Austin en *How To Do Things With Words* (1962). En este libro Austin resume sus ideas acerca del poder performativo de las palabras expresado en apuestas, promesas, manifiestos, puesto que estos, realmente, «realizan» acciones y transforman el *status quo* (Schechner 2013: 16).

espacio y tiempo concretos, como el lenguaje oral, la danza, los deportes o ciertos rituales (Taylor 2003: 19). Mientras que el archivo se conserva en mapas, textos literarios, cartas, discos compactos y grabaciones, el repertorio se considera como algo efímero: la oralidad, los gestos, la danza, el canto –todo lo que comprende un tipo de conocimiento o de información que es irrepetible y que requiere la presencia de personas, que participan de la creación de conocimiento justamente en su «estar ahí», por ser parte del hecho mismo y de su origen y transmisión–. Como señala Taylor, las acciones que forman parte del repertorio no permanecen inalterables, como ocurre con los objetos duraderos que constituyen el archivo (2003: 20).

El lugar controvertido del repertorio en el estudio de prácticas culturales como las que me ocupan se ilustra en el hecho de que para estudiar la obra de Muniz y de Gallo me baso obligatoriamente en el archivo: el documental que realiza Lucy Walker[2] sobre la obra de Muniz en Jardim

---

[2] Lucy Walker (1970) es una directora de cine británica que se caracteriza por la realización de documentales utilizando técnicas dramáticas tomadas del cine de ficción (<http://www.wastelandmovie.com/lucy-walker.html>). Entre su filmografía, además de *Waste Land*, se cuentan *Devil's Playground* (2002), *Blindsight* (2006), *Countdown to Zero* (2010), *The Tsunami and the Cherry Blossom* (2011) y *The Crash Reel* (2013). La obra de Walker se caracteriza además por una sensibilidad especial en la elección de sus temas, muchos de ellos relacionados con temáticas ecológicas y conflictos humanos que tienen como escenario el paisaje natural: *Devil's Playground* se centra en un grupo de jóvenes *amish* y su conflicto de permanecer en su comunidad y su fe o abandonarla, y los retos que esto supone; *Blindsight* narra la historia de seis adolescentes tibetanos, ciegos, que emprenden la ascensión de la montaña Lhakpa Ri, en los Himalayas; *Countdown to Zero* indaga en la proliferación de las armas nucleares después del fin de la Guerra Fría e incluye entrevistas con personalidades de la política y expertos en el tema, como Tony Blair, Mijaíl Gorbachov, Robert McNamara o Valerie Plame. *The Tsunami and the Cherry Blossom* se filmó en Japón luego del terremoto y el tsunami que afectaron a ese país en el 2011. Walker decidió filmar el documental y entrevistar a los sobrevivientes para apoyar la ecuperación de las personas que sufrieron el desastre. Finalmente, *The Crash Reel* trata sobre el accidente y la lesión cerebral sufrida por el esquiador norteamericano Kevin Pearce en 2009, y cómo este hecho cambió su vida. Lucy Walker ha recibido numerosos premios y reconocimientos por su obra: sólo por *Waste Land* recibió el Audience Award for Best World Cinema Documentary, del Sundance Film Festival (2010), el Audience Award Panorama Publikumspreis for Best Film, Berlin International Film Festival (2010),

Gramacho es un filme que no recoge en su totalidad el proceso real de la interacción entre el artista y los *catadores*; las fotografías y el testimonio de Gallo sobre su proyecto comunitario en Alamar tampoco reflejan la totalidad de su intercambio con las personas que lo visitan ni la variedad de situaciones y anécdotas que estas generan. Si bien mi análisis tiene en cuenta la existencia del repertorio como una parte importante del hecho artístico, de manera inevitable se basa sobre todo en el documental, mediado por la perspectiva de su directora, Lucy Walker, y en el material fotográfico recolectado en mi ausencia en La Habana, en marzo de 2011[3]. Esto plantea los límites de la investigación, que tiene como origen el hecho performativo, pero trabaja con los materiales del archivo (el documental en el caso de Vik Muniz, y las fotografías en el caso de Gallo). Para resumir el dilema en palabras de Diana Taylor: «The live performance can never be captured or transmitted through the archive. A video of a performance is not a performance, though it often comes to replace the performance as a thing in itself (the video is part of the archive; what it represents is part of the repertoire)» (2003: 20).

Me interesa establecer algunos antecedentes significativos acerca de obras de arte que reúnen la singularidad de constituirse tanto material como simbólicamente a partir de los desechos; que se basan en lo comunitario y en la experiencia performativa como práctica artística, y que a partir de esa práctica se proponen transformar el hábitat de las

---

el Amnesty International Award, del Full Frame Film Festival (2010), el Humanitas Award, Best Documentary (2010), el Prêmio Itamaraty for Best Documentary Feature, São Paulo International Film Festival (2010), el Grand Prix du Festival, International Environmental Film Festival (2010), el Human Spirit Award, EcoFocus Film Fest (2010) y el Best Documentary, International Documentary Association Awards (2010). *Waste Land* también fue nominado a los premios Oscar en el 2010, en la categoría de «Best Feature Documentary».

[3] En el momento en que escribía la primera versión de este libro me encontraba en Iowa City terminando mis estudios de doctorado. Había pedido el «permiso de entrada» para viajar a Cuba y me había sido denegado, pues entonces persistía la prohibición de regresar hasta pasados los cinco años de la salida «ilegal» del país. Mi familia en La Habana se encargó de tomar las fotos y de entrevistar a Gallo, siguiendo una guía de preguntas que les hice llegar. La historia de esta interacción da para un relato independiente, incluido aquí sólo de manera parcial.

personas y su experiencia vital. Los años sesenta del siglo XX constituyen un punto de partida casi obligatorio, por varias razones. Después de todo, es en 1962 cuando se publica el primer texto del movimiento medioambientalista moderno, *Silent Spring*, de Rachel Carson. El libro de Carson superpone a la imagen idílica y pastoral de armonía con la naturaleza, la imagen apocalíptica de la destrucción como consecuencia del uso de químicos como el DDT. Así, presenta los motivos más recurrentes del «discurso tóxico»: lo pastoral, lo apocalíptico y la subrepticia amenaza de la polución en la forma de contaminantes producidos por el propio ser humano. La repercusión de *Silent Spring* y los ataques que sufrió su autora por parte de las compañías productoras de DDT prueban el poder performativo de lo literario. Garrard resume estos dos aspectos cuando señala: «The great achievement of the book was to turn a (scientific) problem in ecology into a widely perceived ecological problem that was then contested politically, legally and in the media and popular culture» (2009: 6).

En 1966 Mary Douglas define, en un estudio que ejerció gran influencia, los desechos y la basura como materia marginal y por tanto, como parte de un orden simbólico que rechaza ciertos elementos considerados «inapropiados», y de conductas y normas que rechazan estos elementos. Douglas señala que la suciedad o la basura es aquello que debe ser excluido si se quiere mantener un orden determinado (1966: 35, 40). El estudio de Douglas coincide con lo que Kristeva llama «lo abyecto», que se refiere a todas las conductas que ponen en peligro el sistema de valores establecido. Los desechos constituyen objetos o materiales que una vez utilizados por la sociedad humana ocupan un sitio en sus márgenes, como los basureros y repositorios de sustancias tóxicas.

En las manifestaciones políticas, revueltas estudiantiles y movimientos por los derechos civiles que caracterizaron el clima cultural de los sesenta, la aspiración a una relación armónica con la naturaleza y la conciencia de la necesidad de proteger el planeta ocuparon también su lugar. Silvia Spitta se ha ocupado en «Revisiting the Sixties and Refusing Trash» (2009) de dos experiencias de arte performativo que considero antecedentes del trabajo de Muniz y de Gallo: el Bread and Puppet Theater en los Estados Unidos y el Teatro de la Basura en Honduras.

El Bread and Puppet Theater surge en los sesenta, primero como una experiencia de teatro comunitario, involucrado con los problemas de pobreza y violencia en New York; jugó un papel protagónico en las marchas de protesta contra la guerra de Vietnam y se convirtió en un ícono de la Nueva Izquierda y de la cultura *hippie* y contestataria de esos años. The Bread and Puppet Theater constituye una expresión de lo que Spitta denomina «el genio» de los sesenta, es decir, la capacidad de utilizar el poder transformativo del teatro, la música y lo performativo para movilizarlos en función de la agitación política. La alianza entre estas dos fuerzas posibilitó el extraordinario alcance de la contracultura de la época, que hizo posible la «globalización» de movimientos de solidaridad y de rebelión contra el *status quo* (Spitta 2009: 108). Spitta rememora cómo las manifestaciones en las calles de New York contra la guerra de Vietnam estaban protagonizadas por las marionetas gigantes de Bread and Puppet y el olor a pan recién hecho, dos elementos que se hicieron «indispensables» para ese tipo de demostraciones. En el análisis que precede a su entrevista con Peter Schumann, fundador y director de Bread and Puppet por más de cuarenta años, Spitta explica el valor material y simbólico que ocupa la basura en la conformación de la estética del grupo:

> In contradistinction to the working of capitalism that abstracts reality by creating excess and mountains of garbage, the artist's job is to simplify things, to press the extremes out of things, and to select «a few notes out of all the noise». Trash informs Bread and Puppet's practices on two levels: first, from the recycled materials used to make the puppets to signal the theater's political and ideological resistance both to capitalism and communism's depredation of nature («it is art out of the garbage can», says Schumann), and second, from the garbage diving the collective participate in while on the road («it is an art», says Schumann). (Spitta 2009: 116)

Figura18. The Bread and Puppet Theater en acción.

El uso de la basura como materia prima del arte y como estrategia de supervivencia de los teatreros hace de Bread and Puppet una experiencia artística que a partir de lo marginal toma el espacio público e involucra a los espectadores en su *performance*. Es importante señalar además las conexiones entre el grupo de Schumann y ciertos movimientos emancipatorios en América Latina, en particular con Ernesto Cardenal y la Teología de la Liberación. Señala Schumann en su entrevista con Spitta:

> We made a lot of shows in conjunction with liberation theologians in Colombia and Venezuela, and we entered Nicaragua. Ernesto Cardenal was a liberation theologist. We worked with him. We did shows that he arranged, and worked with the Sandinistas and campesino organizations in Nicaragua. They still come and visit us, and when we can, we go. (Spitta 2009: 122)

Una experiencia similar es la del Teatro de la Basura en Honduras. Se trata del trabajo comunitario que realiza el maestro Candelario Reyes en la zona rural de Santa Bárbara, Honduras. Reyes inicia este proyecto en 1984; en 1992 da conocer sus resultados en *El método de la basura: una manera de hacer teatro campesino*. En este texto Reyes señala que se inspira en el dramaturgo hondureño José María Tobías Rosa (1874-1933), que usaba el seudónimo de Juan Basuro. Señala Reyes: «Me llamó la atención principalmente el sentimiento de marginalidad que encierra este adjetivo, en contraste con lo valioso del hombre que lo adoptó. Un seudónimo peyorativo, contrasentido interesante, en el país donde la verdadera basura huele a esencias de apariencia fina, y las verdaderas esencias se pisotean» (1992: 13).

Más allá de la alegoría puramente textual, la experiencia del Teatro de la Basura instala el tópico de lo desechable en lo performativo y lo oral, reivindicando de esta manera la posibilidad de generar cultura a partir de la carencia. Con el Teatro de la Basura Reyes vuelve a presentar la doble articulación de los desechos como materialidad y como alegoría, pero esta vez como alegoría de la creación, que incluye tanto la utilización de materiales desechados para la confección de la escenografía como el concepto mismo de lo marginal como generador de cultura; se parte de la carencia –de materiales, de obras escritas, de tradición teatral, del analfabetismo– para crear conocimiento:

> hemos dado en llamar a este Teatro de la Basura *la experiencia de los inexpertos*, que nace de hacer viva una experiencia tomando como arranque un elemento (basura) marginal, en apariencia vaciado de contenidos culturales. La basura es una motivación para desnudar la cultura, que quien verdaderamente la porta es el sujeto y no los objetos que lo rodean, aunque éstos sean artificiales, ya sea creados por él mismo o por otros sujetos. (Reyes 1992: 24; énfasis del original)

En sus «Conclusiones» Reyes señala la interdependencia de los seres humanos en un mundo compartido y la capacidad de crear como gesto utópico de liberación: «Si la cultura no sirve para la liberación del hombre, entonces sólo constituye un estorbo más. Y un estorbo sólo es útil cuando se le supera. Porque no se trata nada más de lanzar algo al basurero; recuérdese que en el basurero estamos nosotros» (1992: 48-49). Como señalan Kenton V. Stone y Deb Cohen en su análisis sobre el colectivo de teatro hondureño, el Teatro de la Basura «opera a base de una paradoja: liberarse de la enajenación socio-material al emplearla como elemento de juego, como tema y técnica de teatro» (1995: 88). Por otro lado, tanto Bread and Puppet como el Teatro de la Basura tienen el medioambiente como una preocupación central. No sólo porque realizan una crítica de los exorbitantes patrones de consumo de la sociedad moderna y sus consecuencias negativas, sino porque cada uno, a su manera, intenta recuperar los orígenes y el sentido primario de la comida y de la naturaleza como elementos esenciales para la supervivencia y la espiritualidad humana, y no como mercancías. Peter Schumann señala, por ejemplo, el significado de las hogazas de pan que dan nombre a su compañía cuando insiste en la recuperación del significado del pan como símbolo de la vida:

> Kids grow up not knowing that milk does not come from the supermarket but from an animal. People don't know what bread is, even. They think it is something that you use as a sponge to put in the meat sauce. But in Germany, bread is a meal, what you live on. In the eighteenth century, people got paid in bread, not in money.
> The meaning of *bread*, in slang, is «money». (Spitta 2009: 125)

Por su parte, el Teatro de la Basura se nutre de la mitología maya en muchas de sus obras, como «Trompo rumbador», uno de los textos de *Siete muecas*. Stone y Cohen señalan cómo la pieza «es una fábula ecológica que vincula a la teoría "Gaia" con el mito maya en el cual Dios destruye al hombre de madera por ser insensato y descorazonado». A través del juego de unos niños en los escombros, en la basura misma, «se recalca la ironía redentora de su habilidad de jugar con –reciclar– los mismos pedazos de mundo que han tenido que heredar como signo de esperanza» (Stone & Cohen 1995: 89).

El estatus de mercancía otorgado a los alimentos en la sociedad occidental y el valor simbólico marginal que ocupan la basura y lo desechable se revelan en el estudio de caso del Black Cat Café, en Seattle, Estados Unidos. Dylan Clark en «The Raw and the Rotten: Punk Cuisine» se vale de las categorías de «lo crudo», «lo cocinado» y «lo podrido» de Claude Lévi-Strauss[1] para analizar los valores subversivos de la cultura punk en el ámbito de la producción y el consumo de alimentos dentro de la economía capitalista. El artículo de Clark es el resultado de su investigación y obser-

---

[1] «The theory and practice of punk cuisine gain clarity when they are viewed through the work of Claude Lévi-Strauss (1969), who saw the process of cooking food as the quintessential means through which humans differentiate themselves from animals, and though which they make culture and civilization. Lévi-Strauss's tripolar gastronomic system defines raw, cooked, and rotten as categories basic to all human cuisines» (Clark 2004: 19).

vación *in situ* en el Black Cat Café desde 1993 hasta 1998. El ambiente del restaurante se distingue de la norma en primer lugar porque carece de la limpieza y las superficies pulidas y brillantes que distinguen a los establecimientos de este tipo, especialmente en los Estados Unidos. Aunque Clark señala que el Black Cat sólo recibió amonestaciones menores de los inspectores de salud, y que los estándares se mantenían en cuanto a la vajilla, la comida y la higiene de los empleados, no deja de notar que el piso de cemento no estaba precisamente impecable, los platos estaban manchados, el techo tenía goteras y los baños no olían muy bien. Para la cultura punk y los que frecuentaban el café, las normas convencionales de higiene estaban asociadas con el control social, la exclusión racial y la «pureza» discriminatoria del modelo dominante de ciudadano blanco, masculino, heterosexual y solvente; es decir, con «bleached teeth, carcinogenic chemicals, and freshly waxed cars, and operated as a code for sterility, automation, and alienation. Hygiene ment "idiot box" sitcoms and suburban fears of dark bodies. At the café, hygiene was a projection of Whiteness, and rejected» (Clark 2004: 22). La desintoxicación de la comida de su calidad de mercancía y de fetiche se buscaba en el Black Cat a través de la «contaminación» de los alimentos con otros tomados de la basura; mediante la práctica de robarla de los supermercados o de recogerla cuando había sido descartada por estos y los restaurantes «finos». De esta manera, la comida se despojaba de su valor mercantil y recuperaba su función original, la de nutrir y mantener la vida. Más allá de subvertir los valores establecidos por la norma en cuanto a la separación entre lo «puro» y lo «impuro», lo comestible y lo desechable, estas prácticas se pronuncian contra la destrucción del medioambiente en función de satisfacer la demanda del consumo capitalista:

> For punks, mainstream food is epitomized by corporate-capitalist «junk food». Punks regularly liken mainstream food geographies to colonialism because of their association with the Third World: destruction of rainforests (allegedly cleared for beef production), the creation of cash-cropping (to service World Bank debts), and cancer (in the use of banned pesticides on unprotected workers and water supplies). Furthermore, punks allege that large-scale stock-raising (cattle, chickens, pigs) and agribusiness destroy whole ecosystems. (Clark 2004: 20)

La crítica al sistema se amplía en la discusión acerca del desperdicio de comida que ocurre a diario en los restaurantes y la vigilancia que se ejerce sobre esos desperdicios para evitar que los hambrientos accedan a ellos, sacándolos de los latones de basura. Como se recordará, esta observación es la misma del narrador de «Los gallinazos sin plumas», cuando describe cómo los niños deben cuidarse de la policía, que vigila el acceso a los tachos. Clark incluye un comentario de uno de los clientes del Black Cat Café:

> Commented one punk: «There is the odd paradox –the casualness with which they will throw something into the dumpster, and the lengths they will go to protect it once it's there. How an innocent and harmless act – dumpster diving– will be confronted by greedy shopkeepers, store managers, and employees with scathing words, rage, and violence». (2004: 27-28)

Las prácticas culinarias del ámbito punk también ejercen una mirada crítica contra el modelo de sociedad patriarcal que espera de las mujeres una imagen corporal específica y que les inculca una relación alienada con su cuerpo a través de las dietas. Este juicio se expresa, por ejemplo, en algunos *zines*[2] como *Fat Girl*, que desafían el canon de belleza *skinny* predominante en la sociedad norteamericana (Clark 2004: 23). Por último,

---

[2] Los *zines* (la palabra se deriva de *magazine*) son un cuadernillo ilustrado que se elabora y se distribuye de manera artesanal. Con frecuencia se trata de páginas que se fotocopian y se reparten de manera gratuita. A menudo los temas de los *zines* son controvertidos, como demuestra el ejemplo de *Fat Girl*. Los *zines* constituyen por tanto un espacio marginal con respecto al mercado editorial, los medios y la norma social. El *zine* al que se refiere Clark circuló en los años noventa, pero en un blog reciente otra artista que continúa publicando el folleto, Nicci Mechler, señala en una especie de editorial: «It is very difficult to maintain a healthy sense of self when one is constantly being told they are Other and outside the acceptable/beautiful/worthy. I have always been defiant, and I felt that, at age 27, I was ready to write *FG*, as I saw other women in my life forgetting their beauty, forgetting that a large part of beautiful is attitude. Sexy can have a double chin, thank you very much. *FG* is a validation, and a decree, and I am pleased to say I have received some feedback, mostly from women, who read the zine and tell me it gave them the courage to do something, even something as small as giving themselves permission to ask for the space they need to be comfortable» (2012: en línea).

muchos de los punk que frecuentaban el Black Cat estaban asociados con el movimiento «Food Not Bombs», que se dedicaba a recolectar y repartir comida entre los *homeless* y los hambrientos. Según Clark: «The hostility of the Seattle City Council and Seattle police toward Food Not Bombs was received at the Cat as another sign of American class warfare and a coercive attempt to force even the homeless to turn to commodities for their survival» (2004: 28).

En resumen, a partir de los años sesenta del siglo XX, la basura y lo desechable son vistos como elementos que, a partir de su carácter marginal, pueden generar discursos artísticos que subvierten los valores del *status quo*. Tanto el Bread and Puppet Theater como el Teatro de la Basura o las prácticas *punk* del Black Cat Café utilizan los desechos en su materialidad y en su dimensión simbólica para redefinir la noción de arte y abrir espacios alternativos para el intercambio de ideas y valores; también se valen de lo performativo para crear dinámicas de tipo comunitario que se enfrentan a la norma, ya sea en cuanto a clase social, raza, género, apariencia física o cualquier otra categoría susceptible de ser convertida en un estereotipo excluyente. Todos expresan una conciencia y unas prácticas que intentan construir modelos de relación armónica con la naturaleza; cuestionan el malgasto de recursos y la desigual distribución de estos, la alienación del ser humano de su vínculo con lo natural, representada en el consumismo y la fetichización de los alimentos, junto a la «desnaturalización» de estos mediante la tecnología y las estrategias de *marketing*. Las dos «ecocreatividades comunitarias» que analizo en las páginas siguientes, se incorporan a esta tradición ex-céntrica para reformular el canon de lo artístico a partir de lo excluible, de lo desechable, de lo que pertenece a los márgenes de la sociedad.

Vik Muniz y los *catadores* de Jardim Gramacho: del basurero al museo de arte

El discurso tóxico imagina y representa comunidades, poblaciones enteras o al planeta en su totalidad devastado por productos químicos, desperdicios, explosiones nucleares y otras catástrofes. Dentro de esta elaboración de lo apocalíptico, la «metaforización de los desechos» de la que habla Lawrence Buell (2001: 52-53) constituye una prueba de la relevancia del tema en el mundo actual, puesto que este genera una concentración de imágenes en torno a lo desechable que aluden no sólo a su materialidad sino también a su condición de símbolo de la sociedad moderna. *Waste Land* resulta un ejemplo paradigmático, al igual que el poema de T. S. Eliot con el que sostiene un diálogo intertextual. *The Waste Land*, el largo poema vanguardista de Eliot publicado en 1922, fue en su momento criticado como «rubbish», como basura o galimatías sin sentido. La estructura y el lenguaje del poema, que mezcla registros culturales disímiles –provenientes de la alta cultura y de la «cultura popular»– es a menudo el origen de estas afirmaciones. El texto del poema mismo, no obstante, ha sido interpretado como un intento de Eliot de volver a las mitologías cristianas y paganas para redimir la desolación del presente en un mundo devastado y en ruinas (véase Pratt 1973). El poema de Eliot establece una analogía entre el presente y la degradación de la tierra, la crisis de valores morales y el caos. La obra de Muniz y el documental de Walker, por su parte, parten de la «tierra baldía» y sus habitantes para construir un modelo de convivencia humana y de esperanza en medio de la destrucción; invierten el valor negativo del tropo y hacen visible lo que la sociedad trata de ocultar. En este sentido, vale citar a Muniz: «The beautiful thing about garbage is that it's negative; it's something that you don't use anymore; it's what you don't want to see»[3].

El proyecto de Vik Muniz, que se desarrolla en Jardim Gramacho, el basurero más grande del mundo, situado en las afueras de Río de Janeiro, sirve para analizar cómo se relaciona el valor simbólico de los desechos con la definición de lo marginal. No se trata sólo de que se utilicen desechos para elaborar las piezas, sino que el espacio mismo donde se origina el hecho artístico y las personas que participan de este forman parte de los estratos marginales de la sociedad, son considerados «basura». A partir de estos elementos, el artista reproduce obras clásicas de la historia del arte utilizando las fotografías que toma de los *catadores*: primero amplía las fotos,

---

[3] En <http://www.wastelandmovie.com/pdf/waste-land-press-notes.pdf>: 10.

que luego los mismos trabajadores cubren con la basura que recolectan; más tarde el *collage* resultante se imprime en una nueva fotografía, de tamaño monumental, que es el resultado final, el que se expone en el museo y se subasta en el mercado del arte. Las ganancias que se obtienen con la venta de las piezas se utilizan para beneficiar a cada uno de los participantes y para mejorar las condiciones de vida en Jardim Gramacho.

Muniz se traslada a Río desde su estudio en Brooklyn, New York, en agosto de 2007, junto con la directora Lucy Walker y los productores Angus Aynsley y Peter Martin. Durante casi tres años, el equipo se dedica a filmar el trabajo del artista brasileño en Jardim Gramacho. El documental sigue el proceso a través del cual Muniz se involucra con los *catadores*, los hombres y mujeres que se ganan la vida recogiendo materiales reciclables entre la basura para venderlos a empresas que a su vez los reutilizan. La común participación en la creación de los artefactos revela una nueva dimensión de la realidad a estas personas, que sienten que su vida se ha dignificado al participar en la creación de una obra de arte, y que efectivamente cambian su suerte a partir del éxito de la exposición, presentada por primera vez en el Museo de Arte de Río de Janeiro en 2009.

Figura 19. El basurero Jardim Gramacho. En una de las imágenes iniciales de *Waste Land*, se observa la actividad de los *catadores* a la distancia, integrados con la basura y las aves de rapiña. Visualmente, la imagen evoca tanto el filme *Tiré dié*, de Fernando Birri, como el cuento de Ribeyro «Los gallinazos sin plumas».

Figura 20. Recreación de *La muerte de Marat* con el activista Tião dos Santos como modelo. El panel superior muestra la foto original tomada por Muniz. El panel inferior muestra el resultado final, después de que se ha rellenado la imagen con los materiales reciclables. Esta es la pieza que se vendió en la subasta Phillipe de Pury en Londres por $ 64.097.

Una de las obras recrea la pintura neoclásica *La muerte de Marat*, de Jacques-Louis David, utilizando una bañadera que ha sido arrojada al vertedero. La obra de David, una de las imágenes icónicas de la Revolución Francesa, se transforma en el retrato de Sebastião dos Santos (Tião), el presidente de la Associação dos Catadores do Aterro Metropolitano de Jardim Gramacho (ACAMJG). Esta es la organización que protege los derechos de los *catadores*, responsables de los altos índices de reciclaje de Jardim Gramacho, puesto que Río de Janeiro carece de las instalaciones adecuadas para asegurar esta función. La obra de Muniz se apropia de una imagen canónica y la inserta en un contexto nuevo, con lo que esta adquiere nuevos significados; luego, el retrato del líder de la Revolución Francesa se transforma en un retrato de Tião, el líder de los basureros; por último, al «contaminar» la pintura de David con la basura y convertir el proceso mismo de re-creación en un performance colectivo, Muniz despoja al original de su carácter «sagrado», al tiempo que efectúa una maniobra de actualización y relectura de la obra de David. En los primeros minutos de *Waste Land* Muniz hace explícita su intención: «I'm at this point in my career where I'm trying to step away from the realm of fine arts because I think it's a very exclusive, a very restrictive place to be. What I want to be able to do is to change the lives of people with the same materials they deal with every day». La operación mediante la cual un clásico como *La muerte de Marat* se transforma en una experiencia de comunicación y reelaboración colectiva reformula la noción del valor del arte, tanto simbólico como material, y reformula además las nociones de centro y margen, al convertir lo marginal en objeto museable y «valioso» en términos de apreciación estética y cotización en el mercado.

Otra obra ejemplar del proceso de reformulación del canon que efectúan Muniz y los *catadores* es la imagen de la Virgen representada por Suelem Pereira Dias, una muchacha de dieciocho años que había trabajado en Jardim Gramacho desde los siete. Suelem tiene dos hijos. El padre es un traficante de drogas y nunca asumió responsabilidad por los hijos. La historia personal de la muchacha la coloca desde luego en el extremo opuesto de lo que simboliza la Virgen: pureza, castidad, la blancura de lo inmaculado. Al representarla cubierta con una sábana y también «contaminada» con los materiales reciclables, Muniz nuevamente invierte el canon y reconfigura el paradigma de lo puro y lo impuro: Suelem está orgullosa de que ha elegido un trabajo honrado en lugar de dedicarse al tráfico de drogas o a prostituirse en Copacabana. El testimonio de Suelem, al tiempo que la cámara la sigue en su viaje en ómnibus desde su casa en la favela hasta la de su madre, quien cuida de sus dos hijos pequeños, incorpora en *Waste Land* una de sus dimensiones fundamentales: la perspectiva de género. Las mujeres que trabajan en Jardim Gramacho sufren marginación por su posición social, pero también porque no cumplen con las expectativas que los roles de género han establecido; en lugar de ello, están sucias, huelen mal, han tenido hijos fuera del matrimonio, han fracasado como esposas. La mirada de Muniz al canon artístico y a la crítica social es una mirada transversal, que tiene su origen en las estrategias oblicuas de subversión del poder aprendidas durante los años de la dictadura. Es por ello que afirma, en una entrevista para el *New York Times*: «I'm a product of a military dictatorship. Under a dictatorship, you cannot trust information or dispense it freely because of censorship. So Brazilians become very flexible in the use of metaphors. They learn to communicate with double meanings» (Kino 2010: en línea). Por ello se vale de historias personales, de testimonios que, en su conjunto, presentan los estratos del problema de la exclusión social, tanto en términos de raza y género como de poder económico.

Figura 21. Suelem con sus dos hijos, en una imagen que evoca a la Virgen y el niño.

Debe notarse cómo Suelem representa a una virgen mestiza, como la Guadalupe mexicana o la Caridad del Cobre cubana. El camino de la muchacha hacia la «virtud» está señalado por la presencia de los desechos, de la marginalidad y del abandono. Las piezas dispersas que constituyen el retrato de Muniz señalan la mezcla, la heterogeneidad y las diferentes rutas de ese camino. La Virgen brasileña de finales del siglo XX que representa Muniz ha debido elegir entre las opciones concretas que la sociedad le presenta: el trabajo honesto en el basurero o la prostitución en Copacabana. La imagen se completa cuando Suelem cuenta que su aspiración es abrir una guardería para los niños sin casa de la favela.

El mismo trabajo con los estratos que crea la basura metaforiza la condición social de los *catadores*. Hay un momento en que Tião, Zumbi y otros comentan sobre los desperdicios que encuentran y determinan la posición social de cada persona por la calidad y la cantidad de basura que hay en las bolsas. Concluyen que, al final, todo termina en el basurero, mezclado, y depende de ellos separar lo que tiene valor de lo que se desperdicia totalmente. El basurero se convierte, de alguna manera, en una instancia que iguala, como la Muerte en el Medioevo, a todos los seres humanos, sin importar su condición. Sin embargo, también revela una arqueología de la sociedad contemporánea, expuesta en esos estratos de desperdicios que se mezclan y conviven en los márgenes de la sociedad pero que conservan las marcas de identidad de cada persona, desperdigadas y dispuestas para los que puedan leerlas. Reciclar la lectura y los libros, sin embargo, es un acto que ocurre de manera cotidiana en Jardim Gramacho. Es así que Tião encuentra un ejemplar de *El príncipe* de Maquiavelo y le sirve para comprender mejor las estrategias del alcalde de Río para impedir el éxito de la Asociación de los *catadores*. Las estrategias del poder analizadas por el político renacentista encuentran un uso práctico en la organización del sindicato de los basureros. Igualmente, Zumbi recoge los libros que encuentra, los limpia y los ordena en una biblioteca comunitaria. Al final del documental, se sabe que con los fondos del proyecto ha logrado por fin establecer una biblioteca con más recursos.

Waste Land está dedicada a uno de los *catadores*, Valter dos Santos, quien falleció de cáncer de pulmón antes de que se terminara de filmar el documental. Se trata de un personaje fundamental, porque resume una de las ideas centrales del proyecto de Muniz. Valter, quien no tuvo acceso a educación secundaria, se convierte en una de las voces más claras dentro del montaje coral que es *Waste Land* en cuanto a la formulación de una conciencia ecológica. En su conversación con Muniz, el hombre, quien hasta ese momento había trabajado durante 26 años en Jardim Gramacho, señala:

> Digamos que cada casa genera un kilo de basura, y cada kilo de basura genera 500 gramos de material reciclable. Quiere decir que 1000 casas generan 500 kilos de material reciclable. Son 500 kilos menos de materiales que contaminan los ríos, las lagunas, que no van a obstruir las alcantarillas o a terminar aquí en el basurero, causando un gran perjuicio a la naturaleza y al medioambiente. Yo trato de explicarles a las personas la importancia de reciclar. Y a veces me dicen: «pero, ¿una latica?». Y les digo: «Una latica tiene una gran importancia, porque 99 no es 100, y esa sola latica hace una gran diferencia».

Valter se convierte, dentro del discurso memorialista de *Waste Land*, en la voz de la sabiduría popular. Viene a ocupar el lugar del sabio y del profeta, pero sin libros, sin cátedra y desde luego sin ningún espacio marcado por la autoridad de la educación formal. En la compleja relación entre el archivo y el repertorio, viene a recordar la interdependencia entre ambos, porque es el archivo, el material filmado, lo que permite recuperar sus gestos y sus palabras. Durante el proceso de elaboración del documental, su frase «99 no es 100» se constituyó en un recordatorio de la importancia de las acciones individuales, de la perspectiva intimista que recoge las historias personales de los *catadores* y las integra dentro de la perspectiva colectiva y dentro del tópico general del activismo ecologista.

Visualmente, *Waste Land* registra la relación entre esas dos perspectivas, la mirada «miope» que registra los detalles en apariencia insignificantes y la mirada abarcadora de los planos generales, que muestran la distancia entre Jardim Gramacho y la zona sur de Río, la zona «chic» preferida por los turistas. La película comienza con un plano superior que capta la ciudad desde arriba, con la estatua del Cristo Redentor y la playa de Ipanema como protagonistas; con escenas del Carnaval de Río y detalles del vestuario, las bailarinas y las carrozas. Es decir, el primer acercamiento a la ciudad utiliza los estereotipos más visibles, para luego presentar, a la mañana siguiente, los accesorios glamorosos convertidos en basura, con la cámara a ras de suelo. A partir de este momento, toda la película se desarrolla en Jardim Gramacho y en la favela que lo rodea.

Lucy Walker señala la importancia de estos cambios de perspectiva en *Waste Land* cuando se refiere al proceso que sigue la experiencia de Muniz, desde observar a los catadores desde arriba, a la distancia, cuando parecen insignificantes, y luego, cuando ocurre la experiencia humana de conocerlos, y entonces cada detalle adquiere importancia, se convierte en algo memorable (2013: en línea). Otras de las obras incluidas en «Pictures of Garbage», como se llama la serie que produce Muniz durante el proceso de filmación, incluyen recreaciones de *El sembrador*, de Jean-François Millet, y de *Mujer planchando*, perteneciente a la época azul de Pablo Picasso. Algunas son sólo retratos individuales, como los de Irmã y Magna. No obstante, todas las obras comparten el momento de reconocimiento de cada persona al ver su imagen en el museo. Tião dice: «Nunca pensé que me convertiría en una obra de arte», mientras Irmã le dice a un periodista en el Museo de Arte Moderno de Río: «A veces nos parece que somos tan pequeños, pero ahora la gente nos ve ahí, tan grandes, tan lindos». Las fotos de Muniz, de tamaño monumental, crean también el juego al que me he referido antes entre las dos perspectivas: de lejos, parecen apenas una reproducción de obras pictóricas conocidas; de cerca, revelan la textura y la materialidad de los objetos desechables y el rostro de los *catadores*.

Figura 22. *Mujer planchando*, recreación del cuadro de Picasso por Vik Muniz y los *catadores* de Jardim Gramacho.

Dentro del repertorio de imágenes y el archivo fílmico que dio como resultado *Waste Land*, se incluye lo autobiográfico –Vik Muniz relata su vida en Brasil y sus orígenes de clase media baja, la historia de cómo llegó a los Estados Unidos, etcétera–, lo testimonial –en las historias de vida de Suelem, de Valter, de Zumbi, de Tião y de Magna– y también lo memorialista, en tanto necesariamente el filme constituye un documento que recoge un proceso ya ocurrido. En esta heterogeneidad de registros, de voces, y sobre todo en la disolución de los límites entre el arte y la vida cotidiana, entre la basura y lo «artístico», entre lo individual y lo colectivo, entre lo efímero y lo «permanente», se encuentra el valor transformativo del arte, y posiblemente la transgresión mayor que plantea el arte comunitario de Vik Muniz.

Si en las econarrativas que ilustran «Los gallinazos sin plumas» e «Intestino grosso» el tópico de la basura estaba cargado de una intención de crítica realista, en la obra de Muniz los desechos se reciclan –literal y simbólicamente– y adquieren el estatus de obra de arte. El pasaje del basurero al museo se produce a través de la acción concreta y de la interacción entre el creador y los objetos-sujetos de la creación. De esta manera se produce una reformulación del canon de lo artístico, no sólo mediante la reinvención de obras pictóricas de prestigio utilizando «sobras» sino también mediante la fundación de una tradición que pone en el centro lo abyecto, los desperdicios, y los constituye en hecho estético. La aspiración vanguardista de unir el arte a la vida encuentra en la obra de Muniz una realización palpable, que se puede tocar (y oler, mirar, degustar) en toda su dimensión material. Más allá de las metáforas textuales propuestas por Buell en torno a la basura, el proyecto de Muniz establece una continuidad con las vanguardias y reformula esa tradición, al tiempo que incorpora los desechos no sólo como alegorías de la época contemporánea sino también como materia prima del arte.

Héctor Gallo y su «museo» de lo reciclable

El mundo de Gallo, como se conocen las instalaciones y piezas de Héctor Gallo Portieles, ha estado activo por más de veinte años en el barrio periférico de Alamar, en el este de La Habana. Alamar surge en la década del setenta con el propósito declarado de aliviar la crítica situación de la vivienda en la capital cubana. Se caracteriza por la construcción en serie de edificios de apartamentos casi idénticos y la ausencia de espacios de recreación[4] o de un proyecto urbano coherente;

---

[4] Los pocos espacios de este tipo, como un cine llamado XI Festival (porque fue inaugurado en 1978, cuando se celebró en Cuba el Festival Mundial de la Juventud y los Estudiantes) y varios parques infantiles han sufrido el deterioro de las instalaciones

además de esto, es notoria la dificultad de acceso a las zonas centrales de la ciudad, agravada a causa de la crisis económica que atraviesa la isla desde los años noventa del siglo XX, y que hacen que el transporte público sea muy escaso.

Alamar ha sido llamada, con razón, «ciudad-dormitorio», lo que genera en sus habitantes una falta de integración y de sentido de pertenencia al lugar donde viven. En sus inicios, se concibió este reparto como el hábitat ideal de trabajadores del ámbito de la cultura, deportistas, técnicos provenientes de la ex-Unión Soviética y otros profesionales. Es un proyecto que exhibe con claridad la influencia del modelo estalinista soviético en la sociedad cubana. Como señala Rojas, es un espacio ejecutado «desde la estética despiadada del gregarismo desarrollista» (2009: 65), y en ese sentido se le puede comparar con otros dos proyectos altamente simbólicos de la «fraterna amistad» entre Cuba y la Unión Soviética: el Parque Lenin y la Escuela Vocacional Lenin, inaugurada esta última por Leonid Ilich Brezhnev en 1975. Los edificios de Alamar son, como la antigua embajada de la Unión Soviética en Miramar, edificios fríos y duros. Hasta tal punto se considera que este barrio no pertenece siquiera al tejido urbano de la capital cubana que estudios recientes, como el de Emma Álvarez-Tabío Albo, *Invención de La Habana* (2000), afirman que la época soviética «no parece haber dejado rastros visibles en el espacio arquitectónico ni en la trama urbanística en la ciudad» (Rojas 2009: 65).

La situación caótica que atravesó la isla en los años noventa del siglo XX intensificó la marginalización de esta área, cuya zona más alejada del centro de la ciudad ha sido bautizada como «La Siberia», en irónico recordatorio de esa presencia soviética añorada y vituperada a partes iguales desde la caída del Muro de Berlín en 1989. En este contexto, Héctor Gallo Portieles[5] ha construido, a partir de materiales de desecho

---

y la falta de mantenimiento, hasta el punto del desuso y el abandono. Una excepción es la Casa de la cultura, que se mantiene activa y se conoce por estimular y promover el hip-hop cubano. El proyecto de Héctor Gallo se incluye dentro de los proyectos socioculturales y acciones comunitarias vinculados a la Casa de la cultura.

[5] Héctor Pascual Gallo Portieles (Campo Florido, La Habana, 1924) fue barbero de oficio y después de 1959 ocupó cargos de embajador y diplomático. Fue quien

de todo tipo, un espacio reconocido como «Museo de los afectos o los tarecos» que consiste en esculturas e instalaciones situadas en el jardín de su casa y dentro de ella, que invitan a los que por allí pasan a interactuar con las obras. Las piezas consisten en montajes que incluyen cajas registradoras, máquinas de escribir, trozos de metal, dentaduras postizas, zapatos rotos o redes de pesca, entre otros materiales. Todos los objetos se clasifican como «basura», incluso dentro de la austera mentalidad post-noventa cubana, en la que «todo sirve» y en la que «botar» parece haberse convertido en una palabra tabú.

Gallo se apropia del tópico de la basura y lo desechable para crear arte, y al situarlo en un espacio público e interactuar directamente con su comunidad, su creación adquiere un carácter performativo que se centra en lo comunitario y en lo ecológico como temas principales. Antes de dedicarme al análisis de las piezas y de la interacción del artista con los habitantes del barrio me interesa exponer algunas ideas acerca del proyecto cultural de Gallo y su relación ambivalente con lo marginal. Como se ha dicho antes, el «museo de los afectos y de los tarecos» se localiza en una zona periférica de La Habana, tanto por su ubicación con respecto al centro de la ciudad y el estatus socioeconómico de la mayoría de sus vecinos como por los efectos desastrosos que la crisis de los noventa, la desidia y la partida definitiva de los técnicos soviéticos que vivían allí han tenido sobre la zona. Con el abandono de los «hermanos soviéticos», Alamar entró en un período de olvido y decadencia que continúa empeorando hasta hoy. Aunque habitaban las «casitas» o bloques de edificios destinados sólo a ellos, los «fraternales rusos» garantizaban con su presencia a que el gobierno concediera un mínimo de recursos para mantener niveles decorosos de reparación y cuidado de las construcciones –sólo el Estado estaba autorizado a disponer de los materiales y la mano de obra necesarios para ello.

---

hizo llegar a Cuba, desde Costa Rica, la información sobre la invasión de Bahía de Cochinos. Había sido enviado a ese país como segundo representante de la Embajada cubana y encargado de negocios. Gallo Portieles ha contado los detalles en un reportaje para el periódico *Juventud Rebelde* (véase Hernández Serrano 2011).

Ahora bien, ni siquiera en los lugares más recónditos de la isla se produce una intervención del espacio público que no esté debidamente autorizada por el gobierno. El proyecto de Gallo, entonces, a pesar de su carácter de iniciativa privada e informal, ostenta un estatus especial, puesto que se ha mantenido como una «manifestación cultural» no sólo tolerada, sino además celebrada como parte de la cultura comunitaria de la zona. Recibe visitas de los pioneros, se han publicado reportajes en publicaciones como *Juventud Rebelde* y a su creador se le reconoce como una «personalidad» de la cultura local.

La acumulación de objetos dentro y fuera de la casa de Gallo recuerda la de quienes padecen el Síndrome de Diógenes y acopian todo tipo de objetos inservibles de manera obsesiva, en una manifestación especial de *horror vacui*. No obstante, a diferencia de los que sufren el síndrome, en el caso de Gallo los objetos se disponen con intención artística, se convierten en un hecho estético. En esta circunstancia y en el propósito comunicativo que lo anima –Gallo ha convertido su afición en un hecho performativo– reside la diferencia fundamental entre la patología y el proyecto del cubano. Las circunstancias en que el artista comienza a producir sus piezas, el momento existencial por el que atraviesa y los motivos por los que dice haber iniciado su proyecto creativo, así como el contexto de la crisis económica, política y social de Cuba en esos años, permiten analizar el conjunto de su obra como una muestra de *art brut*, *raw art* o *outsider art*[6]. Daniel Wojcik ha hecho énfasis en que la perspectiva sobre el *outsider art* que considera a estos artistas como totalmente desvinculados de su medio y de cualquier tradición cultural, como individuos excéntricos que viven aislados de la sociedad, no sólo es desacertada sino que ignora también las motivaciones, las conexiones

---

[6] Véase Wojcik 2008. «The term outsider art was coined by Roger Cardinal in 1972 as an equivalent for the French term art brut, proposed by the modernist painter Jean Dubuffet in 1949. For Dubuffet, art brut ('raw art'), was made by people free of artistic training who were 'untouched' by culture, and existed outside of or against cultural norms, thus serving as a critique of the pretentious and artificial nature of contemporary art (Dubuffet 1988). Although Dubuffet later modified his views somewhat, and while the term outsider art has been the subject of debate, the idea of 'raw art', disconnected from society and cultural influences remains pervasive today in popular and scholarly publications» (Wojcik 2008: 179).

e interacciones entre el creador y su medio, las negociaciones simbólicas y los intercambios entre el creador y su comunidad. En su lugar, Wojcik (2008) propone un estudio de estas condiciones y de la influencia de las tradiciones vernáculas, de las circunstancias personales, de traumas y conflictos existenciales que dan forma a la creación de estas obras. En las páginas que siguen intento analizar las motivaciones personales, la relación con lo vernáculo popular y las negociaciones simbólicas entre «el mundo de Gallo» y el contexto cultural cubano a partir de los años noventa del siglo xx.

Figura 23. Interior de la casa de Héctor Gallo, donde se aprecia la acumulación de objetos que cubren todos los espacios.

Los artefactos que acumula Gallo Portieles cuentan una historia y esa historia, a su vez, se representa cada vez que él interactúa con diferentes personas; esos objetos se llenan de significados que se renuevan constantemente. Esa necesidad de fijar la historia a través de objetos es, por otra parte, una de las operaciones centrales del proceso de resignificación efectuado en Cuba después de 1959. El yate *Granma*, los uniformes usados por los rebeldes en la Sierra Maestra, las marcas de los impactos de bala en el cuartel Moncada en Santiago de Cuba señalan los hechos y la interpretación de la historia revolucionaria, que se reproduce cada vez que se visitan esos lugares y se recuenta lo ocurrido.

Me parece necesario hacer una revisión histórica de las lecturas que se han hecho del texto que es la ciudad de La Habana, empezando en el año 1959, a fin de esclarecer las complicadas negociaciones de significado que se efectúan entre lo «popular», lo «informal» y el estatus del que disfruta el proyecto de Héctor Gallo como una manifestación de arte comunitario, que surge con la crisis de los noventa y que sin embargo parece eludir lecturas críticas o implicaciones políticas. Con la entrada de los rebeldes a La Habana el 8 de enero de 1959 se abrió una etapa en la que la realización de la idea de nación se basa en la defensa del territorio antes las muy reales confrontaciones con los Estados Unidos, en la afirmación de lo nacional en la dicotomía ellos / nosotros o «los de aquí» y «los de allá». «Los de aquí» son los cubanos que se quedan en la isla y defienden el proyecto revolucionario. Tanto las calles como el espacio interior de las viviendas se convierten en lugares de materialización del ideal de colectividad y de sacrificio de los intereses personales en bien de la sociedad. Baste recordar la famosa pegatina que decía: «Esta es tu casa, Fidel» con que muchos cubanos decidieron adornar sus viviendas por aquellos años. Resulta evidente, como señala Roberto Segre que: «La relación con el espacio geográfico poseía connotaciones ideológicas» (2001: 41).

La inserción de conjuntos arquitectónicos urbanos en el paisaje natural (como las nuevas escuelas de arte en los terrenos que antes ocupaban los campos de golf del Havana Country Club) respondían a una voluntad de materializar la idea de eliminar las contradicciones entre el campo y la ciudad, además de «defender la tesis de que los avances tecnológicos y culturales sólo serían posibles en la simbiosis entre ciencia, sociedad y naturaleza» (Segre 2001: 41). No menos importante es la conversión en instituciones, por parte de la Revolución, de las propiedades abandonadas por «los que se fueron». Un ejemplo paradigmático de este tipo de intervención es la transformación del cuartel militar Moncada, en Santiago de Cuba, en una escuela de enseñanza primaria. El lema de «convertir los cuarteles en escuelas» o el acto de derribar el águila imperial del monumento a las víctimas del Maine, en Línea y Malecón, en el barrio de El Vedado, todos constituyen actos que dan corporeidad al nuevo ideal revolucionario.

Los cambios que se insertan en el cuerpo de la ciudad tienen un alcance que trasciende el mismo acto performativo de refundar los espacios, de otorgarles otra función. Crean una mitología de lo heroico que se basa, precisamente, en gestos, actos, declaraciones, inauguraciones: es lo que constituye la épica revolucionaria, realizada tanto en su dimensión factual, performativa, como en el archivo (fotos, documentales, textos). Diana Taylor ha señalado la significación del *performance* que instituye lo «heroico» como la imagen de la ciudad y de sus habitantes:

> The revolution generated images of epic proportions: a new world was being created before one's eyes –a new beginning, a new hero, a new revolutionary 'man'. Che's heroic quest could almost be decoded with Brechtian terminology: the episodic plot, the frozen frame, the green fatigue costumes, the *gestus,* the popular audience. The entire sequence was spectacular. Unlike the Brechtian dialectical theatre which specifies that «the spectator and actor ought not to approach one another but to move apart», the revolutionary spectacle encouraged Artaudian identification, even merging, with those heroic figures...» (1990: 81)

La imagen de la ciudad de La Habana como una ciudad heroica, en la que las calles, las plazas e incluso el espacio privado de la vivienda escenifican de manera cotidiana el sacrificio y lo épico, cede el paso en los años noventa a la repetidas imágenes de ruina, nostalgia, decadencia y caos, tanto en el paisaje urbano de la ciudad como en su representación literaria, con la profusión de representaciones y lecturas que, según Rojas, «no son nuevas [...] pero nunca habían sido tan persistentes y extendidas» (2009: 128).

La obra de Gallo se inscribe, a su pesar, en esa visión de la ciudad. Por un lado, retoma la idea de la «pobreza irradiante» y se remonta al ideal originista de una esencia nacional hecha de espíritu y de una poetización de lo cotidiano desde una visión trascendente. *El mundo de Gallo* se inscribe de alguna manera en esta tradición, pero desde la materialidad de sus artefactos y desde el repertorio popular de su humor. De nuevo, se asiste a la refundación de una poética a partir de los desechos y de lo reciclable. Por otro lado, le es imposible escapar de la conexión, a partir de las referencias a la escasez material y a la crisis, de una lectura similar a la que realiza de la ciudad libros como *Corazón de skitalietz* (1998) o *Cuentos de todas partes del imperio* (2000), de Antonio José Ponte. Las ruinas, las certezas que se derrumban, la imposibilidad de reconstruir el pasado son tópicos que asoman detrás de las piezas de Gallo de manera similar a como lo hacen en los cuentos de Ponte, aun cuando los textos que acompañan a las obras y el *performance* del último parecen decir lo contrario. Estos tópicos asoman más bien en lo que *se calla*, cuando Gallo hace un recuento de los orígenes de su proyecto comunitario:

> En 1990 llegaron cosas para las que no estaba preparado: la vejez, la jubilación que significaba separarme del trabajo que era mi propia vida, el cambio era de ciento ochenta grados; se me ocurrió la idea de embellecer el entorno y comencé a realizar mis piezas a partir de artículos que la gente desechaba o me encontraba en los basureros u otros lugares de Alamar. (Valenzuela 2008: en línea)

Lo que se calla, desde luego, son las referencias directas a la situación de desamparo en que los ancianos, los enfermos mentales y otros grupos vulnerables se encontraron de pronto, con la ausencia total de asistencia social en esos años noventa. *El mundo de Gallo* es tanto una respuesta desde lo popular y lo marginal a la crisis como una estrategia personal de supervivencia. Wojcik señala en su artículo cómo gran parte del *outsider art* aparece como respuesta a la pérdida, al trauma, a la enfermedad (2008: 187). En el caso de Gallo es imposible ignorar el contexto general de desesperanza y los sentimientos de fracaso e incertidumbre que ocasionan en la isla la caída del campo socialista, la consiguiente crisis económica y las transformaciones radicales que ocurren en el tejido social del país. Más si cabe si estos cambios deben ser asimilados por una persona que se encuentra ya en su vejez y que había sido un participante activo de la etapa épico-heroica de la Revolución cubana. La dinámica contradictoria que se establece entre la permanencia del ideal utópico en crisis y la dura realidad de la Cuba de los noventa se prueba en mi interacción personal con el creador y su familia. Luego de haber autorizado en un primer contacto la utilización de las fotos de su obra para propósitos de investigación, la familia de Gallo comienza a exigir dinero por el material que el artista ya había cedido, con la declaración explícita de que, si no se le hacía llegar ese dinero, se me negaría el derecho a usar las fotografías para mi investigación[7].

Desde el comienzo mismo de la correspondencia con Gallo, su mayor preocupación era que yo no «hablara en contra de Fidel y de la Revolución», es decir, que yo no utilizara su creación con «fines contrarrevolucionarios». La contradicción entre actuar como legitimador del discurso autoritario del gobierno cubano partiendo de una posición marginal, y pretender además controlar la interpretación y la lectura de su obra, se explica por la trayectoria vital de Gallo, a la que ya me he referido. Ello explicaría, además, la aceptación de su obra como parte de la cultura comunitaria y la ausencia de cuestionamiento o consideraciones políticas con respecto a su espacio creativo. La misma contradicción expone las estrategias de control ejercidas por la «ilustración socialista», como señala Rafael Rojas, mediante un «modelo de ciudadanía sitiada» que «necesita del aislamiento o de la "excepcionalidad" para reproducirse» (2009: 13), y que, por otra parte, conoce exactamente los límites de lo que se puede decir y lo que no. Rojas cita la «eficaz impermeabilidad simbólica del sistema cubano», creada por esas estrategias de control, como la causa fundamental de que «los mensajes antitotalitarios sean asumidos por las élites de poder y por buena parte de la población como llamados no a un cambio de régimen pacífico y pactado, sino a una destrucción del país o su anexión a Estados Unidos» (2009: 23)[8]. Por lo tanto, cualquier crítica,

---

[7] Este intercambio ocurrió a través de correos electrónicos y con la mediación de mi familia, puesto que el artista no poseía una cuenta de correo personal y se me hacía imposible viajar a Cuba.

[8] A mi parecer, el restablecimiento de las relaciones diplomáticas entre Cuba y los Estados Unidos, que se anunció el 17 de diciembre de 2014 y se llevó a cabo con la apertura de embajadas en el verano del 2015, no ha ocasionado hasta ahora un cambio radical en el discurso del gobierno cubano sobre el vecino del norte. Aun cuando se hayan relajado las restricciones para el intercambio económico, diplomático o de comunicaciones, se mantiene una posición cautelosa y se atribuye el cambio principalmente a la resistencia del pueblo cubano ante el bloqueo y las agresiones estadounidenses. Rojas señala, en un artículo publicado en *El País*, que el acceso limitado a fuentes de información diversa, el aislamiento y la cuidadosa selección de la limitada información que se ofrece a los cubanos moldean las percepciones de los isleños acerca de este tópico particular y en general acerca de cualquier tema. En sus palabras: «La mayoría de la población cubana, que no tiene acceso a Internet y que

por mínima que sea, pone en peligro la estabilidad del país y es recibida con rechazo, con temor o con abierta hostilidad. A nivel individual, sin embargo, el deseo de legitimar la propia obra[9] y la búsqueda de fuentes de supervivencia llevan a esta posición ambivalente, en la que se desea dar a conocer la obra y ponerla a circular como objeto de valor, y al mismo tiempo controlar el discurso crítico que se produce sobre ella.

Desde la narración fundacional de *Cecilia Valdés* (1839), de Cirilo Villaverde (1812-1894), se asiste en Cuba a un intento de definir el espacio de la ciudad, en especial de La Habana, como ámbito de «lo cubano», como posibilidad de realización de «la cubanidad», donde la búsqueda de las esencias de lo nacional tiene un carácter de proyecto y de utopía. En los años cuarenta y cincuenta del siglo xx, Alejo Carpentier intenta esta definición desde la arquitectura y el barroquismo de la ciudad; José Lezama Lima, desde su «paisaje agnóstico», en el que paisaje y cultura se funden en su visión –vía María Zambrano– de «La Habana secreta»; o bien a través de los relatos superpuestos de Severo Sarduy en *De donde son los cantantes* (1967), en los que intenta capturar «lo cubano» por suma, acumulación y en una apoteosis final de «entrada en La Habana»; o incluso en *Tres tristes tigres*, de Guillermo Cabrera Infante, donde se mitifica La Habana nocturna y bohemia, a contrapelo de la imagen ya predominante de la ciudad como un espacio en el que la defensa de la Revolución ocupa todos los intersticios, tanto de lo público como de lo privado. Esta misma imagen de la ciudad

---

durante más de medio siglo ha sido sometida a una visión monstruosa de Estados Unidos y sus políticos, sean demócratas o republicanos, recibe a John Kerry sin saber quién es ese primer secretario de Estado que viaja a la isla después de 70 años. Los dirigentes cubanos acostumbran a exaltar en sus discursos la "cultura" y "sabiduría" del pueblo cubano. Lo intrigante es saber cuáles son las fuentes de información de que dispone esa ciudadanía "sabia", rigurosamente excluida de las grandes decisiones en política doméstica e internacional del Gobierno cubano» (2015: en línea).

[9] No han faltado espacios de legitimidad para la obra de Gallo en Cuba: en el 2014 se organizó una exposición de su obra en el Centro Pablo de la Torriente Brau y la Casa de la Poesía en la Habana Vieja. La muestra fue curada por Magdalena Rivas, quien coordina un proyecto sobre *art brut* en Cuba. Se presentó un catálogo de la exposición y el documental *Gallo ¡La vida otra vez!*, producidos por la Fundación Art Brut Project, que preside Daniel Klein. Al respecto, véase Rivas 2014.

como el *locus* de la bohemia, de la vida nocturna y del disfrute, es la que había sido censurada con el documental *PM* (1961), de Sabá Cabrera y Orlando Jiménez Leal.

Lo que en la etapa heroica de la Revolución se entronizó como la eliminación de las diferencias entre el campo y la ciudad regresa con la crisis en la irrupción de modos de vida rurales en el espacio urbano. En Alamar, en particular, la cría de aves y cerdos, la proliferación de terrenos de sembradío por iniciativa privada o incluso la cría de animales en el interior de los apartamentos de vivienda se convierten en parte habitual de la vida cotidiana. Esta intromisión de formas vida «rurales» y «atrasadas», que invaden el espacio citadino se describe con ironía y humor negro en la novela de Ena Lucía Portela *Cien botellas en una pared* (2002). Lo curioso es que la novela de Ena Lucía se desarrolla en el barrio de El Vedado, que desde su fundación en los años veinte y desde su resurgimiento en los cincuenta, junto a Miramar, había constituido el paradigma de lo «moderno» en Cuba. Portela describe las nuevas formas de relación con lo natural que supone la crisis, cuando su personaje, Zeta, detalla la decadencia del palacete de los años cincuenta en el que vive:

> Los recién habitantes, muchos de ellos con acento oriental y desconocedores de los usos urbanos, aportaron una nueva fauna, insólita en el paisaje citadino: gallinas, pavos, palomas, jicoteas, un cerdo, un chivo con una campanita colgada del pescuezo, una jutía y una especie de megaterio, cruza de mastín con rinoceronte, que ladra y muerde y se cree el sabueso de los Baskerville. (Portela 2003: 42)

Así, la imagen de La Habana se hace coincidir no con el espacio excepcional de realización de una utopía social y cultural, sino que se iguala con otras capitales del continente en las que formas de vida rural se incorporan al tejido urbano, dando lugar a esa «configuración viscosa» de la que hablaba Segre y que resulta de la combinación de modos de vida agrarios con los nuevos modos urbanos, los espacios marginales de las ciudadelas con los barrios de gente «bien».

Las piezas de Gallo también se valen del humor, pero desde una perspectiva conciliadora, no crítica, y que insiste más en la tradición de lo vernáculo costumbrista, más cercana al «choteo» como forma de restarle importancia a lo serio. Rafael Rojas se refiere al fenómeno del rescate de todas las Habanas que precedieron a la Revolución, ya sea la ciudad criolla y colonial descrita por Julián del Casal en sus crónicas o La Habana republicana y neoclásica de principios del siglo XX, o la de los años cincuenta, los «años de oro» de El Vedado y Miramar (2009: 57-58). En la obra de Gallo hay un rescate de lo costumbrista, de lo popular, de la tradición oral del siglo XIX y sus estampas humorísticas del gallego y el negrito, de la mulata, el vendedor ambulante y su pregón: el humor de doble sentido, casi siempre de connotación sexual, la picaresca de la supervivencia, el folclor urbano. Hay, por ejemplo, un montón de hierro con un letrero que dice: «Pesa de amor. Compruebe su peso aquí».

Resulta significativo además cómo el artista crea su propio personaje, y las semejanzas de ese personaje con una figura emblemática del folclor urbano de los años cincuenta: el Caballero de París. José María López Lledín (1899-1985), un inmigrante gallego que llega a La Habana a principios del siglo XX, forma parte de las referencias de la cultura popular cubana de los años de la República. Sin que se sepa a ciencia cierta por qué perdió la razón, lo cierto es que el Caballero encarnaba la figura del loco gentil, amable con las mujeres, respetuoso y capaz de ejercer la crítica social amparado en su condición de demente. Una larga barba blanca se complementaba con una capa negra que llevaba siempre, incluso en los meses más calurosos del verano. Deambulaba por la ciudad, aceptaba limosnas o comida sólo de personas a quienes conocía, y mantenía modales que se correspondían con su estatus «aristocrático» (véase Morales Escobar 2013 y Díaz Castro 2015). Dentro de la música popular cubana también se le conoce porque inspiró un danzón, compuesto por Antonio María Romeu (1876-1955) e interpretado por Barbarito Diez (1909-1995). En años recientes el historiador de la ciudad, Eusebio Leal, se encargó de exhumar los restos del Caballero de París y trasladarlos al convento de San Francisco de Asís, en el centro histórico de la ciudad, y de colocar una estatua suya, de tamaño natural, frente al lugar.

Ecocreatividades comunitarias: 231

Figura 24. «Pesa de amor». La pieza mezcla lo material y lo espiritual al invitar al visitante a «pesar» el amor, y es una de las que más atención recibe.

Figura 25. El Caballero de París.

Visualmente, y también en su valoración de lo irracional como forma de conocimiento y de espiritualidad, Héctor Gallo evoca la figura del Caballero de París, en un gesto que recupera la mitología de los años de esplendor de La Habana. Emma Álvarez-Tabío señala que esa fue la misma ciudad que Carpentier supo captar, con «sus legendarios sucedidos, sus personajes populares, sus mendigos y [...] su bohemia burguesa. La ciudad de La Macorina, Chencha la *Gambá*, Vistillas, el Andarín Carvajal. O de los mendigos regios, como la Marquesa y el Caballero de París» (2000: 183). Gallo recupera, en su *performance*, la tradición y el folclor urbano del loco gentil, y reafirma que: «vivir cuerdo en un mundo loco debe ser la peor de las torturas» (Nuez 2010: en línea). Lo que resulta sin embargo más llamativo es la utilización, en su *performance*, de los mismos elementos que la cultura oficial adoptó frente a la crisis de los noventa como estrategias de supervivencia: «el turismo y la restauración» (Rojas 2009: 57). En ese regreso de todas las Habanas del pasado que tiene lugar en esos años, la restauración del centro histórico de la ciudad puso en escena, como señalan tanto Rojas como Álvarez-Tabío, los estereotipos y figuras más persistentes, desde el pasado colonial hasta la picaresca finisecular: los soldados españoles en el rito del cañonazo de las nueve, las negras y las mulatas en vestidos de colores, con el tabaco en la boca, como recreando estampas de Landaluze; la «jinetera» y el «chulo», el vendedor ambulante… y claro, el turista que recorre admirado esa mezcolanza de códigos, de ruinas y de estatuas restauradas –entre ellas una del Caballero de París– en que se convirtió La Habana a finales del siglo xx.

Esa restauración de los personajes populares puesta en función del visitante es el mismo rito que reproduce Gallo en su «museo de los afectos y los tarecos». La coincidencia no es tal, porque, de nuevo, se trata de una réplica de la estrategia de supervivencia del Estado cubano, una «reinvención» y reinserción del individuo en un nuevo contexto histórico, el de la crisis y la necesidad de subsistir. Debe añadirse la repetición cotidiana del rito y la participación de los vecinos de la zona, que le regalan toda clase de objetos y artefactos en vez de tirarlos a la basura. Es esto lo que considero la parte más valiosa del proyecto de Gallo, y que comparte con el trabajo de Vik Muniz: la creación de un espacio creación a partir de la interacción y la colaboración de una comunidad que se involucra en la creación de las piezas.

Otro personaje de la cultura popular cubana rescatado es Matías Pérez, «el primer cubano que montó en un globo», y que desapareció el 28 de junio de 1856. El hecho generó la frase «Voló como Matías Pérez» para significar que alguien no cumplió un compromiso o desapareció sin dar explicaciones. Este tipo de recuperación de la cultura y del humor popular genera en la comunidad un sentimiento de pertenencia, al tiempo que constituye un modo de reflexionar acerca de la utilidad de los objetos que se desechan, de la posibilidad de hacer arte incluso en medio de la escasez y de compartir un espacio de conciliación en medio de la dureza de la vida cotidiana. En otras ocasiones, la presencia del mar y de lo insular se convierte en el motivo central de algunas piezas, como en «Ancla espacial». Las referencias directas a la crisis medioambiental asumen, desde luego, el tono de condena al modelo capitalista de desarrollo, pero dejan fuera cualquier tipo de consideración acerca de las políticas de la isla al respecto. Nuevamente, es la apelación a la participación espontánea y el humor de tipo costumbrista lo que domina en las piezas con tema ecológico. Se omite, posiblemente por desconocimiento, que la situación de Cuba en cuanto al cuidado y preservación de sus recursos naturales y del medioambiente entre 1959 y 1990 dista de ser ejemplar. En *Archivo de los pueblos del mar* Antonio Benítez Rojo cita varios informes sobre el deterioro de la flora y la fauna cubanas, la contaminación de las aguas o la desertificación producida por el uso indiscriminado de fertilizantes. Y no en menor medida señala el desconocimiento de la población de esos problemas y la falta de educación sobre el tema. A esos problemas históricos debe añadirse, durante los años del «Período Especial», el impacto negativo del turismo en las playas y ecosistemas costeros. Benítez Rojo señala:

> La adopción del modelo soviético de explotación agrícola sobre la base de planificación central, grandes granjas estatales, tala de árboles y arbustos en las llanuras, cultivo extensivo, irrigación masiva, mecanización intensiva y uso indiscriminado de pesticidas y fertilizantes químicos había tenido efectos desastrosos sobre los suelos, la flora y la fauna, los ríos, el litoral, las bahías, y las reducidas áreas de bosque que aún quedaban. (2010: 43)

Figura 26. Gallo representa la «caja negra» del globo de Matías Pérez con una maleta, un cepillo de dientes, dos casetes inservible y otros materiales de desecho.

Figura 27. «Ecología no es la lógica del eco, es la conciencia de la vida. ¡Medite!» y «Las malas palabras no matan, pero hieren el medio ambiente». Firmado: Ecogallo. A través del humor y el lenguaje popular interpela a los vecinos, combinando objetos de desecho (como el bidet) y letreros que se refieren a la ecología o a temas «tabú», como el sexo.

Figura 28. Futurismo, presencia del mar y zapatos rotos: en esta foto, el ancla espacial, las redes de pesca, las boyas, los trozos de metal y los zapatos abandonados, como objetos de arte en sí mismos, construyen una imagen en la que lo humorístico, la imaginación tecnológica y la crisis económica cubana se dan la mano.

Figura 29. «¡Donde no regalan lo que sobra, comparten lo que tienen!».

Las piezas de Gallo se limitan, también en esta instancia, a reproducir el discurso oficial acerca de los daños que el «capitalismo salvaje» ocasiona al medioambiente, ignorando que los países del llamado campo socialista explotaron los recursos naturales con igual irracionalidad y produjeron daños ecológicos de parejas consecuencias.

Para concluir, desde un espacio marginal dentro del margen, la obra de Gallo, como la de Muniz, reformula el canon de lo artístico. Ahora bien, el cubano lo hace desde un contexto económico y social absolutamente distinto en comparación con el del artista brasileño. Si Muniz se refiere como a algo del pasado a las estrategias oblicuas, aprendidas durante los años de la dictadura brasileña, que incorpora a su obra, la de Gallo revela la red de silencios, omisiones y negociaciones simbólicas que los creadores cubanos ponen en práctica ante el control gubernamental. Revela además la persistencia de los ideales utópicos que impulsaron los primeros años de la Revolución cubana, aun cuando esos ideales se quebraron precisamente por la instauración de mecanismos autoritarios y represores como práctica de control sobre la «ciudadanía sitiada» de la isla.

El contraste entre los proyectos de Muniz y Gallo permite reflexionar acerca de los mecanismos de distribución y validación de la obra de arte: en el caso de Muniz, su posicionamiento en New York, el acceso a grandes circuitos de distribución, a las galerías y al mercado del arte, genera un reconocimiento que influye de manera positiva en la repercusión de su obra. El alcance de la obra de Gallo es mucho más reducido por la falta de acceso a esos canales de legitimación. Su inserción en la tradición del *outsider art* como respuesta a una crisis existencial que puede explicarse por la vejez, por el derrumbe de la estructura socioeconómica e ideológica del campo socialista y los ideales utópicos de su generación, lo sitúa por definición fuera de los circuitos académicos o del mercado del arte. Además, las particularidades del contexto cubano hacen necesario tener en cuenta las interacciones entre la cultural oficial y la popular, entre lo marginal y lo periférico y sus estrategias de legitimación e inserción dentro de una comunidad determinada. De cualquier modo, tanto la obra de Muniz como la de Gallo constituyen modelos de ecopoética que abren un espacio nuevo al viejo debate acerca de la relación entre arte y sociedad. Ambos parten de comunidades marcadas por la pobreza y la marginación y que generan arte a partir de esos mismos elementos. La conexión simbólica y material entre los desechos y lo reciclable con la creación artística apunta tanto a un impulso utópico que subvierte las dinámicas de la sociedad de consumo como a la emergencia de una imaginación artística que se nutre de lo distópico, de la contaminación y de la carencia como realidades cotidianas.

Las conexiones entre los distintos modelos de ecopoéticas propuestos apuntan a una sensibilidad común, y al impacto de la realidad de la crisis ecológica, que se relaciona de modo general con la crisis de los modelos sociales dominantes en el presente. De ahí la sensación de crisis de paradigmas que creadores gráficos como Jis, Trino y Clément ponen en evidencia, o la reflexividad cuestionadora de la Razón iluminista de Jorge Riechmann, o la visión apocalíptica de Jaime Quezada. A ello se suma la presencia de lo reciclable y los desechos tanto en textos literarios como en las ecocreatividades comunitarias de Gallo y Muniz. Estas poéticas no sólo escenifican metáforas de la vida contemporánea, sino que reflejan el modo en que el ser humano de hoy se relaciona con su entorno.

Epílogo

La crisis ecológica, como tema y problema de nuestro tiempo, ha generado discursos artísticos y literarios en diversos géneros y formas de creación. Estas expresiones van desde las más canónicas, como la poesía y la narrativa, hasta otras pertenecientes a la cultura popular, como el cómic o el *performance*, cuyo estatus es todavía un tema en discusión en el ámbito de los estudios culturales. El mismo campo de los estudios ecocríticos es relativamente reciente dentro de las Humanidades, pues comienza a desarrollarse en la última década del siglo xx.

El estudio de estas obras diversas, todas pertenecientes a la producción cultural lusohispana desde mediados del siglo xx hasta principios del xxi, muestra la recurrencia de ciertos temas y oposiciones culturales en las maneras de percibir el medioambiente. Por ejemplo, las imágenes del hongo atómico, del peligro invisible de la contaminación por radiación o el temor a la polución y a una catástrofe nuclear están presentes en la poesía y en el arte latinoamericano y peninsular, ya sea en los versos del chileno Jaime Quezada, del español Jorge Riechmann o en el cómix irreverente que es el *Gustavo* de Max. En este último, el tema de la contaminación genera incluso una reformulación de un recurso propio del medio, la visualización de la metáfora, analizado por Umberto Eco en *Apocalípticos e integrados*, para mostrar el tópico del «envenenamiento por radiación». Es decir, la repercusión del discurso tóxico y su expresión en formas artísticas concretas atraviesa el canon literario y se establece en el territorio híbrido del cómic.

Otra constante que se observa es la presencia de los motivos de lo rural y de lo urbano como oposiciones cargadas de significado cultural, y que pueden ser estudiadas desde la perspectiva de los estudios ecocríticos. Como se pudo apreciar a través del análisis de las econarrativas del capítulo II, el espacio urbano en América Latina, a partir de la primera gran transformación moderna que se inicia a mediados del siglo XX, comienza a perder las connotaciones de «progreso» y «civilización» que lo habían caracterizado desde la Conquista y hasta el siglo XIX. En su lugar la ciudad adquiere connotaciones de carácter negativo, como pone de manifiesto un relato como «Los gallinazos sin plumas» de Julio Ramón Ribeyro. Este cuestionamiento inicial del narrador peruano acerca de la naturaleza de la modernización en el Perú se profundiza en la obra narrativa del brasileño Rubem Fonseca, quien se apropia de los motivos de la basura y los desechos para construir un discurso crítico del modelo desarrollista en su país y del impacto negativo de las políticas «modernizadoras» en el continente. Para Fonseca, el «orden y el progreso» significan la extinción de especies animales, el consumo irracional y la destrucción de los bosques y otros ecosistemas. En estas econarrativas, tradicionalmente consideradas «realistas» y de «crítica social», se incorpora además una problematización de los efectos negativos que han tenido las políticas modernizadoras en los ecosistemas rurales y urbanos.

Al otro lado del Atlántico, José María Merino toma como punto de partida el espacio de lo insular, en una aparente novela pastoral de fin de siglo. Sin embargo, el espacio idílico de la isla se convierte, en *El lugar sin culpa*, en una exploración de la incomunicación y la soledad humanas. Merino formula, en su narrativa de carácter autobiográfico, una crítica de las dificultades que encuentra la ciencia para proteger la naturaleza cuando debe competir con actividades lucrativas como el turismo, y con los intereses de compañías privadas que ignoran el delicado equilibrio natural de la isla de Cabrera.

Resulta significativo comprobar cómo el tópico de lo urbano y lo agrario se modifica y adquiere significados contrapuestos en las ecosecuencialidades gráficas. Para Jis, Trino y Edgar Clément, los moneros mexicanos que crean *El Santos* y *Operación Bolívar* en los años noventa del siglo XX, la Ciudad de México se visualiza como el espacio del caos, la crisis de valores y el «desmadre» total. El futuro se presenta como la concreción de la pesadilla apocalíptica que es *Operación Bolívar*: en un espacio urbano sombrío, plagado de anuncios lumínicos y máquinas deshumanizadas, Clément proyecta hacia el porvenir las consecuencias de la corrupción y de las fallidas políticas económicas globales, en particular las de la distribución desigual de riqueza y riesgo ecológico que representa el Tratado de Libre Comercio entre México y los Estados Unidos. El «desmadre» que escenifica la figura enmascarada del Santos se transforma en *Operación Bolívar* en una apoteosis de muerte y destrucción.

Lo insular aparece como espacio de lo utópico y lo fantástico en la novela gráfica *Trazo de tiza*, de Miguelanxo Prado. Es importante señalar cómo en los años noventa, cuando España se encuentra en un período de relativa estabilidad económica y social, se reitera la exploración de lo insular como *locus* de lo maravilloso y de la experimentación estética. Las ecopoéticas de Prado y José María Merino establecen un diálogo a través de temas, imágenes y recursos expresivos: ambas comparten el tema del espacio insular, la primera desde una valoración crítica de ese espacio como utopía de evasión y la segunda desde lo fantástico. Ambas comparten, además, la referencia a un clásico de la literatura fantástica hispanoamericana, *La invención de Morel*, de Adolfo Bioy Casares, así como referencias intertextuales más amplias a la tradición literaria y cultural ligada a lo insular. Por otra parte, como se ha visto, los autores latinoamericanos insisten en la representación de la megalópolis superpoblada como paradigma del desastre ecológico y del fracaso del proyecto de modernización de las élites del continente. La cultura popular organiza sus rituales de supervivencia alrededor de la máscara y el «relajo», como señaló Carlos Monsiváis, pero no deja de mostrar el lado más oscuro de la realidad que se vive en México, D.F.

Resulta significativo el hecho de que la narrativa de José María Merino haya dado un giro completo hacia lo distópico en los años recientes, que han visto el empeoramiento del nivel de vida en España, así como la crisis de lo alcanzado en términos de seguridad social durante los años de la transición hacia la democracia. Esa visión apocalíptica y pesimista del futuro del planeta se expresa en el volumen de cuentos *Las puertas de lo posible*, publicado en 2008, donde los conflictos de los personajes, aunque mantienen su índole privada, se desarrollan en un entorno hostil, donde han desaparecido los ríos y las playas, el aire es irrespirable y la capacidad de manipular genéticamente el cuerpo humano va pareja con la infelicidad y el vacío existencial. Es una narrativa de lo apocalíptico que posee muchos elementos comunes con la del narrador mexicano Homero Aridjis (1940) y su novela distópica *¿En quién piensas cuando haces el amor?*, publicada en 1995. Sin establecer una relación causal rígida entre el contexto y la producción textual de estos autores, creo que sí debe hacerse notar cómo estas coincidencias se producen cuando el contexto social y económico adquiere también tintes ominosos.

Tópicos como el de la basura, los desperdicios y la contaminación son omnipresentes. Como componente esencial del discurso tóxico analizado por Lawrence Buell, este motivo tiene significados cambiantes. Ya se vio cómo simbolizaba para Ribeyro la desintegración del modelo tradicional de ciudad y la ruina del presente, en la pobreza de sus protagonistas infantiles en «Los gallinazos…». Sin embargo, a partir de los años sesenta del siglo XX se observa una relectura del tópico en clave contracultural: tanto la narrativa de Rubem Fonseca, el Bread and Puppet Theater, el Teatro de la Basura hondureño y los proyectos ecocomunitarios de Vik Muniz y de Héctor Gallo convierten la basura y lo desechable en materia prima del arte y en símbolo de subversión e irreverencia frente a los valores consumistas del *status quo*. A partir de este elemento marginal, estos creadores intentan una relectura del canon establecido, tanto en lo cultural como en lo social. Hacen visible lo marginal –los objetos y las personas catalogados como «basura»– a través de una poética de la carencia y de la creación colectiva. Estas ecopoéticas sustituyen el *beatus ille* contemporáneo, los espacios pulidos y brillantes de los *malls*, por la realidad «monstruosa» de la basura y los desperdicios como afirmación de lo utópico, a través de lo comunitario y del reciclaje como formas de creación.

Otro motivo donde se observa una relectura notable en las ecopoéticas analizadas es el de la figura del ángel como símbolo de pureza. *Operación Bolívar*, *Cuaderno de Berlín* y *Huerfanías* ofrecen imágenes contrastantes de la figura de lo angélico y muestran la disolución de paradigmas en distintos registros y modos de expresión. En los poemas de *Huerfanías* el ángel aparece en su figuración más canónica, como salvador del ser humano, pero también como mensajero de la destrucción y de la muerte –en este caso, de la catástrofe nuclear. Para Jorge Riechmann se trata de una «criaturilla miserable, desaseada», un homúnculo venido a menos, cuyas plumas están manchadas de residuos de petróleo. El ideal de pureza se destruye no sólo en cuanto a su valor ético y normativo, sino que a ello se suma el elemento concreto de la contaminación. *Operación Bolívar*, entretanto, muestra la degradación del ícono de lo angélico cuando señala la alianza entre los ángeles que trajeron los conquistadores españoles para dominar al Nuevo Mundo y destruir su cultura, y los ejércitos de ángeles armados de los nuevos colonizadores, los «gringos». A estos ángeles del exterminio y la muerte se contraponen en la obra de Clément los cuerpos de los fusilados el 2 de mayo de 1808 en Madrid y los de los estudiantes masacrados en la Plaza de las Tres Culturas el 2 de octubre de 1968. A esta oposición entre ángeles víctimas y victimarios Clément añade el tropo de los ángeles como mercancía, cuyo cuerpo es destazado para producir armas y drogas, los nuevos productos milagrosos de la ciudad futura de Angelópolis. El artista mexicano crea, de esta manera, la más compleja relectura del mito y funda con ella una nueva mitología, en la que se mezclan las tradiciones europeas e indígenas. En todos estos creadores, la imagen de la pureza y de lo incontaminado se desdibuja para mostrar en su lugar la de la destrucción de lo humano y la contaminación como causas y efectos relacionados.

Este trabajo demuestra que existe un *corpus* de obras en las que las relaciones humanas con el medioambiente ocupan una posición central. La conciencia de la fragilidad del planeta, de la importancia de la naturaleza o del lugar del ser humano dentro del mundo ha generado en los creadores de los que se ocupa este libro una importante producción simbólica en torno a motivos canónicos como lo agrario y lo urbano, lo utópico y lo apocalíptico, lo puro y lo impuro, el espacio íntimo y el espacio público, lo individual y lo colectivo. También, estos artistas han reformulado el valor de esas nociones, han desmontado certezas, han fundado nuevas mitologías o subvertido las ya existentes. Esto es cierto no sólo para los géneros privilegiados por la crítica, como la poesía y la narrativa, sino también para las ecosecuencialidades gráficas, que muestran cómo el cómic, un medio masivo y popular, comparte temas, imágenes y preocupaciones con esos géneros canónicos. Lo mismo sucede con el *performance* y con el tópico de la basura y lo desechable, tradicionalmente considerados marginales por su carácter efímero y por su relación con lo impuro y lo «perverso». Sin embargo, se ha visto cómo se combinan en las ecocreatividades comunitarias para producir arte. Son espacios que, privados del carácter «sagrado» de la palabra escrita, construyen una poética de lo desechable, de lo efímero, de lo reciclable, y por tanto, existen en una relación más armónica con las dinámicas del mundo actual. Capturan la sucesión de momentos, de rostros, de gestos, que forman parte de la experiencia humana de habitar el planeta. Es por eso que formulan preguntas esenciales y «reciclan» esos grandes temas a través del humor, las tradiciones orales y la acción colectiva. Desde el texto hasta la acción comunitaria y el *performance*, esas ecopoéticas indagan sobre el significado y el valor de la vida humana y de las múltiples maneras de imaginar, desear y construir otros mundos posibles; ya no desde el *beatus ille* como espacio incontaminado y como ausencia de conflicto, sino desde una imaginación anclada en lo impuro, en lo híbrido, en los desechos y en los fragmentos que se van salvando de la experiencia de vivir en un mundo amenazado.

Este *corpus* es una muestra que reinvindica la necesidad de pensar la creación desde posiciones comprometidas con el medio ambiente. El tema es cada vez más apremiante y su presencia cada vez más difícil de ignorar, puesto que implica la subsistencia misma de la civilización humana. La extinción de especies animales, la desaparición de ecosistemas enteros, el peligro de una confrontación nuclear constituyen realidades cotidianas que afectan no ya a países aislados, sino al planeta en su totalidad. Por lo tanto, han generado discursos artísticos que, mediante posturas abiertamente críticas o estrategias transversales, vinculan la crisis medioambiental con el cuestionamiento más amplio del modo en que se han configurado las sociedades humanas. Estos discursos ponen en evidencia, entonces, la necesidad de incluir una mirada crítica que dialogue con estas nuevas perspectivas. Sobre todo, una mirada crítica que no tema al compromiso y que, como los estudios ecocríticos, sea capaz de mantener un intercambio enriquecedor entre los aportes teóricos y la necesaria dosis de sensibilidad y apertura para percibir los cambios de paradigmas y la emergencia de nuevos lenguajes y motivos artísticos.

El modelo de análisis inclusivo que se ha propuesto en este trabajo es desde luego sólo un primer paso. Apuesta por una perspectiva crítica multigenérica, dialogante y que se mantenga en sintonía con áreas de pensamiento y propuestas artísticas diversas, ya establecidas o emergentes. También apuesta por un enfoque que establezca relaciones entre la perspectiva ecocrítica y otros modelos de análisis, como los estudios culturales o los estudios de género, como respuesta a la cada vez más compleja red de interacciones entre distintas dinámicas a nivel comunitario, nacional y global. Es de esperar que el espacio teórico que propician los estudios ecocríticos continúe desarrollándose, puesto que aporta un tipo de análisis que abre nuevos modos de comprensión e interpretación de la cultura y sus relaciones con el mundo en que vivimos.

Bibliografía

Akabal, Humberto (1994): *Guardián de la caída de agua*. Guatemala: Serviprensa Centroamericana.
— (2009): *Las palabras crecen*. Sevilla: Sibila / Fundación BBVA.
Alary, Vivianne (ed.) (2002): *Historietas, cómics y tebeos españoles*. Université de Toulouse-Le Mirail, Presses Universitaires du Mirail.
Alburquerque Fuschini, Germán (2001): «El caso Padilla y las redes de escritores latinoamericanos». En *Universum* 16: 307-320 <http://universum.utalca.cl/contenido/index-01/alburquerque.pdf>.
Alva Marquina, José Miguel (2008): «Entrevista a Rius». En *Comic mexicano*, 5 de abril: <http://comicmexicano.blogspot.com/2008/04/entrevista.html>.
Álvarez Méndez, Natalia (2003): «Desde la otra orilla de la existencia, con José María Merino, al espacio mítico de la existencia, con Luis Mateo Díez». En *Exemplaria classica* 7: 221-238.
Álvarez-Tabío Albo, Emma (2000): *Invención de La Habana*. Barcelona: Casiopea.
Andrade, Mario de (1989): *Amar, verbo intransitivo*. Belo Horizonte: Itatiaia.
Andrés-Suárez, Irene & Casas, Ana (eds.) (2005): *Cuadernos de Narrativa. Coloquio Internacional José María Merino*. Madrid: Universidad de Neuchâtel.
Anzaldúa, Gloria (2007): *Borderlands/La frontera. The New Mestiza*. San Francisco: Aunt Lute Books.
Aridjis, Homero (1995): *¿En quién piensas cuando haces el amor?* México DF: Alfaguara.
Bagué Quílez, Luis (2007): «La poesía del desconsuelo». En *Poesía en pie de paz. Modos del compromiso hacia el Tercer Milenio*. Valencia: Pre-Textos, 124-136.
Bahro, Rudolf (1982): *Socialism and Survival*. London: Heretic Books.
Barbas-Rhoden, Laura (2011): *Ecological Imaginations in Latin American Fiction*. Gainesville: University of Florida.

Beck, Ulrich (1992): *Risk Society: Towards a New Modernity*. London: Sage.
— (1995): *Ecological Enlightenment. Essays on the Politics of the Risk Society*. Atlantic Highlands: Humanities Press.
Belli, Gioconda (1996): *Waslala. Memorial del futuro*. Barcelona: Emecé.
Bennet, Michael (2003): «From Wide Open Spaces to Metropolitan Places: The Urban Challenge to Ecocriticism». En *The ISLE Reader: Ecocriticism, 1993-2003*: 296-317.
Benítez Rojo, Antonio (1973): «Los cuentos de Joaquín María Machado de Assis». En *Vanguardia Dominical* 3 (125), 4 de marzo: 1.
— (2010): *Archivo de los pueblos del mar*. San Juan: Callejón.
Bianchi, Soledad (1993): «Grupo literario Arúspice». En *Atenea, revista de ciencia, arte y literatura de la Universidad de Concepción* 468: 129-159.
Binns, Niall (2003): «Landscapes of Hope and destruction. Ecological Poetry in Latin America». En *The ISLE Reader: Ecocriticism, 1993-2003*, 124-39.
— (2004): *¿Callejón sin salida? La crisis ecológica en la poesía hispanoamericana*. Zaragoza: Prensas Universitarias de Zaragoza.
Birri, Fernando (1984): «Por un cine nacional, realista, crítico y popular». En *Areíto* 10 (37): 6-7.
Bosi, Alfredo (1978): *História concisa da literatura brasileira*. São Paulo: Cultrix.
Botzakis, Stergios (2009): «Adult Fans of Comic Books: What They Get out of Reading». En *Journal of Adolescent & Adult Literacy* 53 (1): 50-59.
Boym, Svetlana (2001): *The Future of Nostalgia*. New York: Basic Books.
Bookchin, Murray (1987): *The Modern Crisis*. Montreal: Black Rose Books.
— (1992): *Urbanization without Cities. The Rise and Decline of Citizenship*. Montreal: Black Rose Books.
— (2005): *The Ecology of freedom. The Emergence and Dissolution of Hierarchy*. Oakland: AK Press.
Borges, Jorge Luis & Bioy Casares, Adolfo (2001): *Antología de la literatura fantástica*. Buenos Aires: Sudamericana.
Borsò, Vittoria (2004): «Fronteras del poder y umbrales corporales. Sobre el poder performativo de lo popular en la literatura y la cultura de masas de México (Rulfo, Monsiváis, Poniatowska)». En *Revista Iberoamericana* 16: 87-106.
Boyce, Niall (2012): «The Art of Medicine: Outsider Art». En *The Lancet* 379 (9825): 1480-1481.
Bravo, Víctor (1993): *Los poderes de la ficción*. Caracas: Monte Ávila.
Brecht, Bertold (1973): *El compromiso en literatura y arte*. Barcelona: Edicions 62.

Buell, Lawrence (1995): *The Environmental Imagination. Thoreau, Nature Writing and the Formation of American Culture*. Cambridge: Harvard University Press.
— (1998): «Toxic Discourse». En *Critical Inquiry* 24 (3): 639-665.
— (2001): *Writing for an Endangered World. Literature, Culture and Environment in the U.S. and Beyond*. Cambridge: Harvard University Press.
— (2005): *The Future of Environmental Criticism. Environmental Crisis and Literary Imagination*. Oxford: Blackwell.
Calabrese II, Joseph D (1994): «Reflexivity and Transformation Symbolism in the Navajo Peyote Meeting». En *Ethos* 22 (4): 494-527.
Camacho, José Trinidad & Solórzano, José Ignacio (Trino y Jis) (2003): *El Santos. La Colección*. México DF: Ediciones B.
Campbell, Bruce (2009): *¡Viva la historieta! Mexican Comics, NAFTA, and the Politics of Globalization*. Mississippi: The University Press of Mississippi.
Candau, Antonio (1992): *La obra narrativa de José María Merino*. León: Diputación Provincial de León.
Cândido, António (1981): «O papel do Brasil no nova narrativa». En *Revista de Crítica Literaria Latinoamericana* 7 (14): 103-117.
Capdevila, Francesc (Max) (1993): *Gustavo contra la actividad del radio*. Barcelona: Ediciones La Cúpula.
— (1994): *Gustavo en Comecocometrón*. Barcelona: Ediciones La Cúpula.
— (2012): «Max. Panóptica 1973-2011: Entrevista, galería fotográfica y mesa redonda». En *Zona negativa*: <http://www.zonanegativa.com/max-panoptica-1973-2011-entrevista-galeria-fotografica-y-mesa-redonda/>.
Cardenal, Ernesto (1971): *La hora cero y otros poemas*. Barcelona: Saturno.
— (1984): *La nostalgia del futuro: pintura y buena noticia en Solentiname*. Managua: Nueva Nicaragua.
— (1993): *Telescopio en la noche oscura*. Madrid: Trotta.
— (2003): *Seis cantigas del Cántico cósmico*. La Habana: Casa de las Américas.
Carrasco Muñoz, Iván (1977): «Poesía de Jaime Quezada; infancia y contemplación». En *Nueva Revista del Pacífico* 7-8: 79-88.
— (1985): «*Huerfanías* de Jaime Quezada: poesía apocalíptica». En *Huerfanías*. Santiago de Chile: Pehuén, 113-134.
— (1990): «Del larismo a la denuncia profética». En *Estudios Filológicos* 25: 73-83.
Carrillo, Alfonso (2000): «Los otros charros». En *Artes de México* 50: 70-80.
Casado, Miguel (1991): «Jorge Riechmann: poesía del desconsuelo». En *Ínsula. Revista de Letras y Ciencias Humanas* 534: 20-21.

— (1994): «87 versus 68». En *Ínsula. Revista de Letras y Ciencias Humanas* 565: 6-8.

Castro Díez, Asunción (2001): *Sabino Ordáz, una poética*. León: Diputación Provincial de León.

Char, René (2005): *Poesía esencial. Furor y misterio, Los matinales, Aromas cazadores*. Barcelona: Galaxia Gutenberg.

Clark, Dylan (2004): «The Raw and the Rotten: Punk Cuisine». En *Ethnology. An International Journal of Cultural and Social Anthropology* 43 (1): 19-31.

Clément, Edgar (1999): *Operación Bolívar*. México DF: Ediciones del Castor.

Corrales, Eduardo (2008): «Max, el creador de *Bardín el Superrealista*: "la obsesión por la muerte recorre toda mi obra"». En *IBLNews*: <http://www.iblnews.com/story.php?id=43187>.

Crespo Ortiz, Adrián (2010): «El cómic español asalta la esfera pública: La revista *El Víbora* y el golpe de Estado de 1981». En *Zer* 15 (28): 169-179.

Cortázar, Julio (2004): «Del cuento breve y sus alrededores». En *Último round*, vol. I. Buenos Aires: Siglo XXI.

Cortez, Enrique (2008): «La aventura fantástica: la representación como conflicto en Julio Ramón Ribeyro». En *Revista Iberoamericana* LXXIV (222): 1-16.

Coutinho, Afrânio (1979): *O erotismo na literatura (O caso Rubem Fonseca)*. Río de Janeiro: Livraria Editora Cátedra.

Cuccolini, Giulio C. (2010): «A Two-sided Narration through Words and Images». En *International Journal of Comic Art* 12 (1): 124-134.

Cuneo, Ana María (1989a): «Huerfanías de Jaime Quezada». En *Revista Chilena de Literatura* 33: 71-85.

— (1989b): «Huerfanías de Jaime Quezada. Otras reflexiones». En *Revista Chilena de Literatura* 34: 55-76.

— (1994): «Discurso religioso en Mistral, Uribe y Quezada». En *Revista Chilena de Literatura* 45: 19-38.

Cuneo, Ana María & Quezada, Jaime (1991): «Mi poética sobre *Huerfanías*». En *Revista Chilena de Literatura* 38: 117-121.

Cuevas Molina, Rafael & Reyes, Candelario (1988): «Reflexiones en torno a la relación entre el escritor y la identidad nacional». En *Káñina* 12 (1): 173-175.

Davidson, Sol M. (2010): «Have Comics, Will Travel: Two Hobbies, One Great Journey». En *International Journal of Comic Art* 12 (1): 243-274.

Davies, David (2009): «On the Very Idea of 'Outsider Art'». En *British Journal of Aesthetics* 49 (1): 25-41.

DEBORD, Guy (1990): *Comentarios a la sociedad del espectáculo*. Barcelona: Anagrama.
— (2009): *La sociedad del espectáculo*. Sevilla: Doble J.
DEVAL, Bill & SESSIONS, George (1985): *Deep Ecology*. Layton: Gibbs M. Smith.
DELIBES, Miguel (2005): *La Tierra herida: ¿qué mundo heredarán nuestros hijos?* Barcelona: Destino.
DÍAZ CASTRO, Tania (2015): «Lo que no se dice del Caballero de París». En *Cubanet*, 6 de enero: <https://www.cubanet.org/actualidad-destacados/lo-que-no-se-dice-del-caballero-de-paris/>.
DOPICO, Pablo (2005): *El cómic underground español, 1970-1980*. Madrid: Cátedra.
DOUGLAS, Mary (1966): *Purity and Danger. An Analysis of Concepts of Pollution and Taboo*. New York: Frederick A. Praeger Publishers.
ECO, Umberto (1995): *Apocalípticos e integrados*. México, D. F.: Tusquets.
EFE, Agencia (1997): «El dibujante Max, primer Premio Nacional del Cómic por "Bardín el Superrealista"». En *El mundo*, 19 de noviembre: <http://www.elmundo.es/elmundo/2007/11/19/cultura/1195480014.html>.
ENCINAR, Ángeles & GLENN, Kathleen M. (eds.) (2000): *Aproximaciones críticas al mundo narrativo de José María Merino*. León: Edilesa.
EPPLE, Juan Armando (1990): «Conversaciones con el poeta Jaime Quezada». En *Revista Chilena de Literatura* 36: 129-140.
ESTEFANÍA, Joaquín (1998): «La larga marcha». En *El País*, 3 de mayo: <http://www.vespito.net/historia/franco/estft.html>.
FERNÁNDEZ, David & BOIX, Toni (2012): «Max. Panóptica 1973-2011: Entrevista, galería fotográfica y mesa redonda». En *Zona negativa*: <http://www.zonanegativa.com/?p=40219>.
FERNANDES D'OLIVEIRA, Gêisa (2009): «From Bumpkin to Blessed: Comics and National identity: A Brazilian Case Study». En *International Journal of Comic Art* 11 (2): 350-363.
FERNÁNDEZ L'HOESTE, Héctor (2006): «On Angels, Drugs, and Trade: Edgar Clément's Operación Bolívar». En *International Journal of Comic Art* 8 (2): 163-180.
— (2010): «Edgar Clément's "The Sword of God": On the Practice of Hybridization in Mexican Comics». En *International Journal of Comic Art* 12 (1): 135-146.
FONSECA, Rubem (1969): *Lúcia Mc Cartney*. Río de Janeiro: Francisco Alves.
— (1980): *El cobrador*. Barcelona: Bruguera.

— (1989): «Intestino grosso». En *Feliz Ano Novo*. São Paulo: Schwarcz, 163-174.
— (1998): *Los mejores relatos*. México, D. F.: Alfaguara.
— (2003): *Diário de um fescenino*. São Paulo: Companhia das Letras.
— (2004): *El gran arte*. La Habana: Casa de las Américas.
— (2006): *Pequeñas criaturas*. La Habana: Casa de las Américas.
FORNET, Jorge (ed.) (2000): *Valoración Múltiple de Ricardo Piglia*. La Habana: Casa de las Américas.
FOSTER, John Bellamy (2000a): *Marx's Ecology. Materialism and Nature*. New York: Monthly Review Press.
— (2000b): *Ecology against Capitalism*. New York: Monthly Review Press.
FRENCH, Jennifer L. (2005): *Nature, Neo-Colonialism and the Spanish American Regional Writers*. Hanover / London: University Press of New England.
FOUCAULT, Michel (1976): *Vigilar y castigar. El nacimiento de la prisión*. Buenos Aires / México DF: Siglo XXI.
— (2010): *Historia de la locura en la época clásica* (I). México DF: Fondo de Cultura Económica.
GABILONDO, Joseba (2002): «State Melancholia: Spanish Nationalism, Specularity, and Performance. Notes on Antonio Muñoz Molina». En *From Stateless Nations to Postnational Spain / De naciones sin Estado a la España postnacional. Society of Spanish and Spanish-American Studies*, 237-71.
GALEANO, Eduardo (1998): *Patas arriba. La escuela del mundo al revés*. México DF: Siglo XXI.
GALLARDO, Miguel & MEDIAVILLA, Juan (2002): *Makoki integral*. Barcelona: Glénat.
GALLO, Rubén (1997): «La necesidad de la revuelta. Entrevista con Julia Kristeva». En *La Nación. Suplemento Literario*, 3 de agosto: 1-2.
— (2007): «Poesía sin hilos. Radio y vanguardia». En *Revista Iberoamericana* 221: 827-842.
GARCÍA CANCLINI, Néstor (1989): *Culturas híbridas. Estrategias para entrar y salir de la modernidad*. México DF: Grijalbo.
GARCÍA DELGADO, José Luis (1995): «La economía española durante el franquismo». En *Temas para el debate*, noviembre: <http://www.vespito.net/historia/franco/ecofran.html>.
GARRARD, Greg (2009): *Ecocriticism*. London / New York: Routledge.
GENTIC-VALENCIA, Tania (2007): «El relajo como redención social en Los rituales del caos de Carlos Monsiváis». En *Revista Iberoamericana* 218: 111-128.

GERDES, Dick C. (1979): «Julio Ramón Ribeyro: un análisis de sus cuentos». En *Kentucky Romance Quarterly* 26: 51-65.

GERHARDT, Christine (2002): «The Greening of African-American Landscapes: Where Ecocriticism Meets Post-Colonial Theory». En *Mississippi Quarterly: The Journal of Southern Cultures* 4: 515-33.

GERSDORF, Catrin & MAYER, Sylvia (eds.) (2006): *Nature in Literary and Cultural Studies. Transatlantic Conversations on Ecocriticism*. Amsterdam / New York: Rodopi.

GIFFORD, Terry (1999): *Pastoral*. New York: Routledge.

GÓMEZ, Cristián O. (1999): «El poeta, la palabra, el mundo». En *Revista Chilena de Literatura* 55: 129-136.

GLOTFELTY, Cheryll (2003): «A Guided Tour of Ecocriticism, with Excursions to Catherland». En *Cather Studies* 5: 28-43.

GLOTFELTY, Cheryll & FROMM, Harold (eds.) (1996): *The Ecocriticism Reader*. Athens / London: The University of Georgia Press.

GRINSPUN, Ricardo & CAMERON, Maxwell A. (1996): «NAFTA and the Political Economy of Mexico's External Relations». En *Latin American Research Review* 31 (3): 161-188.

GUIMARÃES Rosa, João (1979): *Gran sertón: veredas*. La Habana: Casa de las Américas.

HARMON, William (1976): «T. S. Eliot's Raids on the Inarticulate». En *PMLA* 91 (3): 450-459.

HAWKES, Nigel at al (1986): *The Worst Accident in the World. Chernobyl. The End of the Nuclear Dream*. London: Pan Books / William Heinemann.

HERNÁNDEZ SERRANO, Luis (2011): «El cifrado que despejó muchas incógnitas». En *Juventud Rebelde*, 7 de febrero: <http://www.juventudrebelde.cu/cuba/2011-02-07/el-cifrado-que-despejo-muchas-incognitas/>.

HIERRO, José (1994): «Prólogo». En Riechmann, Jorge: *El Corte bajo la Piel*. Madrid: Bitácora: <http://www.nodo50.org/mlrs/Biblioteca/riechm/PIEL.pdf>.

HINDS, Harold E. Jr. & TATUM, Charles (1984): «Images of Women in Mexican Comic Books». En *Journal of Popular Culture* 18 (1): 146-162.

HOHLFELDT, Antônio (1981): *Conto brasileiro contemporâneo*. Porto Alegre: Mercado Aberto.

HUGGINS, Martha K. & DE CASTRO, Myriam Mesquita P. (1996): «Exclusion, Civic Invisibility and Impunity as Explanations for Youth Murders in Brazil». En *Childhood* 3 (1): 77-98.

Huyssen, Andreas (1987): *After the Great Divide. Modernism, Mass culture, postmodernism*. Bloomington: Indiana University Press.
Jameson, Fredric (2001): *Postmodernism or the Cultural Logic of Late Capitalism*. Durham: Duke University Press.
Jitrik, Noé (1978): «Estructura y significado en *Ficciones*, de Jorge Luis Borges». En *Contra Borges*. Buenos Aires: Galerna, 139-162.
Johnson, Eleanor (2012): «The Poetics of Waste: Medieval English Ecocriticism». *PMLA* 3: 460-476.
Johnson, Robin (1990): «Comic Books for Grown-Ups: Introducing the Graphic Novel». En *The Reference Librarian* 27-28: 379-396.
Katz, Jill (2008): «Women and Mainstream Comics Books». En *International Journal of Comic Art* 10 (2): 101-147.
Khoury, Jorge (2009): «The World of Miguelanxo Prado». En *Comic Book Resources*, 26 de abril: <http://www.cbr.com/254453-2/>.
King, John (2000): *Magical Reels. A History of Cinema in Latin America*. New York: Verso.
Kino, Carol (2010): «Where Art Meets Trash and Transforms Life». En *The New York Times*, 21 de octubre: <http://www.nytimes.com/2010/10/24/arts/design/24muniz.html?pagewanted=all&_r=0>.
Kristeva, Julia (1988): *Poderes de la perversión*. México DF: Siglo XXI.
Labanyi, Jo (2000): «History and Hauntology or What Does One Do with the Ghosts of the Past? Reflections on Spanish Film and Fiction of the Post-Franco Period». En Resina, Joan Ramón (ed.): *Disremembering the Dictatorship: The Politics of Memory in the Spanish Transition to Democracy*. Amsterdam / Atlanta: Rodopi, 65-82.
— (2007): «Memory and Modernity in Democratic Spain: The Difficulty of Coming to Terms With the Spanish Civil War». En *Poetics Today* 28 (1): 89-116.
Lanz, Juan José (1991): «Primera etapa de una generación. Notas para la definición de un espacio poético: 1977-1982». En *Ínsula. Revista de Letras y Ciencias Humanas* 565: 3-6.
Larequi García, Eduardo M. (1988): «Sueño, imaginación, ficción. Los límites de la realidad en la narrativa de José María Merino». En *Anales de la literatura española contemporánea* 13 (3): 225-247.
Leitão, Luiz Ricardo (1992): *Leonor e a modernidade. O urbano e o agrário na expêriencia periférica*. Río de Janeiro: System Three Editora.
Lent, John A. (ed.) (2005): *Cartooning in Latin America*. Cresskill: Hampton Press.

LEÓN, Fray Luis de (2001): *Poesías completas*. Madrid: Castalia.
LEVI, Heather (2008): *The World of Lucha Libre. Secrets, Revelations, and Mexican National Identity*. Durham: Duke University Press.
LIENLAF, Leonel (2003): *Pewma dungu / Palabras soñadas*. Santiago de Chile: LOM.
LOVELOCK, J. E. (1979): *Gaia. A new look at life on Earth*. New York / Toronto: Oxford University Press.
LUCHTING, Wolfgang A. (1972): «Panorama de la literatura peruana reciente». En *CLE Boletín* 12: 17-23.
— (1981): «Mudo en el parque»: La palabra del mudo 111 / «Silvio en el rosedal» de Julio Ramón Ribeyro». En *Explicación de textos literarios* 1 (10): 35-46.
MACARINI, José Pedro (2005): «A política econômica do governo Médici: 1970-1973». En *Nova Economía* 15 (3): 53-92.
MARANTE ARIAS, A. (2009): «Intertextualidad y metaficción en *Trazo de tiza* de Miguelanxo Prado». En *Extravío. Revista electrónica de literatura comparada* 4: <http://www.uv.es/extravio>.
MARCHESE, Ángelo & FORRADELLAS, Joaquín (2000): *Diccionario de retórica, crítica y terminología literaria*. Barcelona: Ariel.
MARESCA, Frank & Ricco, Roger & Rexer, Lyle (1993): «American Self-Taught Art and the Recovery of a World». En *American Self-Taught. Paintings and Drawings by Outsider Artists*. New York: Alfred A. Knopf, 1-6.
MARR, Matthew J. (2008): «Stepping Westward from Spain: Literary and Cultural Reversal in Recent Transatlantic Academic Novels by Josefina Aldecoa, Javier Cercas and Antonio Muñoz Molina». En *Anales de la Literatura Española Contemporánea* 1: 105-126.
MARTÍN, Antonio (1993): «Prólogo». En *Gustavo contra la actividad del radio*. Barcelona: La Cúpula.
MARTÍN-ESTUDILLO, Luis (2005): *La mirada elíptica: el trasfondo barroco de la poesía española contemporánea*. Madrid: Visor Libros.
MCCLOUD, Scott (1993): *Understanding Comics: The Invisible Art*. New York: HarperCollins.
MCDONALD, Adrian (2012): «Environmental Issues in Western Europe». En *Europa World online*: <http://www.europaworld.com.proxy.lib.uiowa.edu/entry/we.essay.7>.
MECHLER, Nicci (2012): *Fat Girl*. February 19: <http://fatgirlzine.blogspot.com/>.
MEJÍA RIVERA, Orlando (2000): *La muerte y sus símbolos. Muerte, tecnocracia y posmodernidad*. Antioquia: Editorial Universidad de Antioquia.

Merino, Ana (2003): *El cómic hispánico*. Madrid: Cátedra.
— (2008): «Gallardo: Del costumbrismo contracultural al intimismo testimonial». En *Leer en Verano* 194: 134-135.
— (2009): «The Cultural Dimensions of the Hispanic World Seen through Its Graphic Novels». En Tabachnick, Stephen E. (ed).: *Teaching the Graphic Novel*. New York: The Modern Language Association of America, 271-280.
— (2011): «Entre el margen y el canon: pensamientos discursivos alrededor del cómic latinoamericano». En *Revista Iberoamericana* LXXVII (234): 13-18.
Merino, Ana & Polli, Elizabeth (2008): «Feminine Territoriality: Reflections on the Impact of the Underground and Post-Underground». En *International Journal of Comic Art* 10 (2): 70-88.
Merino, José María (2007): *El lugar sin culpa*. Madrid: Santillana.
— (2008): *Las puertas de lo posible. Cuentos de pasado mañana*. Madrid: Páginas de Espuma.
Minardi, Giovanna (1995): «Conversando con Julio Ramón Ribeyro, ganador del Premio Juan Rulfo de Literatura Latinoamericana 1994». En *Alba de América* 13 (24-25): 469-477.
Moby, Alberto (1994): *Sinal fechado. A música popular brasileira sob censura*. Río de Janeiro: Obra Aberta.
Monsiváis, Carlos (1995): *Los rituales del caos*. México DF: Era.
Montetes, Noemí (2001): «Entrevista a Jorge Riechmann». En *Barcelona Review* 25: <http://www.barcelonareview.com/25/s_ent_jr.htm>.
Morales Escobar, Daylina (2013): «¿Conoce usted la verdadera historia del Caballero de París?». En <http://suenacubano.com/news/224748e8602b11e2957d3860774f33e8/conoce-usted-la-verdadera-historia-del-caballero-de-paris/>.
Moreira, Ruy (1985): *O movimento operatório e a questão cidade-campo*. Petrópolis: Vozes.
— (1990): *Formação do espaço agrário brasileiro*. São Paulo: Brasiliense.
Morris, Pam (2009): *Realism*. New York: Routledge.
Morris, Stephen D. (2012): «Drugs, Violence and Life in Mexico». En *Latin American Research Review* 47 (2): 216-223.
Morris, Stephen D. & Passé-Smith, John (2001): «What a Difference a Crisis Makes: NAFTA, Mexico, and the United States». En *Latin American Perspectives* 28 (3): 124- 149.
Munson, Kim (2009): «Beyond High and Low: How Comics and Museums Learned to Co-Exist». En *International Journal of Comic Art* 11 (2): 283-298.

MURADO, Miguel Anxel (1978): *Ecología y política en España*. Madrid: H. Blume.
NOTIMEX, Agencia (2013): «Rius contra los tabúes sexuales». En *El Universal*, 20 de enero: <http://archivo.eluniversal.com.mx/notas/897012.html>.
NUEZ, Félix de la (2010): «No hay mal que por bien no venga». En *El blog de Félix de la Nuez*, 8 de octubre: <http://felixdelanuez.blogspot.com/search/label/Gallo>.
OLIVIER, Santiago Raúl (1983): *Ecología y subdesarrollo en América Latina*. México DF: Siglo XXI.
ORTEGA, Inés (2014): «Nuevas visiones del arte outsider/New Visions of Outsider Art». En *Arte, Individuo y Sociedad* 26 (2): 287-299.
ORTEGA, Julio (1985): «Los cuentos de Ribeyro». En *Cuadernos Hispanoamericanos* 417: 128-145.
OSORIO, Oscar (2004): «Ribeyro, tejido social y visión de mundo». En *Hybrido* 6 (6): 60-67.
PARANAGUÁ, Pablo Antonio (2003): *Tradición y modernidad en el cine de América Latina*. Madrid: Fondo de Cultura Económica.
PARAVISINI-GEBERT, Lizabeth (2011): «Deforestation and the Yearning for Lost Landscapes in Caribbean Literatures». Island Topographies: Mapping Caribbean Ecopoetics. Spring 2011 Lecture Series of the Caribbean, Diaspora and Atlantic Studies Program. Conference Room 315, Phillips Hall, Iowa City, Iowa. March 30, 2011. Lecture.
PAZ, Octavio (1994): «Todos santos, día de muertos». En *Obras completas*, vol. 8. México, D. F.: Fondo de Cultura Económica, 73-86.
PÉREZ-BLANES, Joaquín (2004): «Modos de narrar de Julio Ramón Ribeyro». En *Céfiro* 4 (2): 9-15.
PÉREZ-CANO, Tania (2011a): «Entrevista con José María Merino». Octubre 24, Madrid (inédita).
— (2011b): «Entrevista con Jorge Riechmann, Parte 1». Octubre 26, Madrid (inédita).
—: «Entrevista con Jorge Riechmann, Parte 2». Octubre 31, Madrid (inédita).
PICONE, Michael D. (2009): «Teaching Franco-Belgian Bande Dessinée». En Tabachnick, Stephen E. (ed.): *Teaching the Graphic Novel*. New York: The Modern Language Association of America, 299-323.
PIÑERA, Virgilio (1998): *La isla en peso*. La Habana: Unión.
PLUMWOOD, Val (2002): *Environmental Culture: the Ecological Crisis of Reason*. New York / London: Routledge.

Poitras, Guy & Robinson, Raymond (1994): «The Politics of NAFTA in Mexico». En *Journal of Interamerican Studies and World Affairs* 36 (1): <http://proxy.lib.uiowa.edu/login?url=http://search.proquest.com.proxy.lib.uiowa.edu/docview/200281213?accountid=14663>.

Potter, Sara (2011): «There goes my Hero: Heroic Figures, Utopic Discourse, and Cultural Identity in Carlos Monsiváis' *Aires de familia*». En *Textos Híbridos: Revista de estudios sobre la crónica latinoamericana* 1 (2): 16-30.

Porchia, Antonio (2006): *Voces reunidas*. Córdoba: Alción.

Portela, Ena Lucía (2003): *Cien botellas en una pared*. La Habana: Unión.

Prado, Miguelanxo (2003): *Trazo de tiza*. Barcelona: Norma.

Pratt, Linda Ray (1973): «The Holy Grail: Subversion and Revival of a Tradition in Tennyson and T. S. Elliot». En *Victorian Poetry* 11 (4): 307-321.

Puñales Alpízar, Damaris (2008): «La Habana (im) posible de Ponte o las ruinas de una ciudad atravesada por una guerra que nunca tuvo lugar». En *Ciberletras* 20: 1523-1720.

Quezada, Jaime (1968): *Las palabras del fabulador*. Santiago de Chile: Editorial Universitaria.

— (1976): «Testimonio y referencia». En *Astrolabio*. Santiago de Chile: Nascimento.

— (1985): *Huerfanías*. Santiago de Chile: Pehuén.

— (1987): *Un viaje por Solentiname*. Santiago de Chile: Sinfronteras.

— (2003): *El año de la ira*. Diario de un poeta chileno en Chile. Chile: Bravo y Allende.

— (2004): *Llamadura*. San José: Editorial Costa Rica.

— (2005): «Entrevista al poeta Jaime Quezada». En Biblioteca del Congreso Nacional de Chile: <http://www.bcn.cl/carpeta_temas/ temas_portada.2005-10-25.9548230174/area_2.2005-10-25.1921668723>.

Quintero, Henry (2010): «Nay Es Tee Ni: Literature and Music of the Native American Church and Peyote Traditions». Diss. Arizona State University, May.

Rama, Ángel (1982): *Transculturación narrativa en América Latina*. México DF: Siglo xxi.

— (1984): *La ciudad letrada*. Hanover: Ediciones del Norte.

Reyes García, Candelario (1992a): *Método de la basura. Una manera de hacer teatro campesino*. Honduras: Centro Cultural Hibueras.

— (1992b): «Una década de búsqueda del teatro hondureño». En *Latin American Theater Review* 25 (2): 107-111.

Ribeyro, Julio Ramón (1976): *La caza sutil. (Ensayos y artículos de crítica literaria)*. Lima: Milla Batres.
— (1994): «Los gallinazos sin plumas». En *Cuentos completos*. Buenos Aires / México DF: Alfaguara, 21-29.
Ribot, Daniel (2006): «El Santos Vs Tetona Mendoza: Wrestling With Mexico's Experimental Comic Book Narratives». En *Studies In Latin American Popular Culture* 25: 49-71.
Riechmann, Jorge (1989): *Cuaderno de Berlín*. Madrid: Hiperión.
— (1994): «El derrotado duerme en el campo de batalla». En *Ínsula. Revista de Letras y Ciencias Humanas* 565: 20-21.
— (2001): *Desandar lo andado*. Madrid: Hiperión.
— (2002): *Poema de uno que pasa*. Valladolid: Gráficas Andrés Martín.
— (2005): «¿Cómo cambiar hacia sociedades sostenibles? Reflexiones sobre biomímesis y autolimitación». En *Isegoría* 32: 95-117.
— (2006): *Resistencia de materiales*. Madrid: Ediciones de intervención cultural.
— (2007a): *Conversaciones entre alquimistas*. Barcelona: Tusquets.
— (2007b): *Con los ojos abiertos*. Tenerife: Baile del Sol.
— (2010): *Pablo Neruda y una familia de lobos*. s/n: Creática.
— (2011): *Futuralgia (Poesía reunida 1979-2000)*. Madrid: Calambur.
Rivas, Jorge (2014): «Magdalena Rivas: El art brut es todo aquello que produce la gente». En *Trabajadores*, 11 de mayo: <http://www.trabajadores.cu/20140511/magdalena-rivas-el-art-brut-es-todo-aquello-que-produce-la-gente/>.
Roberts, Garyn G. (2004): «Understanding the Sequential Art of Comic Strips and Comic Books and their Descendants in the Early Years of the New Millennium». En *The Journal of American Culture* 27 (2): 210-217.
Rodríguez, Ileana & Martínez, Josebe (eds.) (2010): *Estudios transatlánticos poscoloniales*. Barcelona / Iztapalapa: Anthropos / Universidad Autónoma Metropolitana.
— (2004): *Transatlantic Topographies. Islands, Highlands, Jungles*. Minneapolis: University of Minnesota Press.
— (2009): «Perspectivas ecocríticas latinoamericanas. Conocimientos traspuestos recuperados». En *Forum* XI (I): 30-32.
Rojas, Rafael (2009): *El estante vacío. Literatura y política en Cuba*. Barcelona: Anagrama.
— (2015): «Kerry en La Habana». En *El País*, 11 de agosto: <http://elpais.com/elpais/2015/08/07/opinion/1438951383_727365.html>.

Ross, Andrew (1989): *No Respect. Intellectuals & Popular Culture*. New York / London: Routledge.
— (1996): *The Chicago Gangster Theory of Life. Nature's Debt to Society*. London / New York: Verso.
Rubenstein, Anne (1998): *Bad Languague, Naked Ladies and Other Threats to the Nation: A Political History of Comics Books in Mexico*. Durham: Duke University Press.
Salazar Bondy, Sebastián (1964): *Lima la horrible*. México DF: Era.
Santí, Enrico Mario (1978): «Neruda, la modalidad apocalíptica». En *Hispanic Review* XLVI (3): 365-384.
Santiago, Silviano (1982): «Errata». En *Vale quanto pesa; ensaios sobre questões político-culturais*. Río de Janeiro: Paz e Terra.
Santiso, Javier (2010): «El milagro brasileño». En *El país*, 3 de octubre: <http://elpais.com/diario/2010/10/03/negocio/1286111671_850215.html>.
Sarlo, Beatriz (2000): *Siete ensayos sobre Walter Benjamin*. Buenos Aires: Fondo de Cultura Económica.
— (2008): *The Technical Imagination. Argentine Culture's Modern Dreams*. Stanford: Stanford University Press.
— (2009): *La ciudad vista. Mercancías y cultura urbana*. Buenos Aires: Siglo xxi.
Schechner, Richard (2013): *Performance Studies: An Introduction*. London / New York: Routledge.
Scheper-Hughes, Nancy (1997): *La muerte sin llanto. Violencia y vida cotidiana en Brasil*. Barcelona: Ariel.
Schultes, Richard Evans & Hoffman, Albert (1998): *Plants of the Gods. Their Sacred, Healing and Hallucinogenic Powers*. Rochester: Healing Arts Press.
Segre, Roberto (2001): «Geografía y geometría en América Latina: naturaleza, arquitectura y sociedad». En *Casa de las Américas* 224: 36-46.
Silva, Deonísio da (1978): *A ferramenta do escritor: Un estudo da violência em Feliz Ano Novo de Rubem Fonseca*. Río de Janeiro: Arte Nova.
Simó, Marta (2007): «Del mundo alegórico al mundo ficcional: discurso y sentido en *Los invisibles*, de José María Merino». En *Bulletin of Spanish Studies: Hispanic Studies and Researches on Spain, Portugal and Latin America* 8 (3): 349-367.
Smith, Matthew J. & Duncan, Randy (eds.) (2012): *Critical Approaches to Comics. Theories and Methods*. New York: Routledge.
Sontag, Susan (2003): *Regarding the Pain of Others*. New York: Picador.

Spitta, Silvia (2007): «Lima the Horrible: The Cultural Politics of Theft». En *PMLA: Publications of the Modern Language Association of America* 122 (1): 294-300.
— (2009): «Revisiting the Sixties and Refusing Trash: Preamble to an Interview with Peter Schumann of Bread and Puppet Theater». En *Boundary 2: An International Journal of Literature and Culture* 36 (1): 105-125.
Stone, Kenton V. & Cohen, Deborah J. (1995): «El Teatro de la Basura: La búsqueda de una identidad cultural». En *Latin American Theatre Review* 29 (1): 83-92.
Süsekind, Flora (1985): «Polêmicas, retratos & diários (reflexões parciais sobre a literatura e a vida cultural no Brasil pós-64». En Vidal, Hernán (ed.): *Fascismo y experiencia literaria: reflexiones para una recanonización*. Minneapolis: Institute for the Study of Ideologies and Literature, 255-295.
Tabachnick, Stephen E. (2009): «Introduction». En Tabachnick, Stephen E. (ed.): *Teaching the Graphic Novel*. New York: The Modern Language Association of America.
Tabucchi, Antonio (1996): *Dama de Porto Pim*. Barcelona: Anagrama.
Taylor, Diana (1990): «Framing the Revolution: Triana's *La noche de los asesinos* and *Ceremonial de guerra*». En *Latin American Theatre Review* 24 (1): 81-92.
— (1991): *Theater of Crisis. Drama and Politics in Latin America*. Lexington: University Press of Kentucky.
— (1993): «Negotiating Performance». En *Latin American Theater Review* 26 (2): 49-57.
— (2002): «Translating Performance». En *Profession*: 44-50.
— (2003): *The Archive and the Repertoire. Performing Cultural Memory in the Americas*. Durham: Duke University Press.
— (2006): «Trauma and Performance: Lessons from Latin America». En *PMLA: Publications of the Modern Language Association of America* 121 (5): 1674-1677.
— (2007): «Remapping Genre through Performance: From "American" to "Hemispheric" Studies». En *PMLA: Publications of the Modern Language Association of America* 122 (5): 1416-1430.
Tío Berni, el (2007): «Nosotros somos los muertos». En *Entrecomics*, febrero 25: <http://www.entrecomics.com/?p=4241>.
Todorov, Tzvetan (1987): *Introducción a la literatura fantástica*. México DF: Premiá Editora de Libros.

Valenzuela, Teresa (2008): «El jardín de los afectos: una buena propuesta». En *Pionero*, 6 de agosto: <http://www.pionero.cu/2008/secciones/curiosidades/agosto/eljardin.htm>.

Valero Juan, Eva María (1999): «La ciudad invisible en los cuentos de Julio Ramón Ribeyro». En Rovira, José Carlos (ed.): *Escrituras de la Ciudad*. Madrid: Palas Atenea, 259-282.

Vaquera-Vásquez, Santiago (2011): «Estaba un día el Santos…: clavado en las texturas de la desmadredad». En *Revista Iberoamericana* LXXVII (234): 163-75.

Vara, Ana María (2013): *Sangre que se nos va. Naturaleza, literatura y protesta social en América Latina*. Sevilla: Consejo Superior de Investigaciones Científicas.

Vargas Llosa, Mario (1997): «El dato escondido». En *Cartas a un joven novelista*. México DF: Planeta, 127-138.

Vidal, Hernán (1985): «Hacia un Modelo General de la Sensibilidad Social Literaturizable Bajo el Fascismo». En *Fascismo y experiencia literaria: reflexiones para una recanonización*. Minneapolis: Institute for the Study of Ideologies and Literature, 1-63.

Vidal, Luis Fernando (1975): «Ribeyro y los espejos repetidos». En *Revista de Crítica Literaria Latinoamericana* 1 (1): 73-88.

Villagómez Castillo, Berenice (2009): «De la utopía de la solidaridad al dolor del cambio: discursos alrededor de un terremoto». En *Dissertation Abstracts International* 71 (04), Section A.

Williams, Raymond (1975): *The Country and the City*. New York: Oxford University Press.

Wojcik, Daniel (2008): «Outsider Art, Vernacular Traditions, Trauma and Creativity». En *Western Folklore* 67 (2-3): 179-198.

Agradecimientos

Este libro es, desde luego, el resultado de muchas voces, del apoyo y la colaboración de amigos y colegas a lo largo de varios años. Quiero agradecer en primer lugar a Luis Martín-Estudillo, a quien debo el conocimiento de la poesía de Jorge Riechmann y las primeras referencias a los estudios ecocríticos. A Ana Merino, mi gratitud por siempre; sus comentarios y contribuciones a mi trabajo han sido tan importantes como su amistad. Ana es no sólo una crítica inteligente, una lectora sensible y minuciosa, sino también un ejemplo de honestidad intelectual que siempre me acompaña. Igualmente agradezco a Thomas E. Lewis por proporcionarme libros clave de teoría ecocrítica, y por las conversaciones iniciales, que tanto esclarecieron cuando este proyecto estaba sólo comenzando. Le agradezco a Tom su sentido del humor y su apoyo en esa etapa primera. A Ana Rodríguez-Rodríguez y a Adriana Méndez-Rodenas, por sus lecturas, sus observaciones y sus valiosas sugerencias.

A los escritores José María Merino y Jorge Riechmann va mi reconocimiento por el tiempo que dedicaron a contestar mis preguntas, en mi visita a Madrid en el otoño de 2011. Por supuesto, al Graduate College de la Universidad de Iowa, por la generosa Presidential Fellowship y la T. Anne Cleary International Research Fellowship que me permitió hacer ese viaje a España. A Isabel Alonso y la familia Escribano-Massuco, por todas las atenciones y el cariño con que me acogieron durante mi estancia madrileña.

A Daniel Balderston, en particular, por su apoyo en la etapa final de publicación del manuscrito. Sin su ayuda, este libro no existiría. También, por los numerosos textos y sugerencias suyas que me han acompañado a lo largo de muchos años. A Edgar Clément, Miguelanxo Prado, Francesc Capdevila (Max), José Ignacio Solórzano (Jis), y José T. Camacho

Orozco (Trino), quienes sin dudarlo accedieron al uso de sus viñetas en este libro. A Áurea Sotomayor, Juan Duchesne-Winter, Magdalena López y Aníbal Pérez-Liñán, por su disposición a compartir ideas, por sus recomendaciones y por ese indispensable ambiente de intercambio vital e intelectual que me han brindado durante mis breves años en Pittsburgh.

A Arturo Matute-Castro, Damaris Puñales-Alpízar y Cristián Gómez-Olivares por su amistad a toda prueba. A Cristián por sugerirme entre muchas otras lecturas, la poesía de Jaime Quezada. A Arturo Matute-Castro por sus sugerencias de textos críticos, su agudeza y su compañía, aun desde lejos. A los tres, por esas conversaciones deliciosas, llenas de buen humor, sobre literatura, política, cine y casi cualquier tema, un verdadero placer compartido. A Kirk Jackson, por su lealtad; por revisar todos los textos en inglés durante el proceso de investigación y en las etapas finales de la disertación. A Pilar Marcé, por su presencia y sus muchas maneras de ofrecer aliento en los momentos difíciles.

A mi familia en Cuba, que asumió con dedicación y entusiasmo la tarea de tomar fotos, enviar mensajes, y coordinar esfuerzos para obtener los materiales de Héctor Gallo Portieles. A mi familia en los Estados Unidos, por su apoyo constante, por su siempre estar ahí. A mi familia de los dos lados dedico este libro.

www.ingramcontent.com/pod-product-compliance
Lightning Source LLC
Chambersburg PA
CBHW020610300426
44113CB00007B/590